映画で味わう中世ヨーロッパ

歴史と伝説が織りなす
魅惑の世界

Zushi Nobutada
図師宣忠［編著］

ミネルヴァ書房

映画で味わう中世ヨーロッパ——歴史と伝説が織りなす魅惑の世界　目次

第Ⅱ部　中世映画の読み解き方

序章　自省と招待の往還から

――本書の成り立ち

大黒俊二

本書は西洋中世という時代を扱う映画――これを「中世映画」と呼ぼう――をさまざまな角度から論じ、その魅惑の根源を探ろうとする試みである。それでは西洋中世とはどのような時代なのか、なぜそれが私たちを魅惑するのか。一つの描写から始めてみよう。

この時代、人びとは今日とはくらべものにならないほど、はるかに自然に接近して暮らしていた。その自然はまた、人手の入ることは稀で、はるかに生のままの荒々しさを保っていた。夏と冬の対照は強烈であり、光と闇、静けさと騒がしさの対照もまたそうだった。照明が貧しく、夜ははるかに暗く、城の広間に入り込む冬の寒気は、はるかにきびしかった。夜、ただひとつまたたく灯、遠い一瞬の叫びがどんな感じのものか、今日の私たちは知らない。一言でいうならば、社会生活のすべての背後に、原始の基調、打ち克ちがたい力への服従、そしてむき出しの自然の荒々しい対照があったのである。

このような生活環境が人の心を荒々しくしたことは否定できない。この時代にあっては、心の動きは野放図な喜び、憤怒、むごい残忍さ、絶望、気紛れ、また静かな心のなごみへと急変し、落涙を押しとどめたり《失神》を抑止するといった道徳律や慣習はなかった。それはまた、超自然の力と考えられていたさまざまな表象に対する驚くべき感受性を育んだ。人びとは、常に、ほとんど病的なまで、ありとあらゆる類の兆候、夢、幻覚に神経をとがらせていたのだ。このことはまた、この時代の人びとの残忍さへの嗜好のほとんど理解しがたいまでの激しさ、固執ぶりを説明してくれる。生活の種々相が、残忍なまでに公開されていた。これでもか、これでもかと、見せつけられていたのである。ハンセン病を病む人たちは、ガラガラを鳴らしながら、行列を作って練り歩き、教会では、乞食が哀願の声をはりあげ、障害のある身体をさらす。

すでにお気づきの方もあろうが、この描写は二〇世紀の生んだ二人の偉大な中世史家の主著からの引用をつぎはぎしたパスティーシュである。一人はマルク・ブロックとその『封建社会』、もう一人はヨーハン・ホイジンガとその『中世の秋』であり、前者は「第二章　感じ、考える、その仕方」（マルク・ブロック『封建社会』堀米庸三監訳、岩波書店、一九九五年、九六―九七頁）、後者は「I はげしい生活の基調」（ヨーハン・ホイジンガ『中世の秋』堀越孝一訳、中央公論社、一九六七年、七四―七五頁。なおこのパスティーシュにおいてはその都度明示しないが引用者が適宜言葉を補っている）からの引用である。ここで二人の歴史家が描いてみせる西洋中世の自然と社会と人びと、また色彩と音と身振りは、今日の私たちの目で見てそのまま映画になる光景ではないだろうか。この描写からは、たとえば『冬のライオン』『ブラザー・サン、シスター・ムーン』『エクスカリバー』『薔薇の名前』『第七の封印』などの作品におけるいくつものシーンが思い浮かんでくる。西洋中世は映画と親近性があり、映画によっていっそう魅惑を増してくるように思われる。西洋中世の「今日の私たちは知らない」夢とファンタジー、珍奇さ、残忍さとエキゾチズム、迷信と不寛容……だからこそ中世映画は私たちを魅惑する。

しかし、本書はこれとは異なる契機に端を発している。本書の成り立ちにふれるにあたって、まずその契機を説明しておかなければならない。本書は西洋中世学会第九回大会（二〇一七年六月四日、首都大学東京〔当時〕）で開催されたシンポジウム「映像化される中世――語り継がれる史実とフィクション」の報告をもとに、さらにテーマに関係する論考やエッセーを加えて出来上がったものである。執筆者の多くは西洋中世学会の会員であり、この学会の会員であるとはすなわち西洋中世研究の専門家であり日ごろ西洋中世世界に没頭している中世マニアであることを意味する。多くの専門学会がそうであるように西洋中世学会も中世に魅せられたマニアの団体である。マニアはマニアで集まって閉じこもり秘儀的な楽しみにふけりがちだが、しかし私たちは一つの学術団体として自分たちの研究が現代世界においてもつ意味を探りたいと考えてきた。

それというのも、前言と矛盾するようだが、西洋中世は現代の日本においてもまったく無縁の世界というわけではないからである。少し気をつけて周囲を見渡してみると、小説、漫画、アニメ、コンピュータゲーム、ディズニーランド、ロゴマークなどに西洋中世のイメージはあふれており、それらは知らず知らずのうちに現代の私たちの生活と意識の中に入り込んでいる。そうしたイメージを対象化し自分たちの研究とのつながりを問う方法はないだろうか――このような手探りの中で浮上してきたのが映画である。映画はすでに一〇〇年以上の歴史を持ち、その間に制作された中世映画は五〇〇本を超え、映画研究は中世映画も含めてメディア研究の一環としてこれまでに多くの成果を生み出している。すなわち中世映画は研究の基礎となるコーパスの条件を十分に備えている。西洋中世研究者が中世映画をもとに中世から現代に問いかけて生まれたのが本書であり、これが本書成立のそもそもの契機である。それはまた現代に生きる西洋中世研究者の自省の試みでもある。

しかし、自省の試みから始まった中世映画研究はたちまち私たちをとらえ、中世研究とは別の魅惑の世界に私たちを誘い込むことになった。日頃テクストや図像、建築、音楽をもとに西洋中世の実証研究に携わっている私たちは、もとよりそうした研究の成果を総合して作り上げられる中世映画に無関心ではなかったが、自省という目的を設定して中世映画を丹念に見直してみたとき、映像によって再現・再創造される中世の新たな魅力に目を開かれたのである。そしてこの魅力を多くの人びとと分かち合いたいと思うようになった。西洋中世学会のシンポジウムの成果は、多くの場合この学会の雑誌『西洋中世研究』に掲載されるが、これは純然たる学術誌であって専門外の人の目にふれることは多くない。今回従来の慣例から離れて、シンポジウムの成果を商業出版によって公にしたいと思うにいたったのは、中世映画の魅力に目覚めた中世研究者が、一般の人びとをこの魅惑に満ちた世界に招待したいという思いに駆られたためである。つまり本書は「自省」の書であると同時に「招待」の書でもある。

とはいえ、「自省から招待へ」の道をたどった本書は、思いがけずも再び私たちを自省に引き戻すことになった。中世映画は私たちの本来の研究の意味を考え直すきっかけとなって、ブーメランのように戻ってきたのである。

中世映画が中世研究に投げかける問題を、本書の諸論考に即していくつか取り上げてみよう。第一は、「史実とフィクション」という過去の研究には必ずつきまとう古典的な問題である〔第1章〈中世映画〉の幕開けとジャンヌ・ダルク――語り継がれる史実とフィクション〕。この問いは古典的とはいえ、中世映画においてはそれが史実とフィクションを両極としてその間で揺れ動きながら驚くほど複雑で多様な展開を見せる点に特徴がある。

一例として『薔薇の名前』を取り上げてみよう。アナール学派の中世史家ジャック・ル・ゴフを歴史考証家に加えたこの作品は、歴史研究の成果にもとづいて中世生活の細部をリアルに再現していることで知られている。たとえば修道院の写字室に広げられている羊皮紙は、羊皮紙製作家の八木健治によれば、多くの中世映画が採用している羊皮紙風のまがい物ではなく本物、それも肉側を上にして置かれているという〔第10章「羊皮紙」の神秘――『薔薇の名前』写字室からの随想〕。この点で『薔薇の名前』は史実に忠実である。しかしこの羊皮紙は裁断して写字に使う前の不規則な形をしているが、これは実際の写字室ではありえないことであり、これを八木は観客に羊皮紙であることを印象づけるための工夫とみる。羊皮紙の色は紙に似ており、色だけでは羊皮紙であることがわからないからである。この点では『薔薇の名前』は史実から離れている。こうした史実そのままと史実離れ（フィクション）によって『薔薇の名前』は「中世らしさ」を演出しているのである。すなわちここには歴史の再現における「正確さ」accuracy と「真実らしさ」authenticity という微妙な問題が潜んでおり、これは少し見方を変えれば森鷗外を悩ませた「歴史其儘《そのまま》と歴史離れ」にも通じる問題である。鷗外も言うように歴史は「自然」（ありのまま）だけでは語りえないのである。

中世映画における「史実とフィクション」は、第二に、過去の再現におけるアナクロニズムの意味について考えさせてくれる。過去の研究に従事する者にとってアナクロニズムはもっとも注意すべき陥穽であり、アナクロニズムという批判は最大の恥辱である。ところが中世映画はアナクロニズムに満ちており、中世研究の専門家が中世映画を見てまず批判するのはこの点である。一〇世紀が舞台の映画で登場人物が一五世紀の衣服を着ている、一五世紀のシーンで一三世紀の音楽が流れている、中世の食卓でナイフとフォークが使われている……等々。

しかし、こうした無意識や無関心が原因のアナクロニズムは別にして、すぐれた中世映画はよくみれば意図的かつ戦略的にアナクロニズムを用いていることがわかる。中世音楽を巧みに取り入れた『ロック・ユー！』において、トーナメントのシーンではそれが現代のロック・ミュージック〈ウィ・ウィル・ロック・ユー〉に変じて闘技の場の興奮を高めており、『モンティ・パイソン・アンド・ホーリー・グレイル』では、彼方に見えるキャメロット城がベニヤ板の書き割りであることを、登場人物自身が「ただの模型じゃないか」と喝破する［第4章「イッツ・オンリー・ア・モデル」――モンティ・パイソンの描いた中世の魅力］。しかし両作品とも、他のシーンでは、たとえば『ロック・ユー！』に取り入れられた中世音楽や「モンティ・パイソン」の細密画表現のように史実そのままに十分意識的なのである。それゆえ、専門外の一般の観客にもそれとわかるアナクロニズムを戦略的に用いることは、歴史の無視や歴史への無感覚ではなく、歴史を反転させることによって逆に歴史を強く意識させるのである。とはいえ実証を重んずる中世研究者が研究の現場で、このようなアナクロニズムを用いた歴史の語りの可能性に気づくことはむずかしい。その意味では中世映画は、「エナルゲイア」（生彩さ、生き生きとした印象を与えるもの）というかつての歴史叙述が重視し近代実証史学が放棄してしまった歴史の語り方を再発見し、その可能性を中世研究者にさし示してくれたといえるかもしれない［第5章 過去を語る――女教皇伝説と映画］。

第三に、そうした意図的なアナクロニズムは、伊藤尽がいうように、観客が西洋中世について抱くなんらかのイメージ、すなわち「いつの間にか知り、どこかで聴きかじり、アプリオリに常識と思い込んでいる」「中世らしさ」［第3章 ホビット・フランチャイズの武器考証――中世北欧・英国文献学的ファンタジー映画の研究例］のイメージを前提としている。これなしには意図的なアナクロニズムは効果を発揮しない。そのような中世イメージはしばしば中世が生んだヒーロー的人物、たとえばジャンヌ・ダルクやロビン・フッドやアーサー王に典型的な姿をとるが、これらの人物像は中世に生まれたものでありながら一度忘れられ、一九世紀に再発見され語り直されたものという共通の特徴を有している。一般の観客が「いつの間にか知り、どこかで聴きかじ」った中世イメージは中世そのものというより一九世紀の産物なのである。二〇世紀の映画はそうした中世イメージを土台に、その後の時代の風潮やイデオロギーを反映しつつさらに中世を語り直していく。ジャンヌ・ダルクがフランス国民国家形成期に救国の英雄として描かれたように［第1章］、また一九三〇年代、ハリウッド映画全盛期に陽気で活力に満ちたアメリカン・ヒーローとして形象化されたロビン・フッドが、一九七〇年代にはベトナム戦争の敗北を背景に暗く重々しい老年の姿に変じるように［第2章　映画のなかのロビン・フッド――あるいはハリウッドにおける幼年期の終わりについて］、中世映画は時代を敏感に反映する。つまり中世映画は中世の再話の再話として、言い換えれば中世―一九世紀―現代という三つの重層する時代の複合として存在しており、そのことによって過去のイメージが形成されるプロセスにおける時代複合性という問題に気づかせてくれるのである。

以上は中世映画が中世研究に投げかける諸問題に、中世研究者である著者たちが本書において取り組んだ成果の一端を紹介したものである。しかしそれらは一般の映画愛好家にとっても、中世映画さらには歴史映画をより広く深く楽しむ手がかりとなるだろう。たとえば伊藤尽がマニアックに解明してみせる『ロード・オブ・ザ・リング』中の剣をはじめとしたさまざまな武器に込められた意味［第3章］、『冬のライオン』で背景にさりげなく映し出される彫刻や小物がロマネスクという時代をいかに巧みに再現しているかという金沢百枝の指摘［第7章『冬のライオン』とロマネスク美術］などは、通常の映画批評からは期待しえない中世研究者ならではのものといってよいだろう。こうして自省は再び招待へと還っていく。本書はこのような自省から招待へ、招待から自省へ、そして自省から招待へという往還の産物であり、それゆえ本書は中世研究者と映画愛好家という二つの読者に開かれている。本書が、中世研究者には中世研究の新たな刺激となり、映画愛好家には映像表現の可能性としての中世に目を開くきっかけとなれば幸いである。

最後に一点、この一文を書き始めて以来筆者の脳裏を去らないある疑念にふれさせていただきたい。その疑念とは、冒頭で紹介したブロックとホイジンガがあのような文章を書いたとき、彼らの心中にはすでに映画的イメージがあったのではないか、というものである。ホイジンガの『中世の秋』は一九一九年、ブロックの『封建社会』は一九三九―四〇年に出版されている。ということは映画が発明されメディアとしてすでにしっかり根づいた時期に彼らは書いていたことになる。彼らが意識的にか無意識的にか映画的表現を思い浮かべながら、あのような中世社会の描写を行った可能性はあるように思われるのである。もとより証明不可能なことではあるが、もしこの推測が当たっているとすれば、中世研究と中世映画は意外にも深部でつながっているとはいえないだろうか。

第Ⅰ部
映像化される中世

第1章　〈中世映画〉の幕開けとジャンヌ・ダルク
――語り継がれる史実とフィクション

図師宣忠

〈映画〉という西洋中世の語り方

「中世ヨーロッパ」と聞いて、私たちはどのようなイメージを抱くだろうか。またそのイメージの源泉はどこにあるだろうか。西洋中世に関する専門研究がこれまでに解き明かしてきた過去の世界像は、なるほど奥深く汲み尽くせない魅力に溢れている。しかしその一方で、絵画や小説、漫画・アニメ、映画などさまざまなメディアにおいても、「中世」は印象深く描かれてきた。現代世界における「中世」への入口は、専門研究に根ざした（ともすれば難解になりがちな）書籍の類であるよりも、実際にはこうした「中世モノ」の諸作品であることが多いのではないだろうか。

本書では、西洋中世を描いた〈中世映画〉を題材として、その魅惑の世界へと分け入っていく[1]。そうすることで、いま私たちが「中世」的だと感じる部分が何に由来しており、それらの諸要素が私たちの「中世」理解にどのような影響を及ぼしてきたのかが見えてくるだろう。映像というメディアを通じて「中世」を描く〈中世映画〉は、そのための格好の素材となりそうだ。これまでの映画論とは一味違ったアプローチとして、史実とフィクションの境目ないしその両者が織りなす複雑な関係に注目しながら、西洋中世学の立場から〈中世映画〉を読み解いてみよう。

本章では、本書全体の議論の前提として、そもそも〈中世映画〉とは何か、どのように読み解くことができるのかという問題を扱う。以下ではまず、〈中世映画〉の概略を確認しながらその特徴を捉える。次いで、映画化されるジャンヌ・ダルクを例に、歴史と伝説のはざまで多彩に物語られる「中世」について考察する。それらを踏まえて最後に〈中世映画〉にまつわる論点を整理することで、次章以降の議論へのつなぎとしたい。

歴史映画と〈中世映画〉

〈中世映画〉は、歴史映画と中世主義という二つの文脈に位置づけられる。以下ではこの二つの流れについて順を追って確認していこう。

第一に「歴史映画」history film／historical film とは、たとえば第一次ロシア革命を扱った『戦艦ポチョムキン』（一九二五年）や第一次世界大戦を舞台とした『西部戦線異状なし』（一九三〇年）など、過去の世界を舞台として設定し、その実在を証明できる過去の人々・出来事・活動に焦点を当てている劇映画のことを指すが、その点で西洋中世を舞台とした〈中世映画〉は、歴史映画の一角を占めるといえる。

歴史家は長らく、歴史映画をせいぜい娯楽とは認めても、過去の意味を歪めてしまうとしてネガティブに捉える傾向にあった。史実に忠実かどうかという「正確性」が評価の指標となってきたのだ。しかし、映像メディアを通じて提示される過去／歴史を私たちはどのように捉えればよいのだろうか。はたして「映画に歴史は語れるのか」。こうした問いが、一九七〇年代のフランスの歴史家マルク・フェローやピエール・ソルランを嚆矢として[2]、アメリカのロバート・A・ローゼンストーンらによって展開されることになった[3]。とくにローゼンストーンが中心となった一九八八年の『アメリカン・ヒストリカル・レビュー』誌上のフォーラムでは[4]、ヘイドン・ホワイトが「歴史叙述」historiographyに対比して「歴史映写」historiophotyという用語を提起している[5]。「歴史映写」とは「視覚的なイメージと映画の言説を通した歴史の表象、そのことについての私たちの考え」とされ、歴史家が著述を通じて歴史を語るのと同じように、映画製作者は映像というメディアを通して過去の世界を語りうるという。そもそも歴史とは、たんなる過去の事実の叙述ではなく、私たちが過去の痕跡にさまざまな意味を託したストーリーなのだ。そうであれば、歴史も歴史映画も言語と映像という違いはあれ、それぞれ別の角度から過去の世界にアプローチしているということになろう。

「歴史行為」historying[6]に映画が寄与できるかという問いに、これまでの歴史家は否定的に答えてきたが、ダニエル・ヴィーニュ監督の映画『帰ってきたマルタン・ゲール』（一九八二年／日本未公開）で歴史のアドバイザーをつとめた歴史家ナタリー・Z・デーヴィスは、その後、映画は「歴史を語る」という行為の一つの新しい手段であるとして、歴史映画の可能性について論じている[7]。またローゼンストーンによれば、イメージ、音声、色彩、動き、ドラマが詰まった過去を私たちに提示する歴史映画は、歴史と対となる過去についての言説counter discourseを創り出す。つまり、歴史映画は、私たちが過去について読み、見聞きし、感じ、考える新たな方法になりうるというのである[8]。実際、「歴史を語る」新しい手段としての歴史映画に関する研究は着実に積み重ねられてきている[9]。

これら歴史映画に関する研究のなかでは、次の二つの論点が注目される。第一に、①歴史映画において過去はどのように再現されるのか。映像のなかの過去は実証された史実によってのみ構成されるのではなく、必ず想像が入り込むものである。史実とフィクションのバランス、また映画というメディアを通じた迫真性が問題となる。第二に、②歴史映画はそれが生み出された時代をどのように反映しているのか。歴史映画は過去を描くというよりもむしろそれが作られた時代を映し出す鏡という側面が強い。これらの二点は〈中世映画〉についても踏まえておくべき論点となる。

〈中世映画〉と中世主義

一方で、私たちの対象とする〈中世映画〉はたんなる歴史映画の一ジャンルに収まりきらない特徴を備えている。ドキュメンタリーの映像資料が残る一九世紀末以降の比較的近い過去を描く他の歴史映画と異なり、〈中世映画〉は史実とフィクションの距離感を考えるうえでも興味深い要素を含んでいるのだ。映画は「中世」をいかに語りうるか（表現しうるか）という問いは、「中世」とは何か、私たちはどのような要素を中世的だと捉えているのかという問題につながる。つまり〈中世映画〉は、歴史映画の一部として位置づけられるだけではなく、現代における「中世」理解のあり方をめぐって「中世主義」の流れとも密接な関わりを持っているのである。

本書では、medieval film あるいは medieval cinema（medieval movies）の訳語として〈中世映画〉という表現を使用するが、中世を描いた映画は他にも movie medievalism や cinematic medievalism など「中世主義」と結びついた呼び名で言及されてきた[10]。一九九〇年代末から盛んに行われてきた〈中世映画〉研究の動向を踏まえつつ[11]、ここでは、中世主義の観点から〈中世映画〉の特徴をまとめておこう。

まず、〈中世映画〉とは、もちろん「中世」を舞台とした作品である。中世を大まかに、中世前期（西暦五〇〇年―一〇〇〇年頃）、中世盛期（西暦一〇〇〇年―一三〇〇年頃）、中世後期（西暦一三〇〇年―一五〇〇年頃）という三つの時期に分けるとすると、たとえば、中世前期におけるヴァイキングの襲撃を描いた『ヴァイキング』（一九五八年）、中世盛期における騎士の戦いや十字軍を扱う『キングダム・オブ・ヘブン』（二〇〇五年）、中世後期における黒死病や異端審問のモチーフを登場させる『第七の封印』（一九五七年）や『薔薇の名前』（一九八六年）というように、舞台となる時代や選ばれるテーマによって〈中世映画〉の色調も変化を見せる[12]。

しかし、その「中世」とは必ずしも歴史的過去とは限らない点に注意が必要である。つまり〈中世映画〉は、ジャンヌ・ダルク映画のように中世に実在した人物や出来事を扱う作品に限定されないのだ。〈中世映画〉においては中世の歴史のみならず、文学や神話・伝説などもモチーフとされるのである。ジャンヌ・ダルク映画と並んで、エロール・フリン主演の『ロビンフッドの冒険』（一九三八年）やショーン・コネリーとオードリー・ヘプバーン出演の『ロビンとマリアン』（一九七六年）などのロビン・フッド映画、アーサー王ものではロベール・ブレッソン監督『湖のランスロ』（一九七四年）やエリック・ロメール監督『聖杯伝説』（一九七八年）から『モンティ・パイソン・アンド・ホーリー・グレイル』（一九七五年）まで、伝説上の人物はじつに多くの作品にさまざまな形で取り上げられてきた。こうしたロビン・フッドの物語やアーサー王伝説のほかにも、『神曲』や『デカメロン』、『カンタベリー物語』、聖人伝など中世に生み出された諸作品もしばしば映画の題材として採用されている。

さらに、中世的な要素が含まれる現代の文学作品が元になる場合もある。『女教皇ヨハンナ』に関するドナ・W・クロスの小説、あるいは中世のテンプル騎士団にまつわるダン・ブラウンの『ダ・ヴィンチ・コード』などもその例である。また、中世的なファンタジー世界が舞台となる映画、J・R・R・トールキン原作の『ロード・オブ・ザ・リング』三部作（二〇〇一―〇三年）、『ホビット』三部作（二〇一二―一四年）や、J・K・ローリング原作の『ハリー・ポッター』シリーズ（二〇〇一―一一年）も〈中世映画〉と見なされる。これらにおいては、映画のなかの「中世」の描き方だけではなく、原作との距離感も問題となろう。

このように、〈中世映画〉研究でしばしば対象となる作品のなかには、カール・Th・ドライヤー監督の『裁かるるジャンヌ』（一九二八年）やイングマール・ベルイマン監督の『第七の封印』（一九五七年）から、『ブレイブハート』（一九九五年）に『ロック・ユー！』（二〇〇一年）、さらには『ベオウルフ　呪われし勇者』（二〇〇七年）に至るまで、驚くべき幅広さの作品が含まれる（巻末の【〈中世映画〉リスト】参照）。実際の歴史世界を描く作品だけではなく、人々に思い描かれる中世世界をも含み込んだ〈中世映画〉は、史実に忠実たらんとする作品からファンタジー作品までを含む幅広い概念として捉えられるものなのだ。

〈中世映画〉史のなかのジャンヌ・ダルク

いまや一二〇年を超える映画史のなかで、たくさんの〈中世映画〉が撮られてきた。一九九九年にケヴィン・J・ハーティーは、それらの〈中世映画〉をリストにまとめ、各映画にコメンタリーと参考文献をつけて刊行したが[13]、収録された作品数は五六四本に上り、〈中世映画〉はそれ以降も着実に増え続けている。ここではジャンヌ・ダルク映画を対象として、〈中世映画〉の源泉としての「中世」とは何かを考えてみたい[14]。

〈中世映画〉はジャンヌ・ダルクとともにその幕を開けた。映画の黎明期に、『月世界旅行』（一九〇二年）

で有名な「映像の魔術師」ジョルジュ・メリエス監督（図1）が『ジャンヌ・ダルク』（一八九七／一九〇〇年）を撮っているのだ[15]。これは、リュミエール兄弟が一八九五年一二月二八日にパリのグラン・カフェでシネマトグラフによる映画（『工場の出口』や『ラ・シオタ駅への列車の到着』）を上映してからわずか数年後のことである。

メリエスのジャンヌ作品は、ドンレミ村での神の託宣からオルレアンの解放、ランスでの戴冠式、ルーアンでの裁判と火刑（図2）、天上に召されるジャンヌに至る一二のシーンで構成されている。一〇分ほどの映像の中には、それ以後のジャンヌ映画での見せ場のほとんどが含まれており、興味深い劇映画に仕上がっている。メリエス以前にもエジソンのキネトスコープの作品としてジャンヌ・ダルクを扱ったもの（一八九五年）などがあるが、上映作品としてはメリエスの『ジャンヌ・ダルク』が最初（期）の〈中世映画〉である。

以下ではまずジャンヌ映画の歴史を概観しておこう（巻末の【〈中世映画〉リスト】参照）。メリエス以降、ジャンヌはたびたび映像化され、〈中世映画〉史のなかできわめて重要な位置を占めてきた。一九世紀末の映画の黎明期から一九二〇年代のサイレント映画全盛期にかけて、とりわけフランス、ドイツ、イタリア、アメリカなどで〈中世映画〉が花開くことになるが、サイレント時代のジャンヌ映画としては、第一次世界大戦における西

図1
ジョルジュ・メリエス（一八六一－一九三八）

図2
ジャンヌの火刑シーン（メリエス『ジャンヌ・ダルク』）

部戦線の塹壕戦の情況をジャンヌの物語の枠に利用したセシル・B・デミル監督『ジャン・ダーク』（一九一六年、アメリカ）や、クロースアップの技法を駆使し法廷で裁かれるジャンヌの心理的な混乱、不安感、圧迫感を見事に描き出したカール・Th・ドライヤー監督『裁かるるジャンヌ』（一九二八年、フランス）（図3）がよく言及される。なかでも後者はサイレント映画の最高到達点とも評される傑作である。

二〇世紀半ば以降も、さまざまな監督が「至高の処女」の物語と伝説を繰り返し紡ぎ出してきた。それぞれの作品でジャンヌを演じた女優が各時代のジャンヌ・イメージを形作ってきた。たとえば、イングリッド・バーグマン――『オズの魔法使』（一九三九年）の監督ヴィクター・フレミングの最後の作品となった『ジャンヌ・ダーク』（一九四八年、アメリカ）でジャンヌ役をつとめた彼女は、その後、ロベルト・ロッセリーニ監督の『火刑台上のジャンヌ・ダルク』（一九五四年、フランス・イタリア）で再びジャンヌを演じている。オットー・プレミンジャー監督はのちに爆発的な人気を博する女優ジーン・セバーグを起用して『聖女ジャンヌ・ダーク』（一九五七年、アメリカ／日本劇場未公開）を撮った。『湖のランスロ』（一九七四年）の監督でもあるロベール・ブレッソンはフロランス・カレーズ［ドゥレ］主演で『ジャンヌ・ダルク裁判』（一九六二年、フランス）（図4）を世に問うている。『美しき諍い女』を撮ったジャック・リヴェットは次のテーマにジャ

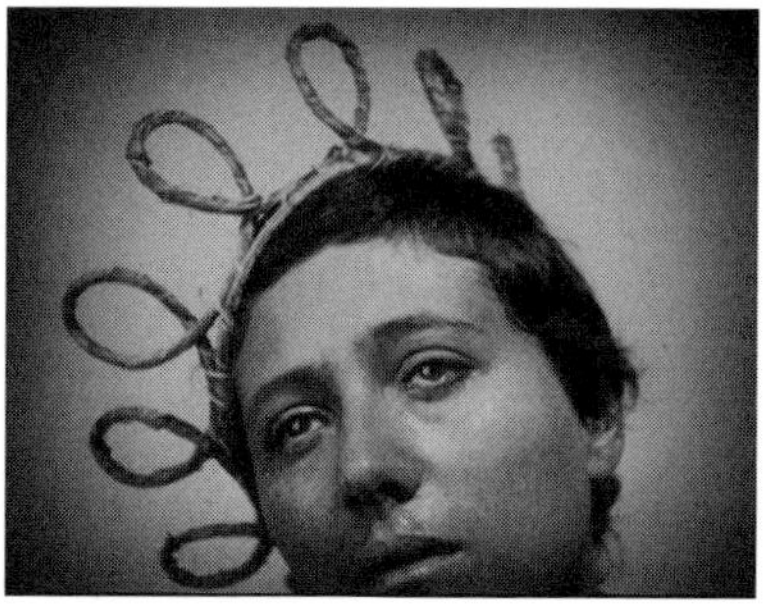

図3　ドライヤー『裁かるるジャンヌ』
マリア・ファルコネッティ

ンヌを選び、サンドリーヌ・ボネール主演で『ジャンヌ　愛と自由の天使／薔薇の十字架』（一九九四年、フランス）を生み出した。リュック・ベッソン『ジャンヌ・ダルク』（一九九九年、フランス・アメリカ）ではミラ・ジョボヴィッチが「フォロー・ミー！」と叫び兵士たちを鼓舞する。二一世紀に入ってもジャンヌ映画は生み出され続けており、一〇〇年を超えるジャンヌ映画史はかくも多彩なラインナップとなっている。

こうした映画のなかでジャンヌはどのように描かれてきただろうか。〈中世映画〉においては過去の実在の人物を描く作品であっても、史実とフィクションの複雑な絡まり合いが確認される。以下では、一例としてジョルジュ・メリエスが最初のジャンヌ映画を生み出した一九世紀末に焦点を合わせて、その社会的背景から近代フランスにおけるさまざまなジャンヌ像を確認することで、映画におけるジャンヌの表象のあり方を考えてみたい。

図4　ブレッソン『ジャンヌ・ダルク裁判』フロランス・カレーズ

ジャンヌ・ダルク映画の源泉としての歴史と伝説

ジャンヌ・ダルク（一四一二―三一年）は、百年戦争の戦禍のなか、絶望の淵に沈んでいるフランスを救えとの神の託宣を信じて立ち上がり、一四二九年五月八日にイングランド軍によるオルレアン包囲を解いて、ランスでのシャルル七世の戴冠式を実現した。しかしその後、コンピエーニュで捕虜となり、ルーアンにおいて異端審問（いわゆる「処刑裁判」）にかけられる。最終的に「戻り異端」の宣告を受けた彼女は一四三一年五月三〇日、同地にて火刑に処され、一九歳で生涯の幕を閉じることになった[16]。

百年戦争終結後に行われた「復権裁判」（一四五五―五六年）では、イングランドの影響下でなされた「処刑裁判」の判決は無効であるとして破棄が定められたことで、ジャンヌの名誉回復は果たされる。しかし、近世に入ると「オルレアンの乙女」の物語に対する関心は次第に失われていき、ジャンヌは忘却の彼方にあった。ジャンヌ熱が再び劇的に高まるには、近代を待たねばならない[17]。一九世紀は「ジャンヌ・ダルクの世紀」とも称され、ジャンヌの生涯は新たな伝説として語り継がれ、ジャンヌは神の声に導かれた救国のヒロインとして愛国的象徴の地位を獲得していく。ジャンヌにまつわる書物・絵画・彫刻・詩・音楽などの作品が次々と生み出され、時代に影響を及ぼしていった。

これら一九世紀におけるジャンヌ像の大いなる源泉となったのが、ジュール・ミシュレによる『ジャンヌ・ダルク』であった[18]。これはミシュレが一八四一年に刊行した『フランス史』第五巻のなかからジャンヌの生涯を描いた部分だけが抜き出されて、一八五三年に単行本としてアシェット社から刊行されたものである。ミシュレが新たに付した序文には、感慨をこめてジャンヌと「祖国」との結びつきが謳われる。「彼女は深くフランスを愛した！……そのときフランスは、心を打たれて、自らを愛し始めた」。「フランス人たちよ、つねに想起しよう。祖国はひとりの女の心から、彼女のやさしさとその涙から、彼女が我々のために流した血から、我々のうちに生まれたのだということを」[19]。

このようにミシュレはジャンヌを祖国フランスと結びつけ、彼女のなかに愛国心の発露を見出す。そしてジャンヌの生涯を、「（一）森、《啓示》（二）オルレアン、《行動》（三）ランス、《栄誉》（四）パリならびにコンピエーニュ、《試練、裏切り》（五）ルーアン、《受難》」という形で類型化する[20]。彼女の人生は、諸聖人の源にあるイエス・キリストの生涯になぞらえられ、使命の自覚と私生活の放棄、活動・民衆の崇拝、挫折・裏切り、受難・刑死という流れで描かれる。それはミシュレ自身が「英雄的生涯の定式そのもの」と呼ぶところのものであり、ジャンヌはこの伝説的枠組みの下で語られるのである。この英雄としての伝説の枠組みは、その後のジャンヌ像に受け継がれていくであろう。

ところで、ミシュレは主として『処刑裁判』と『復権裁判』という二つの史料を通じてジャンヌの姿をまざまざと浮かび上がらせた。それらの裁判記録は、ジュール・キシュラによって、ジャンヌに関する同時代の関係記録を収集・網羅した史料集『乙女ことジャンヌ・ダルクの処刑ならびに復権裁判』（全五巻、一八四一―四九年）として刊行された[21]。一九世紀後半には、ヴァレ・ド・ヴィリヴィルによる『処刑裁判記録』（一八六七年）などのフランス語訳版も出され、多くの人が法廷で裁かれるジャンヌの「声」にアクセスできるようになった。こうして、ジャンヌの冒険譚を歴史的に探求するのに必要な条件はそろった[22]。これ以降、具体的な史料のなかにジャンヌ像を追い求めることが可能となったのである。

しかしその一方で、一九世紀後半以降、歴史と伝説・神話との乖離も大きくなっていく。カトリックと共和派とナショナリストのそれぞれの党派が、ジャンヌの神話を利用しようとして、ジャンヌの象徴をめぐる三つ巴の争奪戦を繰り広げるのである[23]。カトリック教会はジャンヌを「聖女」とすべく列聖に向けた手続きを進めていた。第二帝政下でカトリック教会の中心的人物であったオルレアン司教デュパンルーが、一八六九年にジャンヌ列聖審理をローマ教皇ピウス九世に申請した。一八九四年に教皇レオ一三世が「審理開始の教皇勅書」に署名してこの請願に応えたことで、列聖に向けて審理が軌道に乗り、ジャンヌ・ダルクは、一九〇九年の列福に続いて、一九二〇年に列聖されるに至る。こうしてジャンヌは「カトリックの聖女」として信徒の崇敬を集めていく。他方、「愛国的民衆の化身」としてのジャンヌは、普仏戦争（一八七〇―七一年）での敗北と対独復讐熱の高まりを背景に、ブーランジェ事件やドレフュス事件などによる危機に直面した第三共和政のもとで、「排他的ナショナリズムの守護聖人」という性格を帯びていく。高まりつつあるナショナリズムがジャンヌ熱をいやがうえにも絶頂に押しあげていき、ついに一九世紀末にジャンヌ人気は最高潮に達したのである。

　メリエスがジャンヌ映画を撮ったのはまさにこうした時代のことであった[24]。メリエスは、ジャンヌをフランスのために戦った国民的英雄であり殉教したカトリックの聖女として、いわば「祖国の聖女」として描いた[25]。「神の啓示」をもたらす聖ミカエル、聖カトリーヌと聖マルグリットが現れるシーンでは、二重写しの技法が使われている。魔術師メリエスの真骨頂である。一九〇〇年に上映された本作品は前年の『シンデレラ』に続く大ヒットを飛ばし、多くの人々がこのジャンヌ映画を鑑賞したという。人々は、すでに書物・絵画・演劇などの作品を通じて、有名なジャンヌの行為が伝説の枠組みに従って定型化されたイメージとして描かれるのを繰り返し目にしていた（図5）。メリエスはそうしたよく知られたジャンヌの物語を新しいメディアである映像に巧みに仕立て上げ、動きのあるジャンヌの姿をスクリーンに映し出して人々を魅了することに成功したのである。

図5　シャルル七世の戴冠
右　ジュール・ルヌヴー（一八八九―九〇年、パンテオン、パリ）
左　ジョルジュ・メリエス『ジャンヌ・ダルク』（一九〇〇年）

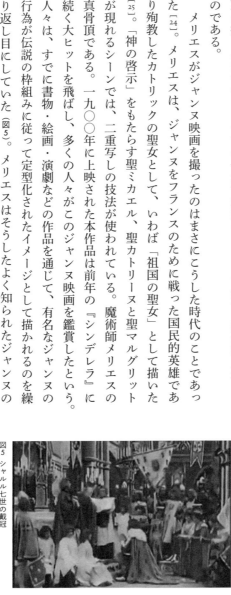

メリエス以降の状況も整理しておこう。一九世紀末のジャンヌ像は、武勲をあげる祖国の英雄から超自然的な奇跡をなす聖人までの解釈の幅を有していた。ジャンヌが聴いたと称する〈声〉が「神の啓示」だったのかという問題をめぐってもさまざまな解釈がなされた。超自然的な力を紛れもない神の恩寵と捉える信仰の観点がある一方で、アナトール・フランスに代表されるように「啓示はジャンヌの幻覚・幻聴に過ぎない」とする近代的な病理学による解釈が出される。さまざまに思い描かれるジャンヌは、それぞれの〈中世映画〉のなかで多様な姿で表現されていくことになるだろう。ジョルジュ・メリエス版（一九〇〇年）が最後のシーンで天上に導かれるジャンヌを描く一方で、リュック・ベッソン版（一九九九年）は〈声〉をジャンヌの幻覚・幻聴と捉える。この一〇〇年間に撮影された他の多くのジャンヌ映画は、その両極の間のいずれかの地点に位置づけられよう。

このようにジャンヌ映画は史料に基づく作品から文学に範をとる作品まで、歴史と伝説のはざまでジャンヌ像を模索する。ジャンヌの裁判記録のラテン語史料・フランス語訳を刊行した歴史家ピエール・シャンピオンを歴史考証に加えたカール・ドライヤー版（一九二八年）や、ジャンヌ研究者レジーヌ・ペルヌーの研究を参照しながら処刑裁判と復権裁判の記録を利用したロベール・ブレッソン版（一九六二年）は、異端審問から刑死までに期間を絞って史料に記された各証言からジャンヌの姿を浮かび上がらせようとする。法廷で裁かれる少女に焦点を合わせて、彼女自身の声と彼女をよく知る者たちが語った内容に耳を傾けながらジャンヌ像を追い求める作品といえる。また、ジャック・リヴェット版（一九九四年）もレジーヌ・ペルヌーの諸著作を参照しながら二つの裁判記録や同時代の回想録に基づいてジャンヌの実像を探る。そこに描かれるのは、聖女でも愛国者でも妖術師でもなく、人間ジャンヌであった。

一方で文学や戯曲との結びつきが深い作品もある。セシル・B・デミル版（一九一六年）はドイツの詩人

F・シラーによるロマン主義時代のジャンヌ賛美の作品である史劇『オルレアンの少女』（一八〇一年初演）[26]から着想を得て、敵将に恋をするジャンヌを描く。ヴィクター・フレミング版（一九四八年）は、マクスウェル・アンダーソンの戯曲『ロレーヌのジョウン』を基に、その舞台で主演をしていたイングリッド・バーグマンを起用してテクニカラー（カラー映画製作の一方式）でジャンヌの生涯を綴った。オットー・プレミンジャー版（一九五七年）はバーナード・ショーの史劇『聖女ジョウン（聖女ジャンヌ・ダーク）』（一九二三年初演）[27]を下敷きにして、原作にかなり忠実に聖女ジャンヌを描く。ジャンヌの亡霊が現れる幻想シーンが特徴的である。ポール・クローデルとアルチュール・オネゲルのオラトリオ（聖譚曲）を基にしたロベルト・ロッセリーニ版（一九五四年）は異色のジャンヌ作品といえよう。

いずれの作品にせよ、作り手がジャンヌの生涯のどういう側面に光を当てるのか、ジャンヌの人となり、あるいは生き様に何を見出すのかによって、じつに豊かなジャンヌ像が作り出されてきたのである。

ジャンヌ・ダルクはそれぞれの時代背景のなかで、作家や芸術家にインスピレーションを与え、絵画や彫刻、演劇、小説・伝記・詩などの文学、音楽などの諸作品を通じて、人々の集合的記憶に刻まれ続けてきた。ジャンヌ映画は、史実に根ざす一方で、先行するこれらの諸作品からも影響を受けてきた。それぞれに特徴的なジャンヌ像を生み出してきたジャンヌ映画は、現在においても、小説、漫画、アニメ、ゲームなど、相互に影響を与え合う諸作品と響き合いながら私たちの「中世」理解の一端を担い続けているのだ。

〈中世映画〉を「読む」

〈中世映画〉においては、歴史と伝説のはざまで「中世」の物語が紡ぎ出される。本章では最後に、〈中世映画〉におけるこうした「史実とフィクション」の問題について、このあとの各章の議論にも関わるポイントをいくつか確認しておきたい。

一九九〇年代以降、〈中世映画〉に関する研究は、とくにアメリカ、イギリス、オーストラリアで展開されてきた。その背景に、教育の現場において「中世」理解を深めるための教材として〈中世映画〉をいかに利用するかという問題意識があることは注目される[28]。中世研究にアクセスする一つのルートとして〈中世映画〉を捉えているのだ。ここでは西洋中世研究と社会との接点が模索されている[29]。近年では『ゲーム・オブ・スローンズ』（【コラム1】参照）などテレビドラマやゲームも含む「中世モノ」に対象が拡大してきており、「中世」がいかに描かれるかというテーマは広がりを見せ続けている。

〈中世映画〉が新たな中世イメージを私たちに示しているのだとすると、私たちは〈中世映画〉をたんなる娯楽として消費するだけではもったいない。そこに「中世」を感じ深く楽しむためにも、〈中世映画〉をどのように観る／読むかという視点がぜひとも必要となろう。以下では、〈中世映画〉を読み解くうえでの論点を整理しておきたい。

中世の「再現」

まずは、武器や甲冑、衣服や写本などの小道具、食事、建築、景観などがどのように描かれているか、つまり、いかに「中世」を再現するかというアート・ディレクションの問題から見ていこう。

ウンベルト・エーコの小説を原作としたジャン＝ジャック・アノー監督の映画『薔薇の名前』（一九八六年）は、一四世紀前半の修道院の情景など中世の雰囲気を醸し出している定評のある映画であるが、実際、歴史家のジャック・ル・ゴフが専門のアドバイザーとして入っており、彼を中心として全員で九名の錚々たるメンバーが各分野の専門家として映画に関わっている[30]。しかし、ここで注意が必要なのは専門家のアドバイスを取り入れて映画化された本作品であっても、決して中世を忠実に「再現」したものではないということである。話し言葉はその最たる例だろう。仮に本物の中世を再現したとなると、現代の観客には意味を読み解くことがきわめて困難になってしまう。しかも、そもそもにおいや肌触りなどの情報は映像では伝わらない。そこを観る者にいかに「体感」させるかが映像製作者の腕の見せ所なのだ。〈中世映画〉では中世そのものというより本物らしさが演出されている。つまり、中世を彷彿とさせる映像は、中世を「正確」に再現しているというよりも、「中世らしさ」を追究しているのだ。この点は〈中世映画〉を観るうえではっきりと意識しておくほうがよい。

とするならば、現代の私たちは何をもって「中世らしさ」とするのか。たとえば、『薔薇の名前』の異端審問でサルヴァトーレが拷問を受けるシーンや『第七の封印』(一九五七年)の鞭打ち苦行の一団が現れて場の空気が一変するシーンなど、まさに真に迫るものがある。しかし、私たちが抱く「中世」のイメージの多くは、たとえばウォルター・スコットの小説『アイヴァンホー』など一九世紀に形作られた要素に由来していることも多い[31]。そうした中世主義の文脈も踏まえて考えてみると、『ロード・オブ・ザ・リング』や『ゲーム・オブ・スローンズ』で描かれる世界が中世の雰囲気を醸し出していると感じられる場合には、史実とフィクションの双方からの影響を想定しておくほうがよいだろう。

これまで、ともすれば、歴史上の人物や出来事、衣装やセット、メーキャップの細部が、歴史考証として中世の史料に忠実か否か、正確かどうかで〈中世映画〉の良し悪しが判断されてきた。しかし、正確性と迫真性とは必ずしも一致しない[32]。当時の雰囲気にいかに迫るか(「中世らしさ」をどのように演出するか)というアート・ディレクションの問題、ないしは映画表現の仕方に関わる点は、〈中世映画〉を考えるうえで重要な要素となるのだ。

中世の人々が思い描く世界

　また、そもそも中世の人々にとっての「真実」とは何かという問題も関わってくる。たとえば、『ベーオウルフ』に登場するドラゴンは、現代の私たちにとってみれば実在しない架空の存在であり、フィクション＝ファンタジーにすぎない。しかし、ドラゴンは中世の人々にとってどういう存在だったのだろう。奇跡をおこす聖人や幻視者、神の思し召しに導かれる人々（ジャンヌ・ダルク、ヒルデガルド・フォン・ビンゲン、アッシジのフランチェスコ）は、彼ら／彼女らの目にどう映っていただろうか。魔女や魔法使い、あるいは亡霊、妖精、怪物、ユニコーンなどの存在は、どのように信じられていただろうか。現実世界とイマジネールの世界（想像界）のはざまで「中世」はいかに捉えられるか。〈中世映画〉が「中世」のどういう側面を切り取って描いているのかという点も重要な論点になるだろう。

アナクロニズム

　一方で、アナクロニズムの問題も検討すべき課題である。たとえば、中世の風景に電線が映り込んでしまったとか、中世の畑でのちの時代のタイプの農具が用いられているとか、はたまた一三世紀のセットのなかで一五世紀の甲冑をまとっているなど、アナクロニズムには矛盾というネガティブな面はもちろんある。しかし、それとは逆に、意図的な戦略としてアナクロニズムを用いる作品も見られる。ナイキのロゴを甲冑に刻み、クイーンの〈ウィ・ウィル・ロック・ユー〉をＢＧＭとして採用する『ロック・ユー！』（二〇〇一年）は、明らかなアナクロニズムを示しながらも中世の人々が感じたであろう律動を見事に生み出すことに成功した代表的な例である。中世に迫るために選択されるアナクロニズム——〈中世映画〉において創造／想像される「中世」を分析するにあたっては、史実とフィクションという単純な二項対立的な理解を超えていく必要があると考えられる。

物語という要素

そうであれば、〈中世映画〉を読むうえで物語という要素は重要な位置を占める。〈中世映画〉は、中世に生み出された物語に基づく作品であれ、中世をテーマとしながらも現代に作られたフィクションであれ、現代の人々に受け入れられる物語であるという特徴をもっている。何度も語りなおされるジャンヌ・ダルクやロビン・フッド、アーサー王の映画は、映像のなかで語り継がれる物語をどのように表現しているだろうか。中世の素材に取材した映画であっても、現在の語り直しという過程を経ることになる。歴史と伝説、史実とフィクションのあわいをどう摑むかが肝心となるだろう。

語り方・読み方・楽しみ方

最後に、文章と映像の違いにも触れておきたい。映画の原作となるのが戯曲・小説であることも多いが、文学作品で書けるものと映画で描けるものとは自ずと異なってくる。何を表現できるかは媒体によって異なるため、史料類型に応じた「読み」が求められる。ピーター・バークも言うように、絵画や写真（+「歴史映画」）にも独自の表現の仕方があり、それを読み解くにはそれぞれに応じたテクニックが必要になるのだ[33]。それでは映画による「中世」の表現のあり方の特質とは何だろうか。どのように「読む」ことができるだろうか。

西洋中世研究の進展とは接合しないままに、すでに存在している映画に着想を得て作られる作品もますます増えている。こうしたなかで、〈中世映画〉をたんなる娯楽として、研究とは別物と切り分けてしまうのではなく、過去を表現する一つの方法として捉えなおし、そこで表現される「中世」が、西洋中世研究の各分野が明らかにする「中世」とどこが、どのように異なっているのかと問うてみることは、新たなる〈中世映画〉の楽しみ方につながるであろう。

✠

本書では、『ロード・オブ・ザ・リング』などのファンタジー作品から伝説の『女教皇ヨハンナ』までを視野に入れて、歴史学・文学・美術・音楽など西洋中世学からのアプローチとして中世映画に関する議論を展開していく。ロビン・フッドもアーサー王も伝説として語り継がれてきた作品である。それらが、どのような経緯で受け継がれてきたのかを探り、ファンタジーを含む映像化される物語・伝説から「中世」を読み直すことを目指す。史実とフィクションという二分法ではなく、両者が織りなす複雑な関係を紐解きながら、〈中世映画〉の深みを存分に楽しみたい。

それでは〈中世映画〉の魅惑の世界へ足を踏み入れてみよう。

[1] 本書のもとになったシンポジウム概要は以下を参照。図師宣忠「西洋中世学会第9回大会シンポジウム報告　映像化される中世――語り継がれる史実とフィクション」『西洋中世研究』九（二〇一七年）、一九六―一九九頁。

[2] Marc Ferro, *Cinéma et histoire* (Paris: Denoël, 1977); Pierre Sorlin, *Sociologie du cinéma* (Paris: Aubier Montaigne, 1977); id., *The Film in History: Restaging the Past* (Totowa: Barnes & Noble Books, NJ, 1980).

[3] Robert A. Rosenstone, *History on Film/Film on History* (Harlow: Pearson Education, 2nd edition 2012). ロバート・ローゼンストーン（岡本充弘訳）「映画製作者が歴史家として歴史に対して行っていることについての考察」岡本充弘ほか編『歴史を射つ――言語論的転回・文化史・パブリックヒストリー・ナショナルヒストリー』（御茶の水書房、二〇一五年）、五七―七七頁。

[4] AHR Forum, *The American Historical Review*, 93 (5): 1173–1227 (December 1988). 寄稿論文は以下参照。Robert A. Rosenstone, "History in Images/History in Words: Reflections on the Possibility of Really Putting History onto Film"; David Herlihy, "Am I a Camera? Other Reflections on Films and History"; Hayden White, "Historiography and Historiophoty"; John E. O'Connor, "History in Images/Images in History: Reflections on the Importance of Film and Television Study for an Understanding of the Past"; Robert Brent Toplin, "The Filmmaker as Historian".

[5] historiography (the representation of history in verbal images and written discourse); historiophoty (the representation of history and our thought about it in visual images and filmic discourse). Hayden White, "Historiography and Historiophoty", *The American Historical Review*, 93 (5): 1193–1199 (December 1988).

[6] ナタリー・Z・デーヴィス『歴史叙述としての映画――描かれた奴隷たち』中条献訳（岩波書店、二〇〇七年）。

[7] 「歴史行為」はアラン・マンズロウによる造語。Alun Munslow, *The Future of History* (New York and London: Palgrave Macmillan, 2010), pp. 8–9.

[8] Rosenstone, *op. cit.*, pp. 185–186.

[9] Robert A. Rosenstone and Constantin Parvulescu (eds.), *A Companion to the Historical Film* (Malden, MA and Oxford: Wiley-Blackwell, 2013); Mia E. M. Treacey, *Reframing the Past: History, Film and Television* (New York: Routledge, 2016). 歴史研究において絵画や写真、映像などの視覚イメージがどのように利用されうるかについては以下も参照。ピーター・バーク『時代の目撃者――資料としての視覚イメージを利用した歴史研究』諸川春樹訳（中央公論美術出版、二〇〇七年）。

[10] Bettina Bildhauer, "Medievalism and cinema", in Louise D'Arcens (ed.), *The Cambridge Companion to Medievalism* (Cambridge: Cambridge University Press, 2016), pp. 45–59.

[11] これまでの主だった〈中世映画〉研究としては以下を参照。John Aberth, *A Knight at the Movies: Medieval History on Film* (New York: Routledge, 2003); Martha W. Driver and Sid Ray (eds.), *The Medieval Hero on Screen: Representations from Beowulf to Buffy* (Jefferson, NC, and London: McFarland, 2004); Nickolas Haydock, *Movie Medievalism: The Imaginary Middle Ages* (Jefferson, NC: McFarland, 2008); Anke Bernau and Bettina Bildhauer (eds.), *Medieval Film* (Manchester: Manchester University Press, 2009); Laurie A. Finke and Martin B. Shichtman, *Cinematic Illuminations: The Middle Ages on Film* (Baltimore: Johns Hopkins University Press, MD, 2010); Andrew B.R. Elliott, *Remaking the Middle Ages: The Methods of Cinema and History in Portraying the Medieval World* (Jefferson, NC, and London: McFarland, 2011); Bettina Bildhauer, *Filming the Middle Ages*

(London: Reaktion Books, 2011). その他、〈中世映画〉全般に関する研究については巻末に文献リストをまとめたのでそちらを参照されたい。

[12] この前後の時代であっても、キリストの受難を描くメル・ギブソン監督の『パッション』（二〇〇四年）や近世史に含まれる『マルタン・ゲールの帰還』（一九八二年）のように、テーマによっては〈中世映画〉の文脈で分析される作品もある。

[13] Kevin J. Harty, *The Reel Middle Ages: American, Western and Eastern European, Middle Eastern and Asian films about Medieval Europe* (Jefferson, NC: McFarland, 1999).

[14] ジャンヌ映画については、以下の文献を参照。Kevin J. Harty, "Jeanne au cinéma", in Bonnie Wheeler and Charles T. Wood (eds.), *Fresh Verdicts on Joan of Arc* (New York and London: Garland Publishing, 1996), pp. 237–264; Robin Blaetz, *Visions of the Maid: Joan of Arc in American Film and Culture* (Charlottesville and London: University Press of Virginia, 2001); Olivier Bouzy, 'Filmography', dans: Philippe Contamine, Olivier Bouzy et Xavier Hélary, *Jeanne d'Arc: Histoire et dictionnaire* (Paris: Robert Laffont, 2012), pp. 1153–65; Hervé Dumont, *Jeanne d'Arc: de l'histoire à l'écran, cinéma & télévision* (Lausanne and Paris: Editions Favre, 2012). 日本語の文献では、三木宮彦『ジャンヌ・ダルク、誰？——聖少女の幻影を追って』（フィルムアート社、一九九五年）；河野賢司「映像化されたジャンヌ・ダルク——メリエスからフィリップ・ラモスまでの一世紀」『九州産業大学国際文化学部紀要』五七号、二〇一四年、一—三三頁。その他のジャンヌ映画研究については巻末の文献リストを参照。

[15] メリエスの手紙を検討したケヴィン・ハーティーによれば、メリエスが最初にジャンヌ映画を撮ったのは一八九七年のことであり、その後、数回にわたり再リリースされた。現存するヴァージョンは一九〇〇年に上映されたものである。Harty, "Jeanne au cinéma", p. 259. メリエスについては、マドレーヌ・マルテット＝メリエス『魔術師メリエス——映画の世紀を開いたわが祖父の生涯』古賀太訳（フィルムアート社、一九九四年）。

[16] ジャンヌ・ダルクについてはこれまで数多くの文献が出されてきたが、さしあたり以下を参照。レジーヌ・ペルヌー、マリ＝ヴェロニック・クラン『ジャンヌ・ダルク』福本直之訳（東京書籍、一九九二年）；コレット・ボーヌ『幻想のジャンヌ・ダルク——中世の想像力と社会』阿河雄二郎ほか訳（昭和堂、二〇一四年）。

[17] ナポレオン・ボナパルトは、一七九三年以来中断していたジャンヌ・ダルクの祭典を再興したいとのオルレアン市からの請願に対して、公式の許可証書（一八〇三年）のなかに次のような推薦の言葉を自筆で書き込んでいる。「フランスの独立が脅かされる時には、優れた英雄が出て必ず奇跡をもたらしてくれることを、あのジャンヌ・ダルクは証明してくれる」。このジャンヌの英雄視はナポレオンによる自身のプロパガンダとも読めるが、ジャンヌをフランスの独立を守った英傑として讃美する流れを作り出した画期として注目される。高山一彦『ジャンヌ・ダルク——歴史を生き続ける「聖女」』（岩波新書、二〇〇五年）、一〇三—一〇四頁。

[18] ジュール・ミシュレ『ジャンヌ・ダルク』森井真・田代葆訳（中公文庫、一九八七年）。ミシュレのジャンヌ像については、以下を参照。坂本千代「ミシュレによるジャンヌ・ダルク像——その啓示と奇跡の取り扱いをめぐって」『近代』七一（一九九一年）、三五—四八頁；真野倫平「伝説と歴史のはざまで——ミシュレによるジャンヌ・ダルク像」『アカデミア——文学・語学編』六九（二〇〇一年）、一四九—一七〇頁；中里まき子「ジャンヌ・ダルク処刑裁判と文学作品——少女の「裏切られた遺言」」『アルテスリベラレス』八五（二〇〇九年）、六九—八八頁；加藤玄「ジュール・ミシュレ著／森井真・田代葆訳『ジャンヌ・ダルク』」『歴史

評論』七五七（二〇一三年）、六二―六五頁。

［19］ミシュレ、前掲書、一三頁。

［20］同書、一八九頁原注［二〇］。

［21］Jules Quicherat, *Procès de Condamnation et de Réhabilitation de Jeanne d'Arc, dite la Pucelle*, 5 vol., Paris, 1841–49.

［22］二〇世紀に入ると、「処刑裁判」の記録については、ピエール・シャンピオン版（全二巻）、ピエール・ティセ版（全三巻）という精緻な校訂版が刊行され、「復権裁判」については、ピエール・デュパルクによる完全な仏訳付き校訂版『ジャンヌ・ダルク処刑判決破棄審理』（全五巻）が刊行されている。Pierre Champion, *Procès de Condamnation de Jeanne d'Arc, texte, traduction et notes*, 2 vol., Paris, 1920–21; Pierre Tisset et Yvonne Lanher, *Procès de Condamnation de Jeanne d'Arc*, 3 vol., Paris, 1960–71. 高山一彦編訳『ジャンヌ・ダルク処刑裁判』（白水社、一九八四年）。Pierre Duparc, *Procès en Nullité de la Condamnation de Jeanne d'Arc*, 5 vol., Paris, 1977–88. レジーヌ・ペルヌー編『ジャンヌ・ダルク復権裁判』高山一彦訳（白水社、二〇〇二年）。

［23］ミシェル・ヴィノック（渡辺和行訳）「ジャンヌ・ダルク」ピエール・ノラ編『記憶の場――フランス国民意識の文化＝社会史3〈模索〉』谷川稔監訳（岩波書店、二〇〇三年）、三―六六頁。

［24］Jacques Malthête, La Jeanne d'Arc de Georges Méliès, *1895. Mille huit cent quatre-vingt-quinze*, 36 (2002), consulté le 07 juin 2018. URL : http://journals.openedition.org/1895/140. この映画は長らく失われたと思われていたが、一九八二年にルネ・シャルルによって手彩色版が発見された。第一幕は欠如しているが、残りの一一幕は保たれている。この映画については、次のウェブサイトも参照。A Cinema History: A chronological review of the best films worldwide(http://www.acinemahistory.com/2013/06/jeanne-darc-1900.html)（二〇一八年九月一一日アクセス）。

［25］Kevin J. Harty, "Jeanne au cinéma", pp. 237–238.

［26］シルレル『オルレアンの少女』佐藤通次訳（岩波書店、一九九二年）。

［27］バーナード・ショー『聖女ジャンヌ・ダーク』福田恆存・松原正訳（新潮社、一九六三年）；バーナード ショー『バーナード・ショー名作集』鳴海四郎ほか訳（白水社、二〇一二年）。

［28］Martha Driver, "Teaching the Middle Ages on Film: Visual Narrative and the Historical Record", *History Compass*, 5-1 (2007), pp. 159–174; Sturtevant, Paul B., *The Middle Ages in Popular Imagination: Memory, Film and Medievalism* (London: I. B. Tauris, 2018).

［29］日本においても、アカデミックな領域と社会のつながりを模索する動きが進みつつある。歴史学研究会編『歴史を社会に活かす――楽しむ・学ぶ・伝える・観る』（東京大学出版会、二〇一七年）。

［30］歴史（ジャック・ル・ゴフ）、宗教（アンジェロ・アルパ神父）、小道具（フランソワーズ・ピポンニエ）、写本（フランソワ・アヴリル）、建築（ジャン＝クロード・ボンヌ）、身振り（ジャン＝クロード・シュミット）、典礼（ペール・デボネ）、同時代の行動様式（ダニエル・アレクサンドル＝ビドン）、紋章学（ミシェル・パストゥロー）。

［31］ウォルター・スコット『アイヴァンホー』（上・下）中野好夫訳（河出書房新社、一九六六年）。

［32］A. Keith Kelly, "Beyond Historical Accuracy: A Postmodern View of Movies and Medievalism", *Perspicuitas* (2004), pp. 1–19.

［33］ピーター・バークは、テクストや口頭による証言と同じく、視覚イメージ（絵画、彫像、版画、写真、映像など）も重要な歴史的証拠になりうることを示した。バーク、前掲書、とりわけ映画については、二〇七―二二七頁を参照。

第2章　映画のなかのロビン・フッド

――あるいはハリウッドにおける幼年期の終わりについて

岡田尚文

ロビン・フッド伝説と映画

ロビン・フッドを主人公とする映画は、映画黎明期から現在にいたるまでハリウッドにおいて数多く製作されている。全盛期を迎えたのは一九二〇年代から三〇年代のことで、この時期から一九六〇年代にかけて「スワッシュバックラー（swashbuckler：剣劇）」ジャンルにおいて一大サイクルを形成するにいたった。これら作品は、中世の武勲詩（バラッド）というよりは近代文学、とりわけ児童文学を参照項にいわば「永遠の少年」としてのロビン・フッド像を提供する。しかし一九七六年に公開された『ロビンとマリアン』以降、映画のなかの英雄は、かつての若々しさを喪失するように見える。本章は、そのような、映画史上のロビン・フッド像の変質とその背景について、最新の映画研究の成果を手掛かりとしつつ明らかにしたい。

ここで論を先取りしておくならば、ハリウッド製ロビン・フッド映画にあっては、一九二〇年代から現在にいたるまでの間に、まずロビン・フッドの脱イギリス化（つまりはアメリカ化）が、次いで国際化が図られることとなる。そのようななか、映画が製作されるそれぞれの時代において常に語り直し、すなわち「再話」を要請され続けるロビン・フッド伝説は、「史実と虚構」という、我々が「中世映画」を見る際の二項対立的理解についても見直しを迫らずにはおかないだろう。

イギリスからアメリカ、児童文学から映画へ

ではまず、ロビン・フッド映画について検証する前提として、その最大の参照項となった近代児童文学におけるロビン・フッド像について、ごく簡単に確認しておこう。

一四世紀後半に著されて初めてロビン・フッドの名を登場させた宗教寓意詩『農夫ピアズの夢』（一三七七年頃）や、一四、五世紀には流布していたと推定されるバラッド『ロビン・フッドの武勲』、一五世紀半ばに書かれて初めて彼を主人公とする物語を展開したバラッド『ロビン・フッドと修道士』などをその先駆けとして、ロビン・フッド伝説がその後も特に文学や演劇において盛んに取り上げられ語られてきたことは周知の通りである[1]。中世イングランドのヨーマン（自作農）階級出身の、しかし今は緑の森にリトル・ジョンやウィル・スカーレットといった仲間と共に住まうアウトロー（outlaw）で、得意の弓を操って貧しきを助け、リチャード一世獅子心王に仇なす王弟ジョンやノッティンガムの代官を挫く義賊（social bandit）。ただしヒロイン・マリアンとの恋愛・結婚譚は一六世紀以降になって五月祭の物語と共に加えられた後発の要素だという。ともかく、このようにして先行メディアにおいて確立された英雄像が、二〇世紀初頭に誕生し、視覚的「物語」を紡ぎ始めるハリウッドに影響を与えないはずがなかった。

しかし、上野美子によれば、ロビン・フッド映画にとって最大の参照項となったのは、一八世紀後半に成立した「近代の申し子」たる児童文学が描いたロビン・フッド像であった。特にイギリスのピアス・イーガ

ンが一八四〇年に著した『ロビン・フッドとリトル・ジョン』、フランスのアレクサンドル・デュマの一八七二年の『盗人の王様』とその一年後に出版された続編『アウトローのロビン・フッド』が底本となり、現代にいたるまで、さまざまな子供向け文学としてのロビン・フッド物語が出版されている(図1)。イーガンやデュマはかつてのバラッドや文学における義賊としてのというよりは、「平和主義者」、「恋人」としてのロビン像を伝えている[2]。

ここで、アメリカの児童文学作家ハワード・パイルの重要性についても指摘しておかねばなるまい。というのも、イラストレーターでもあったパイルは、一八八三年に出版した自身の作品『ノッティンガム州の高名なるロビン・フッドの愉快な冒険』に「アール・ヌーヴォー風の繊細なペン画イラストと、ゴシック・スタイルの飾り文字をふんだんにあしら」い、「イラストと物語の一致」を達成したからだ(図2)。これらイラストが一九世紀末にはカラー化され、その頃のアメリカのみならず、これまた今日にいたるまで、世界的に多大な影響を与え続けているのである。また内容においても、「恋人」としてのロビンを描いた先のイーガンやデュマに比して、恋愛にうとい「永遠の少年」としてのロビン像を確立した[3]。

あるいはパイルに先立つこと七年、アメリカの小説家マーク・トウェインが一八七六年の少年少女向け小説『トム・ソーヤーの冒険』で、トムと

図1
映画『ヒューゴの不思議な発明』(二〇一一年)に登場する『盗人の王様』の書影
映画の黎明期におけるロビン・フッド伝説やデュマの影響を示唆する。

ハックが「ロビン・フッドごっこ」をして遊ぶ様子を描いていることも想起したい[4]。実際、この二人の登場人物のような境遇にあった当時のアメリカの子供にとって、ロビン・フッドは「イギリスのどんなやつでもやっつける」弓の名人であり、富める者から奪い貧しきに与える「このうえなくりっぱな男」、つまりは英雄であったに違いない。

図2　パイル版のイラスト

ロビン・フッド映画とその変質

さて、今述べたような一九世紀半ば以降に出版された児童文学から多大な影響を受けて成立したであろう「ロビン・フッド映画」は、一八九五年一二月二八日にフランスのリュミエール兄弟がパリのグラン・カフェで有料上映会を催したところに始まるとされる映画史においても——残念ながら日本の映画研究においてはこれまで等閑視されてきた感があるが——実に重要な位置を占めてきた。というのも、先の上野もいう通り、ロビン伝説は、「森や城の背景といい、派手な立回りといい、緑の服を着たアウトローや美女マリアン、騎士、国王の登場といい」、「絵になる視覚的要素をふんだんに内蔵して」おり、元来、非常に映画向きだったのである[5]。中世映画研究の泰斗ケヴィン・J・ハーティーによれば、実際、これまで（一九九九年現在）実に六〇本以上のロビン・フッド映画が製作されている[6]。これは、同じくハーティーが計上した「アーサー王映画」の約二倍、「ジャンヌ・ダルク映画」の約五倍に相当する本数である。

それでは以下、実際にロビン・フッド映画の変遷を追ってみよう。無論、すべてのロビン・フッド映画に言及することは不可能であるから、映画史上でメルクマールとなったと考えられる三本のハリウッド製ロビン・フッド映画に焦点を絞り、具体的に検証することとしたい。その三本とは、アラン・ドワン監督による『ロビン・フッド』（一九二二年）、マイケル・カーティス、ウィリアム・キーリー両監督による『ロビンフッドの冒険』（一九三八年）、それにリチャード・レスター監督による『ロビンとマリアン』（一九七六年）のことである。ここでは今後の議論をより分かりやすくするためにも、一九二〇年代から三〇年代に公開された前二者と、一九七〇年代に公開された『ロビンとマリアン』の間に生じた変質に関して簡単にまとめておこう。

一九二〇—三〇年代

まず、初期のスワッシュバックラー、つまり剣劇映画ブームを代表する二本について見よう。『ロビン・フッド』（図3）と『ロビンフッドの冒険』（図4）は剣劇映画の傑作として、それぞれロビンを演じたダグラス・フェアバンクス、エロール・フリンという当該ジャンルの大スターの名と共に映画史上に燦然と輝いている。かつ、両作は、ロビン・フッドを大々的に客演させるウォルター・スコットの一八二〇年の小説『アイヴァンホー』［7］から強く影響を受けているとつとに指摘されている［8］。スコットの小説はロビンを「騎士道の清華リチャード獅子心王と、憎まれ役のジョン親王の時代」におき、「ロマンチックな冒険物語を紡ぎだす絶好の条件」を整えた［9］。騎士道に造詣の深いグラント・オーデンに言わせれば、この小説でスコットは「歴史的な正確性」にはあまりこだわらず、そこに「騎士道の装飾と色彩のすべて」を表現した［10］。無論、先に挙げたイーガン、パイルらもすでにスコットの影響を受けているわけだが、それはともかく、こうしてこれら映画作品は、中世以来のロビン・フッド伝説における若々しい常緑のイメージに加えて騎士道の華やかさを取り入れ、それを映画館を訪れる観客に視覚的に「再話」することとなった［11］。

かくてスコットを底本にとったといってよい両作はロビン・フッドの物語を映画という新しいメディウムにおいても定着させたわけだが、リト

図3　『ロビン・フッド』（一九二二年）ダグラス・フェアバンクス

図4　『ロビンフッドの冒険』（一九三八年）エロール・フリン

ル・ジョンや修道士タック、それにコメディ・メーカーたるマッチらとロビンの邂逅といったおなじみの挿話、馬上槍試合や弓矢大会といった一大イベントを物語上に配置したのみならず、その背後に、第三回十字軍遠征（一一八九―九二年）譚をも配置したことになる。つまり、イングランド王リチャード一世獅子心に先んじて第三回十字軍から帰還したロビンが、シャーウッドの森の仲間と共に、王政を私し貧者に高い税金を課す悪役・王弟ジョンらと戦いこれに勝利する。そして今度はそのロビンを、物語の終盤でイングランドに帰還するリチャードが表彰し、騎士に叙任し、かつヒロインたるマリアンとの結婚を承認するというプロットをこれら二作には共通して見出すことができる。実在の王であるリチャード獅子心をめぐる伝説が両作のロビン・フッド伝説を包み込んでいるのである。

一九七〇年代

ハーティーにいわせれば、この後、一九四〇年代から六〇年代に数多く作られたロビン・フッド映画は、フェアバンクス版とフリン版ロビンに共通するプロットを使いまわしているにすぎない[12]。とはいえその結果、詳しくは後述するが、ここに「ロビン・フッド映画」というスワッシュバックラー映画のサブジャンル、あるいはサイクルが成立することにもなった。

ところが、当時共に四〇代後半に差し掛かったショーン・コネリーとオードリー・ヘプバーンを主演に迎え一九七六年に公開された『ロビンとマリアン』（図5）を分水嶺として、映画のロビン・フッド物語が明らかに変化する。この映画では、まずリチャード王はイングランドに帰還しなくなり、そのせいでロビンが英雄として表彰されることも、また貴族に列せられることもなくなる。かつてどこまでも軽やかだった決闘は重く鈍いものとなり、ロビンとマリアンも年老い、したがって二人の恋愛にも未来が見えず、実際にマリアンは決闘で傷ついたロビンに毒を盛り、自らも毒杯をあおって共に死んでしまうこととなる。アンドリュー・ジョンストンが指摘するように、変化する「自然」と作品や人物との関わりが強くなり、明らかに死へと向かう「はかなさ（temporality）」が物語を支配しているのである[13]。果たしてこの映画におけるロビン・フッド物語の変質の背後には何があるのだろうか。以下、映画が作られた当時の社会情勢との関わり、ならびに映画史の文脈からこの変質について具体的に検証することとしよう。

映画の同時代史

まずは、同時代の社会情勢との関連から三本の映画を検証する。当然のことながら映画にはさまざまな同時代背景が影響しているはずで、ここでそのすべてを論じることはできない。よって以下は、主にハーティーのロビン・フッド映画論[14]を手掛かりとしてこれを見ることとする。

『ロビン・フッド』

一九二二年のモノクロ・サイレント映画『ロビン・フッド』は二部構成をとっている。

第一部では、まずリチャード獅子心王がダグラス・フェアバンクス演

図5
『ロビンとマリアン』（一九七六年）
コネリーとヘプバーン

じるところのハンティンドン伯（後のロビン・フッド）をともなって第三回十字軍に出発するまでが描かれる。その間、ハンティンドン伯の馬上槍試合における活躍、また彼とマリアンとの馴れ初めも描かれる。ここでハンティンドンは初めから貴族であり、鎖帷子をまとった騎士としての彼は動きが（後にロビン・フッドとなったときと比較すると）遅く、そこまでアクロバティックな上下動も行わない（図6）。しかし、十字軍の途中で王弟ジョンの悪だくみに気づいたハンティンドンは、リチャード王に先駆けイングランドに取って返す。かくて第二部ではフェアバンクスは鎖帷子を脱ぎ捨て、アウトロー、ロビン・フッドとなり「映画的ジャングルジム（cinematic jungle gym）」とでもいうべき大セットのなかを（図7）、あるいは木々の間を飛びまわることとなる。文字通り馬に飛び乗り、後にも見るように城壁に飛び移り乗り越えるなど、身軽さ、素早さ、決断力・実行力、ユーモアを体現するのである。先述したようにスコットとパイルを参照していることもあって、一部二部共に出来事に対する歴史的正確性は期されていない。要は、監督のドワン自身がいうように、ここで再現されているのは一九二〇年代という時代が望む中世の「雰囲気（atmosphere）」であり［15］、観客はそのようなかでフェアバンクスのアクロバティックなスキルを愛でることとなるだろう［16］。

ハーティーはケヴィン・ブラウンロウの言［17］を引きつつ一九二二年

図6
『ロビン・フッド』
第一部におけるハンティンドン伯

に公開されたこの映画のサブテクストを「自由の享受（the joy of freedom）」であるという。第一部のハンティンドン伯は第一次世界大戦前のアメリカン・ヒーローであり、第二部のロビン・フッドは、大陸からはつらつと帰還して「狂騒の二〇年代（Roaring Twenties）」、「ジャズ・エイジ（Jazz Age）」において国家的ヒーローとして遅いリハビリ、すなわち戦争体験のトラウマからの機能回復運動をする。本作は、結果としてこれまでのイギリス由来の虚飾的な中世の描写を壊し、アメリカ独自の活力のある中世観を打ち出すことに成功したというわけである[18]。キリスト教や王の存在が否定されるわけではないが、しかし宗主国としてのイギリスの伝統から抜け出すアメリカ独自のヒーロー、すなわちアミー・ド・ラ・ブルテクに倣っていうならば「ホモ・アメリカヌス（homo americanus）」の典型がここに誕生したのである[19]。

『ロビンフッドの冒険』

次に一九三八年に公開された『ロビンフッドの冒険』について見よう。一九二二年の作品とは異なり三色テクニカラー、かつトーキー作品である。ロビンが十字軍に遠征する段は大きくカットされて、シャーウッドの森（図8）とノッティンガムの城でのロビンの軽やかな活躍がより前面化される。また、フェアバンクス版『ロビン・フッド』ではほとんど捨象さ

図7　『ロビン・フッド』同第二部における大セットのなかのロビン

れていたといっていい、スコットから拝借した（非貴族階級としてのロビンら）サクソン人対（王侯貴族としてのジョン王ら）ノルマン人というゲルマン人支族間の対立も前面化している。

当然、この映画に関しても様々な同時代背景が考えられるが、ハーティーが重視するのは、まずは映画を製作・配給したワーナー・ブラザーズの社長、ジャック・ワーナーその人の政治観だ。彼はフランクリン・ルーズベルト大統領の熱狂的な支持者として有名であり、そうであるならば、エロール・フリン扮するロビン・フッドは一九三三年から三六年にかけて実施された「ニューディール政策」を体現する存在として提示されているというわけである。要するに、大きな政府の積極的介入による「富の再分配」、その結果としての大恐慌からの経済回復が、富める者から奪い貧しき者に与えるロビンの活躍、そのような彼に対する帰還したリチャード王による表彰、あるいは王弟ジョンへの制裁といった一連の出来事の背後で語られているのである[20]。

あるいはこの作品において、映画史上初めてオーケストラによる本格的サウンドトラックをつけたとされるユダヤ系オーストリア人音楽家、エーリヒ・ヴォルフガング・コルンゴルトは、一九三八年に起こったナチス・ドイツ下最大のポグロム事件である「水晶の夜（Kristallnacht）」を、この映画に参加するためにアメリカに来ていたがゆえにまぬがれた[21]。先

図8　『ロビンフッドの冒険』シャーウッドの森で仲間に演説するロビン

のジャック・ワーナーもまた自身がユダヤ系アメリカ人であり、この映画が公開される二年前にベルリンにいた自社のユダヤ系エージェントをナチスの手により殺害されている[22]。つまり、コルンゴルトのみならず、彼と同じような境遇にあった各地の「ユダヤ人」の目には、ロビンは、ナチスを打倒し世界に秩序を取り戻す英雄と映ったに違いないのである。

そのような期待を背負ってスクリーンを縦横に馳せたフリン＝ロビンを、ブルテクは今度は「エロ・プラネテール（héro planétaire）」、即ち「世界の英雄」と評する[23]。こうしてこの作品は、山田宏一にいわせれば、「監督の「作家」としての刻印などまったくない、幸福な映画」、「映画史上最も魅惑的な活劇の模範的な一本」となった[24]。

『ロビンとマリアン』

『ロビンとマリアン』が公開された一九七六年は、ベトナム戦争（一九六〇―七五年）が一応の終結をみたとはいえ、この悲惨な出来事に関する――ちょうどこの頃に一般家庭に普及した（六〇年代までは白黒がほとんどであった）テレビ受像機を介した――さまざまな記憶がまだ鮮やかな時期であったに違いない。「自由世界の防衛」を唱えたジョンソン大統領による一九六五年の「北爆」、ゲリラ戦に対抗するための枯葉剤の散布、一九六八年のソンミ村虐殺事件、そしてアメリカの事実上の敗北。これに伴ってアメリカ本国でも、反戦運動、公民権運動というかたちで既存の体制への異議申し立てが起こった。

当作は当然カラー作品で、かつワイドスクリーンで上映されたが、そこに大写しになったシャーウッドの森における被支配者サクソン人と支配者ノルマン人の戦いは、容易にベトナムの森を想起させたと思われる。すでに一九三八年の『ロビンフッドの冒険』における森での戦いが、いかに王と真実のための戦いとはいえ

「ゲリラ戦（guerrilla wafare）」の体裁をとっていたことを指摘する者もあるが[25]、『ロビンとマリアン』のシャーウッドの森は、もっと直接的にベトナムの森で戦われたゲリラ戦につながっている。そこは、フェアバンクスやフリンのようなフェンシング風の由緒正しき決闘のではなく、より中世的「現実」には近いかもしれない、がしかし重力と自然に足をとられた陰惨な戦いの舞台となるのである。

物語上、コネリー＝ロビンは、代官を倒したとはいえ致命傷を受け、行き場所もなく、オードリー・ヘプバーン扮するマリアンによって毒殺される（安楽死させられる）にいたる。「中年であきらかに身分の低い（middle-aged and unmistakably lower class）」[26]ロビン・フッドの、もはや活躍とはいえない活躍は、しかしてアメリカ的民主主義の理想の失墜、勝利なき闘いの象徴となる。それもそのはずで、十字軍から帰還してロビンを表彰し騎士へ叙任するはずのリチャード獅子心王は、映画の冒頭で、一二世紀末の同時代記録に従って[27]、アキテーヌのシャリュ城に遠征中、首に矢を受けて死んでしまっているのである（図9）。

こうして、一九二〇年代にアメリカン・ヒーローとしての、三〇年代に地球の英雄としての地位を確立したはずの映画のなかのロビン・フッドは、七〇年代ともなると若さを喪失し、むしろ「はかなさ」や死の方へ接近する。その背後にはここまで見たような社会情勢との関わり、すなわち同時

図9　『ロビンとマリアン』冒頭で首に矢を受けたリチャード王

代史の影響があった。

映画史とロビン・フッド

それでは次に映画史的観点から、『ロビンとマリアン』以前以後でロビン・フッド映画が具体的にどのように変質したのかを検証することとしよう。

ジャンルと時制

まずは「ロビン・フッド映画」というジャンルについて今一度確認しておこう。フィルム・ノワールのように回顧的に見出されるものではなく、興行側、あるいは映画を売る側があらかじめあてこんだ観客に向けて企図した枠組みとしてのジャンルを考えるならば、一九六〇年代までのロビン・フッド映画は、ここまで再三述べてきたように「スワッシュバックラー」のサブジャンルと考えることができるだろう。それは、ブランドフォードらの映画事典によれば「海賊やそれに似た登場人物のさっそうとした剣技に由来し、ヒーローの華麗なアクション、運動能力、格闘技術を売り物とする」冒険映画（adventure film）のサブジャンルの一つである[28]。もっと分かりやすくいえば「日本のちゃんばら映画に対応する米国流の時代劇、剣劇」[29]、あるいは「ならず者を主人公とする剣戟映画」[30]ということになる。木村建哉が設定した区分に従うならば、先のダグラス・フェアバンクスによる『ロビン・フッド』は一九二〇年代の「第一次スワッシュバックラー映画ブーム」に、エロール・フリンの『ロビンフッドの冒険』は一九三〇年代半ばの「第二次スワッシュバックラー映画ブーム」の最中に公開された、それぞれ代表作となる。加藤幹郎の言を借りれば

［31］、このジャンル映画のイデオロギーは明白だ。いわく「これらの映画の（副）主人公たちは一様に盗賊や海賊と呼ばれながら、その実、失われた国体を復権し、危機に瀕した国家（王国）を再興させる英雄たち」である。シャーウッドの森の盗賊であるロビン・フッドも「廃位された国王の帰還の夢をかなえる民衆の英雄」だ。「ひとことでいえば、スワッシュバックラー映画の主人公の要件は愛国主義である」。スワッシュバックラーは「保守的なハリウッド映画のなかでも、もっとも保守的な」ジャンルであり、「これらの映画は、ジャンル論的に積極的に荒唐無稽な物語たらんとし、現在事項にたいするいかなる責任からも無縁でありたいと願っている」のである［32］。

かくて、スワッシュバックラーの時制も明確となる。このサブジャンル映画の「もうひとつ大きな特徴は、それがつねに絶対的な過去形で物語られるということ」であり、「それは未来はおろか現在からも完全にきりはなされ、いま、こことはなんの歴史的連関性ももちえぬ異国の昔話として物語られる」ことになる［33］。それは、結局のところ「すでに国体維持が歴史的に保証された地点から語られる」昔話［34］だ。スワッシュバックラー映画の冒頭に見られる中世文書風の字幕（図10）による前口上は、「いまここ」ではないどこか、ノスタルジックなユートピアへ観客をいざなう映画的仕掛けなのである。要するに、一九六〇年までの一連のロビン・フッ

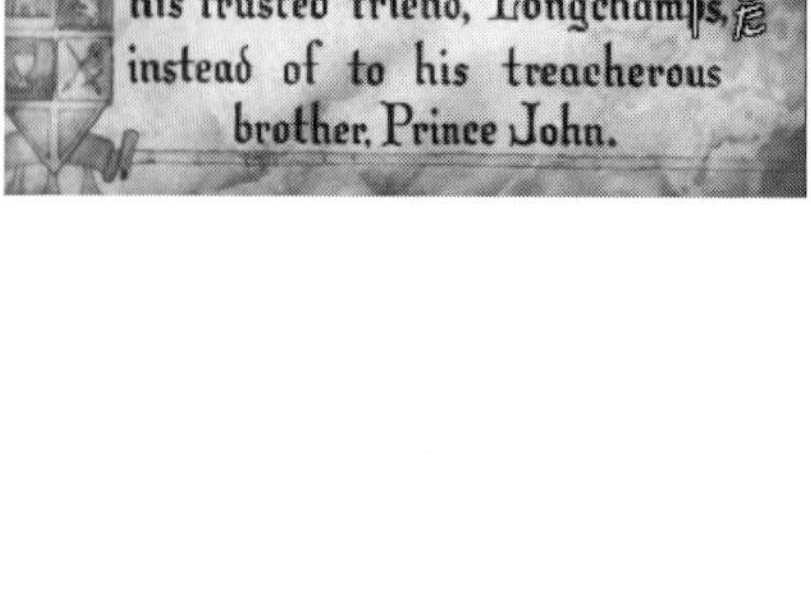

図10　『ロビンフッドの冒険』導入部の中世文書風の字幕画面

ド映画は、スワッシュバックラーという保守的かつ後ろ向きなハリウッド映画のサブジャンルのなかに、あらかじめ企図されたというよりは、映画会社の垣根を超えてなんども再話——悪く言えば粗製乱造——されるなかで、いつのまにか事後的に見出されるようになった、さらなるサブジャンルということになろう。

さて、これらのことがらを踏まえたうえで、以下ではハリウッドにおける映画史的出来事との関連からもう一度『ロビンとマリアン』前後の変質について考えてみよう。ここでは特に『ロビンフッドの冒険』と比較したい。なぜならそれがハリウッド黄金時代を代表するトーキーかつテクニカラー映画であり、ということは映画史における音楽と色彩、それに映画の時制に関する問題を参照せずにはおかない作品だからである。

ハリウッド黄金時代——音・色・美術

一九二六年、それまで——上映時に伴奏こそされたものの——サイレント（無音）であった映画においてトーキー（音響）化が達成された。一九三〇年代に入ると、先のコルンゴルトその人によって、シンフォニック・スコアの伝統が確立される。少々長くなるが、このコルンゴルトの音楽が映画に果たした役割を理解するためにカリル・フリンを引いてみよう。

『風と共に去りぬ』、『シーホーク』、『ロビンフッドの冒険』といった、歴史劇映画では、分厚いオーケストラによる音楽は、劇的な叙事詩性を備えた過去の時代の壮大さを喚起するのには都合がよい。西洋の人間の耳には、コルンゴルトやスタイナーの音楽は、どっしりした王者の風格や安定性と聞こえる（スタイナーの器楽編成は弦のセクションを活躍させるのに対し、コルンゴルトは管のセクションを活躍させる。そしてどの作品も安定した長調で作曲されている）。〔中略〕これ〔スタイナーの音楽：引用者注〕

と同様の傾向を持つ、コルンゴルトのアカデミー賞を受賞した『シーホーク』、『ロビンフッドの冒険』（それに『海賊ブラッド』〔一九三五年〕や『Jurarez』〔一九三九年〕）といった史劇物の映画音楽も、やはり栄光の過去への同じ思いを強調しているが、しかしこちらの映画の方は絶えず戦争、戦闘の場面が続くので、音楽はスタイナーの場合のような穏やかで平和なユートピア世界を築くことができない。しかし、たとえ騒擾に満ち満ちた世界であろうと、音楽は聴き手の心を和ませ、「善玉」と「悪玉」をはっきり区別するモチーフを使い分けて、この上ない明晰な理解を聴き手にもたらす[35]。

このように、一九三〇年代に他ならぬコルンゴルトの手によって成立をみたハリウッドのオーケストレーション音楽もまた、善と悪という対立的モチーフを聴く者にこれ以上なく明晰に理解させながら、同時に「栄光の過去」、「ノスタルジア的ユートピア」をも彼らに喚起する仕掛けとしてあった。そもそもハリウッド古典映画の音楽のなかに「未来先取り的な流れを見出すことはきわめて難しい」のであり、特に「歴史劇映画（historical dramas）」においてそれは効果を発揮したのである[36]。

一九三〇年代にはもう一つ、映画の「色」に関する一大変化が生じた。三色テクニカラーが導入されたのである。その結果、岡俊雄がいうように「色彩コスチューム・プレイ」が大々的にスクリーン上で展開されることとなった[37]。その岡が、三色テクニカラーを採用した色彩設計の効果が劇的に発揮されたとして評価するのが『ロビンフッドの冒険』における大団円のシークェンス（図11）である。このとき帰還した獅子心王リチャードら一行が王弟ジョンの前でガウンを脱ぎ真の姿を現すと「白衣の胸いっぱいに赤い十字の標識もあざやかな十字軍の征衣を着けている」[38]。映画評論家の山田宏一は、それがテクニカラー色彩監督（Technicolor color director）ナタリー・カルマスの手柄であることを認め、さらにこの作品を「いわば脂が乗り切った一五本目の本格的テクニカラー作品」と評している［39］。
興味深いことには、アメリカの哲学者スタンリー・カヴェルも当該作品の色をめぐって次のように述べている。

そのセットと撮影地と合戦とを、失くしてしまった子供時代の本の光り輝くカラー挿し絵を思い出すように、私は今でも思い出す。その挿し絵はときどき、登場人物そのものが直接顕現するのをほんの少しだけ遅らせる、それ自体が魔法のベールのように見える薄紙で保護されていた。それらの映画〔『ロビンフッドの冒険』と『オズの魔法使い』〔一九三九年〕：引用者注〕は、色が、現実世界の空間的＝時間的一貫性に対する直接的信頼やそれとの密接な関係によってというよりは、別のやり方で、映し出された世界を統一するのに貢献できることを発見した。そこまで統一された世界は、明らかに、写真の現実の過去世界ではなく、徹頭徹尾作られた領域なのであり、よってこれら映画が公正であるためには、それが子供向けの物語であることが必須なのである［40］。

哲学者カヴェルにとって、この時代の映画は、人間の目とは異なるカメラの目を通して人と人との、あるいは人と物、物と物との関係を等価に提示し、「世界の外在性」を証明する理想的なメディウムであった。現在に

図11　『ロビンフッドの冒険』の大団円

おける中継放送を基本とするテレビとは異なり、映画はつねにスクリーン上に「過ぎ去った過去」を映し出すが、三色テクニカラーで彩られた『ロビンフッドの冒険』は、カヴェルの眼には、人間という存在に対して外在する世界をしかも統一された「子供向けの物語」、「子供時代の本」のスタイルで示す特別な作品として映ったのである。本章冒頭で確認したように、近代児童文学から映画へとロビン・フッド表象が受け継がれたことをもう一度想起しよう。カヴェルはその流れを哲学的にも追認してくれるのである。

さらに、一九三〇年代という時代はハリウッド映画製作においてそれまで存在しなかった分業体制が確立された時期として記憶されるべきだろう。俳優指導を行う監督とは別に、アート・ディレクションを担当する「美術監督（art director）」が誕生したのである[41]。ロビン・フッド映画でいえば、フェアバンクス版『ロビン・フッド』で三〇メートルに及ぼうかという大セット（図7）を構築したセドリック・ギボンズ[42]、フリンの『ロビンフッドの冒険』でそのギボンズのセットにオマージュを捧げたアントン・グロット[43]らがまさにそうであった。かのウィリアム・キャメロン・メンジーズが、『風と共に去りぬ』（一九三九年）で「プロダクション・デザイナー（production designer）」なる新しい呼称のもとに──美術監督以上の──「シーンごとに映画全体の視覚的統一をはかる」仕事を担当することになるのはこの直後のことであった[44]。先にも述べたように、『ロビンフッドの冒険』が公開された頃、ハリウッドはまさしく「黄金時代」を迎えていたわけである。

ハリウッドと中世映画の秋

しかし、よい時代はそう長くは続かない。第二次世界大戦を目前に控える一九四〇年代ともなるとハリウッドは斜陽の時期を迎えることとなる。まず、スタジオがスターの契約を支配するスター・システムの維持が難しくなる。一九四四年に、まさしく『ロビンフッドの冒険』でマリアンを演じたオリヴィア・デ・ハヴィランドが与えられた役割についてワーナー・ブラザーズに異議申し立てを行ったのはそのような情勢を象徴する事件であった[45]。一九四八年にはいわゆる「パラマウント訴訟（Paramount Communications）」が始まり、映画スタジオが製作・配給・上映の権利を独占する「垂直統合」とも呼ばれたシステム、つまりはスタジオ・システムが崩壊へと向かい始める。

一九五〇年代になると、今度はテレビ受像機が一般家庭に普及し、映画観客が二分の一以下に落ち込んだ。この動きに対抗するかたちで、一九六〇年代に入ると、テレビの画面と差別化を図るために、ワイドスクリーンが映画館に導入された。それまでの一・三三：一という横：縦のアスペクト比（いわゆるアカデミー比）が、ワイドスクリーンでは平均して一・八五：一から二・五五：一まで拡大する。横に大きく広がったといえば聞こえはいいが、相対的には縦が短くなったわけである。横長であることを活かして大風景と群衆とを映す「叙事詩的映画（epic film）」が数多く作られ、多数の観客を映画館に呼び戻すことにもなったが、これもすぐ飽きられたという。他方でこれまでスターが担ってきたところの個人的な主題の表現は、ワイドスクリーンでは人物が顔をクロース＝アップされてもなお画面が余ることもあって難しくなり、画面の縦の構図を使った運動表現も制限されることとなった[46]。

さらに一九六八年には、一九三〇年に成立した性と暴力に関する映画業界による自主規制条項たる「映画製作倫理規定」、いわゆる「ヘイズ・コード（Hays code）」が実効力を失い、年齢別に鑑賞を制限するレイティング・システムが導入されることとなった。結果として、ハリウッド古典期・黄金期に培われてきた「物語」が後退し、映画のスペクタクル化が進行したことは周知の事実である。

ここにきてヨーロッパ中世を舞台とする映画、本書が取り扱う「中世映画」も様変わりする。特に、共にアーサー王伝説をもとにしている二本の映画、ロベール・ブレッソン監督の『湖のランスロ』（一九七四年）と『モンティ・パイソン・アンド・ホーリー・グレイル』（一九七五年）は、映画によってかたちづくられてきた中世世界の虚構性に対する自己言及的な暴露を行い、それ以降、中世映画を作ることにリスクが伴うようになったとハーティーは指摘する〔47〕。

ジャンルあるいは幼年期の終わり

一九七六年の『ロビンとマリアン』はまさにそのようなハリウッド映画史を受けて登場した。それは、ロビン・フッド映画によってこそ積極的にかたちづくられてきたスワッシュバックラーというジャンルの失効・終焉を告げる作品であった。一九六三年、ショーン・コネリーと代官役のロバート・ショウは、『007／ロシアより愛をこめて』でそれぞれイギリスとロシアのスパイに扮して対決したが、『ロビンとマリアン』における決闘シークエンスでは、その二人が共に実人生における明らかな老いをさらしている。アスペクト比一・三三：一の画面において縦方向に踊るフェアバンクス＝ロビンの、そしてそれよりわずかに広い一・三七：一の画面において、やはり縦方向に繰り広げられたフリン＝ロビン（図12）の実に軽やかな運動は、コネリー＝ロビンにあっては一・八五：一の横長の画面（図13）の構図と重力とにとらわれ、見る影もない。重力をものともしない縦の構

図12
『ロビンフッドの冒険』におけるフリン＝ロビンの城門越え
（アスペクト比は一・三七：一）

図における若々しい運動、「身体運動的ダイナミズム」〔48〕は完全に鳴りを潜め、大風景・群衆を捉えるロング・ショットのなかへと、老いたスターたちは埋没してゆくこととなる。コネリー＝ロビンはいわばフェアバンクスやフリンのロビンの二〇年後の姿である。『ロビンとマリアン』の冒頭のショットで示された「青リンゴ」が（図14）、最終ショットにおいて、今度は腐った状態で提示される。つまりロビン・フッドや敵役の代官は二〇年後の「腐ったリンゴ」なのである（図15）。先の決闘は、劇中のせりふでいわれるところの「狂った老人（mad old men）」に過ぎない二人による――シンヤードにいわせれば「遅れてやってきて、長く居すぎた男たち（men who came too late and stayed too long）」による中世版『ワイルド・バンチ』（一九六九年）のような――残酷な闘いだ〔49〕。両者にとって「死」はむしろ救済なのであり、ここにおいては、伝説の「暴露（debunk）」ではなく「人間化（humanize）」が生じているというわけだ〔50〕。

このような描写によって、かつて若々しいスターたちによって主演されたところのスワッシュバックラーの終幕を告げる『ロビンとマリアン』は、同時に西洋社会の「幼年時代（enfance/infantile）」の終わりを告げているとブルテクは指摘する〔51〕。ベトナム戦争後のアメリカ＝ハリウッドが生み出した『ロビンとマリアン』によって、それまでスワッシュバックラーというサブジャンルが示してきた保守的・男性的「豪胆（derring-do）」

図13　『ロビンとマリアン』で城門を超えられないロビンとリトル・ジョン（アスペクト比は一・八五：一）

14

15

図14　『ロビンとマリアン』の冒頭のショット
図15　同、最終ショット

に対しての見直しが迫られることともなった。もはや絶対「悪」は存在せず、凡庸な「悪」がかつて英雄だった男のなかにもひそむようになる。劇中、コネリー＝ロビンは、自分を英雄として讃えるバラッドを歌うウィル・スカーレットに向かい、「そんなことはやっていない（We didn't do them）」、「別の歌を歌ってくれ、ウィル、本当に起こった歌を（Sing us another song, Will, one that really happened）」と語りかけ、自らの伝説に対しメタレベルでの言及を行う［52］。これはロビン・フッド映画のみならず中世映画全般のあり方に対する自己言及でもあるわけだ。しかし、果たして、ここでいう「本当に起こった」こととは中世の「史実」を指しているのだろうか。本作にあっては、ベトナム戦争という同時代的「現実」を前に、史実の何たるかはすでに大きく影響を受け、揺さぶられているように思われる。

視覚的「再話」としてのロビン・フッド映画

ロビン・フッド映画は、ハリウッドにおいて、児童文学から大きく影響を受けて成立し、一九二〇年代から三〇年代にかけてスワッシュバックラーとしてジャンル映画のかたちを成し、その後一九四〇年代から六〇年代にかけて、一大サイクルを形成するにいたった。スワッシュバックラーそのものがノスタルジー的ユートピアを喚起する保守的なサブジャンルとしてあっただけでなく、当該ジャンルを彩る音楽が、そして色が、制度的・技術的・様式的に保守的で懐古的かつ勧善懲悪的な世界観を裏打ちしていた。しかし、一九七〇年代の厳しい現実を前にして、映画はそのような懐古主義を手放さざるを得なかった。ここにハリウッドの幼年期も終わりを告げる。もちろん映画の制度的・技術的・様式的変化はここにも影響を及ぼしていて、横長の画面は映画からも俳優からも縦方向における身体的ダイナミズム、すなわち若さを奪う。一九六八年のヘイズ・コードの失効もまた、レイティング・システムのもとでのロビンの性的・暴力的活躍を後押しすることとなった。ロビン・フッドは無垢で無邪気であることをやめ、彼の拠りどころとなるはずのリチャード獅子心王もまた、画面外の現実に支えられた「史実らしさ」の前に映画の冒頭で死ぬことを余儀なくされる。「実際にあった」第三回十字軍前後の歴史的顚末が前景にせり出して我らが英雄を圧迫し、居場所どころか隙あらば命を奪おうとする。

ここにきて、タイトル・ロールの若々しい豪胆さをアクションとして定式化するところに始まったハリウッド製ロビン・フッド映画が「中世主義（medievalism）」という一九世紀の文学的主題を再生・視覚化し問い直すメディア・サイクルでもあったことに我々は気づかされる。ハーティーがジョン・シモンズを援用していうように[53]、中世主義が過去に照らし合わせることで現在のあり方を問い直すプロセスの謂いであるとするなら、ロビン・フッド映画もまた、これまで見てきたように、その時々の現在を受け止めてきたのだ。何度となく「再話」されてきたロビン伝説はこれからも映画という独自の視覚的メディウムにおいて語り直され続けるだろう。いや、むしろロビンに再び活力を与えるためには、本章が今回は捨象してしまった一九四〇年代から六〇年代までの過去の作品、あるいは一九九〇年代以降の新しい作品を再検討しなければならないのかもしれない。

私たちとしてはより魅力的な中世像を確立するために、中世映画における史実と虚構を二項対立的にではなく相補的に捉え、多元的な中世像の構築に向けて創造的な模倣・再生・翻案を試みなければ、また逃避先としてのユートピアや絶望した先のディストピアではない、「いまここ」と地続きの――さもなければカヴェルのいうような人間に「外在する世界」としての――魅力的な中世像の構築へと向かわなければならないのではないだろうか。

[1] 中世のバラッドにおいてどのようなロビン・フッド像がかたちづくられていったかについては以下を参照のこと。上野美子『ロビン・フッド伝説』(研究社出版、一九八八年)、三九—一〇三頁。

[2] 同書、三一九—三三〇頁。

[3] 同書、三三〇—三四一頁。

[4] マーク・トウェイン『トム・ソーヤーの冒険』鈴木幸夫訳（旺文社文庫、一九六九年）、二四七—二四八頁。Mark Twain, *The Adventures of Tom Sawyer* (New York: Oxford University Press, 1998, First published 1876), p. 180. ロビン・フッドごっこに関する二人のやり取りは以下の通り(丸括弧内は原書による捕足)。「ロビン・フッドを知ってるか、ハック」／「いいや。ロビン・フッドって、だれだ?」／「うん、イギリスでいちばん偉かった——いちばんいい人のひとりで、どろぼうだったんだ」／「すばらしいな。おれもなりてえな。だれのものをとったんだい?」／「代官とか僧正とか、金持ちに王さん、そんな連中からばっかりな。貧乏人はいためなかった。貧乏人が好きでよ。いつでもきちんと公平に分けてやってた」／「ほう、いかせるやつだったんだな」／「きまってらあ、ハック。うん、このうえなくりっぱな男だったんだ。いまじゃ、あんな人物はいねってことよ。イギリスのどんなやつでもやっつけることができた、片手をうしろにしばられたままでよ。イチイの弓をとれば、百発百中、一マイル半も離れたところから、十セント玉を射当てることができたんだぜ」／「なんだ、イチイの弓って?」／「知らねえ。なんかの弓にはちがいない。その十セント玉の端しかこすらなかったときには、すわりこんで、叫んで——のろったもんだ。なあ、ロビン・フッドごっこをやろう(But we'll play Robin Hood)——おもしろいぜ。教えてやるよ」／「よし、やろう」／そこでふたりは午後ずうっと、ロビン・フッドごっこをした(So they played Robin Hood all the afternoon)」。

[5] 上野、前掲書、三六一頁。

[6] Kevin J. Harty, *The Reel Middle Ages: American, Western and Eastern European, Middle Eastern and Asian Films About Medieval Europe* (North Carolina: McFarland & Company, Inc., 1999). なお、現在では実に八〇本を超えるロビン・フッド映画が存在すると考えられる。筆者がハーティーに最新のデータを加えて作成した【〈中世映画〉リスト】をご覧いただきたい（巻末参照）。

[7] 本章を執筆するにあたっては、以下の翻訳を参照した。スコット『アイヴァンホー』(上・下) 菊池武一訳（岩波文庫、一九六四—七四年）。

[8] Scott Allen Nollen, *Robin Hood: A Cinematic History of the English Outlaw and His Scottish Counterparts* (North Carolina: McFarland, Longmans Young Books Ltd., 1999), p. 103.

[9] 上野、前掲書、一二一—一二三頁。

[10] グラント・オーデン『新版・西洋騎士道事典』堀越孝一監訳（原書房、二〇〇二年）[Grant Uden, *Dictionary of Chivalry*, Longmans Young Books Ltd., 1969]、一—三頁。なお、貝瀬英夫によれば、そもそもこの『アイヴァンホー』が、「ウォーダー稿本」(Wardour Manuscripts) なる、実は架空の古文書をもっともらしく底本にとるという仕掛けをもっている。そのような仕掛けによって真実そのものではなく中世的「まことらしさ」こそが演出されるのである。貝瀬英夫『ウォルター・スコット『アイヴァンホー』の世界』(朝日出版社、二〇〇九年)、一二〇頁。

[11] なお、ダグラス・フェアバンクス版『ロビン・フッド』はモノクロ作品であるが、筆者が参照した Delta Entertainment 版ＤＶＤ（二〇〇五年発売）に収録されたバージョンがそうであるように、実際に上映に用いられていたフィルムは、たとえばシャーウッドの森を舞台とするシークェンスにあっては緑色に、城を舞台とするシークェンスでは灰色に彩

色され、各場面のコントラストが色によって強調されていたと推測される。

[12] Kevin Harty, "Robin Hood on Film: Moving Beyond a Swashbuckling Stereotype", in Thomas Hahn (ed.), *Robin Hood in Popular Culture: Violence, Transgression, and Justice* (Cambridge: D. S. Brewer, 2000), pp. 87–100.

[13] Andrew James Johnston, "Marian Rewrites the Legend: The Temporality of Archaeological Remains in Richard Lester's *Robin and Marian*", in Andrew James Johnston / Margitta Rouse / Philipp Hinz (eds.), *The Medieval Motion Picture: The Politics of Adaptation* (New York: Palgrave Macmillan, 2014), pp. 193–211.

[14] Harty, *op. cit.*

[15] Kevin Brownlow, *The Parade's Gone By* (Berkeley, 1968), p. 257. なお、本書には以下の邦訳がある。ケヴィン・ブラウンロウ『サイレント映画の黄金時代』宮本高晴訳（国書刊行会、二〇一九年）。

[16] Harty, pp. 88–91.

[17] Brownlow, p. 257.

[18] Harty, p. 91.

[19] François Amy de la Bretèque, *Le moyen âge au cinéma: Panorama historique et artistique*, dir. Laurent Veray (Paris: Armand Colin, 2015), p. 25. なお、ブルテクのこの言い回しは、本来レオン・ムーシナックの以下の書物に出たものである。Léon Moussinac, *Naissance du cinéma* (Povolsky et Cie, 1925), pp. 94–95.

[20] Harty, *op. cit.*, p. 92.

[21] Ben Winters, *Erich Wolfgang Korngold's The Adventures of Robin Hood: A Film Score Guide* (Maryland: The Scarecrow Press, Inc., 2007), pp. 15–19. 早崎隆志『コルンゴルトとその時代――"現代"に翻弄された天才作曲家』（みすず書房、一九九八年）、一七六―一七七頁。

[22] Harty, *op. cit.*, p. 91.

[23] François Amy de la Bretèque, *La Légende de Robin des Bois* (Toulouse: Editions Privat, 2001), p. 97.

[24] 山田宏一『何が映画を走らせるのか?』（草思社、二〇〇二年）、八一頁。

[25] Verna Huiskamp, "Historical Approach: The Political Implications of The Adventures of Robin Hood (Michael Curtix, 1938)", in Tim Bywater / Thomas Sobchack (eds.), *Film Criticism: Major Critical Approaches to Narrative Film* (New York: Longman, 1989), pp. 205–208.

[26] Johnston, *op. cit.*, p. 194.

[27] たとえばリチャード獅子心王の死をめぐる（同時代記録者の証言をもとにした）以下のようなよく知られたエピソードを『ロビンとマリアン』は冒頭でかなり忠実に再現している。「リチャード獅子心王は一一九九年、新発見の宝物を手に入れようと、その城［シャリュ城：引用者注］を包囲している最中に死んだ。その宝物というのは、テーブルに座っている皇帝とその家族の像が描かれている金製の貴重な飾りものであったという。弩の太矢が肩に刺さって、その傷が壊疽になったのである。彼は騎士道の流儀にしたがって、その致命的な太矢を射た弓射手を許した。かくて、数多くの戦いを生き抜いてきたリチャード王は、フライパンを楯に使うほど武器に不足していた一にぎりの騎士たちが守る、名もなき城の前で命を落としたのであった」。オーデン、前掲書、一六二頁。しかしジョン・ギリンガムによれば、この「宝探し」エピソードはすでに一九世紀末にリムーザンの地方史家たちによって史実ではないとして否定されている。John Gillingham, *Richard Cœur de Lion: Kingship, Chivalry and War in the Twelfth Century* (London and Rio Grande: The Hambledon Press, 1994), pp. 155–180. 結局、映画に求められるのはつねに時代に相応

しい「史実らしさ」なのだ。

［28］スティーヴ・ブランドフォード、バリー・キース・グラント、ジム・ヒリアー『フィルム・スタディーズ事典――映画・映像用語のすべて』杉野健太郎・中村裕英監修・訳（フィルムアート社、二〇〇四年）[Blandford, Steve / Grant, Barry Keith / Hillier, Jim, *The Film Studies Dictionary*, Oxford: Oxford University Press, 2001]、三三六頁。

［29］加藤幹郎『映画ジャンル論――ハリウッド映画史の多様なる芸術主義』（文遊社、二〇一六年）、一一頁。

［30］木村建哉「スワッシュバックラー映画としての『ルパン三世 カリオストロの城』――宮崎駿における古典的ハリウッド映画の伝統の影響」『成城美学美術史』第二〇号（二〇一四年）、一―一八頁（引用箇所、二頁）。

［31］加藤、前掲書、一四六―一四八頁。

［32］ただし、ウォーレン・バックランドによれば、そもそも「ジャンル映画」という枠組みそのものが「個人の所有権・民間企業・個人資産という意味で個人を強調する資本主義のイデオロギーにとって」、あるいは「道徳的・社会的等々のしきたりに順応することの必要性を備えた、妻が家庭にとどまり夫が働きに出るという核家族にとって」望ましい価値体系を指図するものだ。ウォーレン・バックランド『フィルムスタディーズ入門――映画を学ぶ楽しみ』前田茂・要真理子訳（晃洋書房、二〇〇七年）[Warren Buckland, *Film Studies*, Hodder and Stoughton Limited, 1998]、一四四頁。

［33］同書、同頁。

［34］同書、一五一頁。

［35］カリル・フリン『フェミニズムと映画音楽――ジェンダー・ノスタルジア・ユートピア』鈴木圭介訳（平凡社、一九九四年）、二〇九―二一〇頁[Caryl Flinn, *Strains of Utopia: Gender, Nostalgia, and Hollywood Film Music*, New Jersey: Princeton University Press, 1992, pp. 108–109]。

［36］前掲書、同所。*Ibid., loc.cit.*『ロビンフッドの冒険』におけるコルンゴルトの音楽については、第6章を参照のこと。

［37］岡俊雄『世界の色彩映画』（白水社、一九五四年）、二三六―二四〇頁。

［38］前掲書、同所。引用箇所はより正確には『黒騎士』（一九五三年）についての言及であるが、岡は「これとまったくおなじ色彩演出」が『ロビンフッドの冒険』においてなされたと指摘している。

［39］山田、前掲書、七八頁。

［40］Stanley Cavell, *The World Viewed: Reflections on the Ontology of Film*, Enlarged Edition (Cambridge, and London: Harvard University Press, 1979, First published 1971), p. 181. 訳は引用者による。なお、当書籍には以下の邦訳も出ている。スタンリー・カヴェル『眼に映る世界――映画の存在論についての考察』石原陽一郎訳（法政大学出版局、二〇一二年）。

［41］無論、先に挙げたナタリー・カルマスが『ロビンフッドの冒険』で色彩監督を担当したのもこのような動きのなかにおいてである。

［42］レオン・バルサック『映画セットの歴史と技術』山崎剛太郎訳（晶文社、一九八二年）[Léon Barzacq, *Le décor de film*, Paris: Filmeditions, 1970]、九二頁。

［43］加藤、前掲書、一五四頁。

［44］同書、一三七頁。加藤によれば、プロダクション・デザイナーは四つある映画的空間の与件（①空間を切りとるフレーム［画像枠］、②フレーム内に被写体を位置づけるパースペクティヴ［遠近法的見取図］、③被写体を視覚的にうかびあがらせる光源様態、④空間の［表面かつ裏面の精妙な表現手法］）の全てを担当する。それ以前、美術監督が担当していたのは物語の背景の表情を決定する④のみであった。同書、一三八頁。

［45］ブランドフォード、前掲書、一八二頁。

〔46〕同書、二四一頁。

〔47〕Harty, *op.cit.*, p. 96.『モンティ・パイソン・アンド・ホーリー・グレイル』については、本書第4章を参照のこと。

〔48〕加藤、前掲書、一二〇頁。

〔49〕Neil Sinyard, *Richard Lester* (Manchester: Manchester University Press, 2010), p. 122.

〔50〕*Ibid.*, p. 128.

〔51〕Bretèque, *op.cit.*, pp. 45-46.

〔52〕Johnston, *op.cit.*, p. 202.

〔53〕Harty, *op.cit.*, p. 88.

第3章　ホビット・フランチャイズの武器考証

——中世北欧・英国文献学的ファンタジー映画の研究例

伊藤　尽

ジャンルの問題

「映像化される中世」というタイトルの第I部で、ホビット・フランチャイズ[1]が取り上げられることに違和感を覚える読者も少なくないだろう。しかし、結論から述べるならば、ホビット・フランチャイズは、ストーリーライン以外のプロップ（props）と呼ばれるさまざまな小道具や俳優の所作に、西洋中世が（多少の変形を伴いつつも）継承されているといえる。しかも、その源泉は、実際の中世の考古学的、文献学的な記録や碑文、文学的表現に残された、現実の西洋中世の要素であり、またそれらを研究してきた学究的伝統にあった。これらはもともと原作者トールキンが原作の中に込めていたものだったが、結果的に映像化から生まれたものは、大資本による帝国主義的な商業路線とアマチュア研究家の業績、細部にこだわる職人芸の集積という混合物であった。

原作である『ホビットの冒険』と『指輪物語』は、歴史上の中世の実在の人間を誰一人扱っていない。だが、同じような兜や剣を用いる英国ＢＢＣが製作したテレビドラマ『１０６６年　中つ国のための戦い』

（1066: *The Battle for Middle Earth*, 2009）や映画『アルフレッド大王』（*Alfred the Great*, 1969）などは史劇と呼ばれ、また、中世ドイツ叙事詩『ニーベルンゲンの歌』に基づく映画『大虐殺』（*When the Gods Wish to Destroy*, 1968）やスウェーデンのフランス・グンナル・ベングトソン作の歴史小説『赤毛のオルムの冒険』（*Röde Orm*, 1941, 45）を原作にした『長い船団』（*The Long Ships*, 1963; 原題はヴァイキングの軍船ロング・シップを意味する）、またアイスランドのサガ文学を下敷きにしたオリジナル・ストーリーを展開した『ヴァイキング』（*The Vikings*, 1958）などは想像上の人物を主人公としながらも〈中世映画〉の枠組みに入れられる。ロビン・フッドの物語の映画ならば、ノッティンガムやリチャード獅子心王が登場するなど歴史的事実との繋がりがある。チョコレートで有名なゴディバの伝説に基づく映画（*Lady Godiva of Coventry*, 1955; 日本未公開）にもイングランドの町コヴェントリーの名がタイトルに含まれる[2]。アーサー王ですら、ローマとの関わりがある。一方、一連のホビット・フランチャイズに登場する国は歴史的に実在しない。したがって、その世界を〈西洋中世〉と呼ぶのは不適切ではないかと訝しむのも当然だ。

しかし、以上の作品が〈中世映画〉と見なされる根拠は歴史的人物や土地が登場するだけではない。使われる衣装や武具、戦い方や立ち居振る舞い、王と家臣、貴族との関係など階級の存在が〈中世社会〉を映画化していると観客に納得させているはずである。そしてホビット・フランチャイズにも、そのような要素は明確に認められる。

一方、ジャンルの持つ枠組みから、ホビット・フランチャイズを中世映画ではないと考える者もいる。たとえば、マーク・ディ＝パオロは、『指輪』三部作を「ヒロイック・ファンタジー」というジャンルに属する逃避主義的映画とする[3]。だが、英雄のもたらす戦の勝利の意義は作り手の解釈に過ぎない。たとえば『ヴァイキング』で英雄的である北欧人たちも、『アルフレッド大王』では倒すべき兵、侵略者ヴァイキングとして敵方に配されている。映画の作り手が、見る者の視点で各々の立ち位置を敵味方に据えているわけである。逆に中世映画と見なされる上記の諸作品も「ヒロイック・ファンタジー」の要素によってエンターテインメント映画として成立している。英雄譚的要素の存在自体によってホビット・フランチャイズが「中世映画」として否定されるべきではない。

原作への忠実度と中世的要素の存在

ホビット・フランチャイズの第一作『ロード・オブ・ザ・リング』の公開当時から、多くの観客の議論の中心にあったのは、映像化はJ・R・R・トールキンの原作に描かれた世界にどこまで忠実であるか、という問題だ。トールキンの原作作品の世界自体が「西洋中世」を描いているのであれば、それに忠実であるか否かによって、映画ヴァージョンも「西洋中世」を描いている、あるいは描いていない、と議論することが可能となる。そして、原作について言うならば、トム・シッピーや筆者が繰り返し述べてきたとおり[4]、トールキンの『指輪物語』ならびに『ホビットの冒険』は、つまるところ、トールキン自身による中世英語・北欧文献学の研究成果を散文作品という形で表現したものに他ならないのだ[5]。ところが、ピーター・ジャクソン監督作品として『ロード・オブ・ザ・リング』が公開された後、トールキン作品を愛するファンたちからは監督への称賛と批判に議論が分かれた。原作に忠実であるという賛辞の一方で、トールキン原作に忠実ではない、という批判も出ていた[6]。

もちろん、ホビット・フランチャイズは、中世主義だけに彩られているわけではない。むしろ、原作に見られるような、中世作品から抽出した現代的な問題、たとえば「悪（evil）」とは何か、といった問題へのマニ教的善悪二元論とボエティウス的キリスト教一元論の衝突［7］などを削除し、ハリウッド的に作り替えたともいえる。原作からすべてを削除したわけではなく、残された要素の一部には、中世にも現代にも通じる（とはいえ「普遍的」とはいえないような）文化的価値観が示されてもいる。たとえばローハンの騎士たちの突撃シーン［8］、あるいは東夷たち（原作でEasterlingsとして描かれる、東の地に住む民）のターバンを巻いた中東的（semitic）な服装などは［9］、現代人にも理解しやすい行為や衣装である。

そこで、原作者が中世英語文献学者であったことがホビット・フランチャイズにどのように関与しているかを、次の例によって示そう。『指輪』三部作の中で最も中世的とみられるのは、『ロード・オブ・ザ・リング　二つの塔』スペシャル・エクステンデッド・エディション（SEE）に追加された、ローハンの王の息子セオドレドが埋葬される場面だ。トールキンの創作言語であるエルフの言葉などではなく、歴史上存在した中世の古英語が詠われる場面を字幕もなしに（！）、観客は三十秒余り、ローハンの姫エーオウィンが吟じる古英語の詠唱をただ聴かされる（図1）。

Bealocwealm hafaþ　邪なる殺戮が
fréone frecan forþ onsended.　高貴なる戦士をかなたへと送っ

図1
『ロード・オブ・ザ・リング　二つの塔』（SEE）ローハン姫エーオウィンの古英語の詠唱

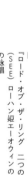

てしまった
giedd sculon singan gléomenn sorgiende　詩人たちは哀しみつつ　歌を歌うがよい
on meduselde þæt he manna wære　蜜酒の広間にて　彼は男たちの中にあって
his dryhtne dierest and maga deorost.　自分の王にとって最も愛すべき者　そして親族の中で最
　も慕わしき者であったと
(*The Two Towers*, Disc 1, Chapter 21, 1:24:56 -1:25:32)［10］。

原作にはこのような場面は出てこない。これは、あくまで映画製作スタッフが、原作を映画化する際に、原作者の意図を汲み、戦死した王の息子を埋葬する際には哀悼の歌を一人の女性が歌うであろうと想定し、中世英文学に描かれたような葬送の儀式を「再現」したのである。彼らが頼った主な中世の文献の一つに古英詩『ベーオウルフ』があるのは疑いがない。古英詩『ベーオウルフ』の結末部分、主人公である英雄ベーオウルフが竜と戦って相打ちになって果てた後、荼毘に付される弔いの場面で一人の女性が弔歌の詠唱を行う［11］。

ここにおいて、イェーアトの人々は、今は亡き主君が
切に願ったとおり、見事なる荼毘の薪の山を
地の表にしつらえ、兜と楯と輝く
鎖鎧とをそのまわりに懸け吊した。……
［人々は］愁傷の想いを吐露し、主君の死を悼んだ。
髪を束ねたイェーアトの女性もまた

悲嘆傷心遣る方なく、ベーオウルフ王追悼の
詩を詠じつつ、……

(『ベーオウルフ』三一三七—三一五二行、忍足欣四郎訳、岩波文庫、一九九〇年、二九二—二九三頁。傍線は引用者)

さらに映画中でエーオウィンが歌う挽歌は、『ベーオウルフ』の次の一節を利用している。

「鳴り物の賑わしき音、竪琴の心浮き立つ調べの響き渡ることもなく、
優れたる鷹が館の内を隈なく飛び回ることもなく、
駿馬が館の中庭の土を踏み鳴らすこともない。おぞましき死が
数多の同朋をあの世へと旅立たせてしまったのだ。」
(Næs hearpan wyn, / gomen gleobeames, ne god hafoc / geond sæl swingeð, ne se swifta mearh / burhstede beateð. Bealocwealm hafað fela feorhcynna forð onsended!)[12]

(『ベーオウルフ』二二六二—二二六六行、岩波文庫二二六—二二七頁。*Klaeber's Beowulf*, 4th ed. Ed. R. D. Fulk, Robert E. Bjork, and John D. Niles. Toronto: U of Toronto P, 2008, 78. 傍線は引用者)

現存するすべての古英詩の中で、Bealocwealm(「おぞましき死、邪なる殺戮」)で始まる一文は、ここで引用した『ベーオウルフ』二二六五—六六行だけである[13]。つまり、エーオウィンの歌う 'Bealocwealm hafað . . . forð onsended'(邪なる殺戮が……送ってしまった)の一節は『ベーオウルフ』の定型句を巧みに準えているのだ。ただし、この場面は埋葬であるが、異教時代の中世初期イングランドや北欧では火葬も見ら

れ、英雄王ベーオウルフは叙事詩の中で荼毘に付され、その遺灰の上に塚が築かれた。一方、ヨルダネスの『ゴート人の歴史』にはフン族の王アッティラは火葬でなく埋葬されたことが記録され、馬の民フン族による王への挽歌が詠われる。映画は、馬の民ローハンの王子の埋葬に、古英語文献に描かれたままに一人の女性の朗詠を映じた（*Klaeber's Beowulf*, 269-270）。

このことから、原作の著者の意図を汲んだ映画製作者が、自分たちなりに「西洋中世世界」を、映画の中に取り入れようとした、とはいえる。しかし、〈西洋中世《的》〉なものの何をどのように、ということを客観的に網羅的に評価することは必ずしも容易ではない。ラリントンによる『ゲーム・オブ・スローンズ』の分析[14]のように一冊まるごと書物にするしかないであろう。本論ではローハンと呼ばれる国の民が古英語を話す民として表現されていることに注目し、特に戦争と武器について、西洋中世（それも北海沿岸地域に偏るが）と関わる部分について論を進めたい。

ホビット・フランチャイズの中世主義的武器

古英語時代のイングランドと北欧の武器の同質性

本節では、古英語で書かれた文献に記された武器、また、中世末期に北方地域の独特の習俗の中に残された武器の扱いについて述べる。考古学史料や文献、歴史的背景から確認されるとおり、古英語時代の武器は、古英語を話したアングロ・サクソン人だけでなく北欧人の歴史的・文化的側面も含める必要がある[15]。また、原作ではローハンの民は、言語的かつ文化習俗に中世初期のイングランドならびに北欧の特徴を持っている。古英語叙事詩『ベーオウルフ』の成立年代は、七世紀から一一世紀まで諸説あるものの（'Introduction', *Klaeber's Beowulf*, clxii-clxxx)、作品の継承の時期はヴァイキングたちのブリテン諸島との往来が盛んであった頃が含まれており、考古学的にはアングロ・サクソンの武器とブリテン島に渡ったヴァイキングの武器に本質的な違いはない。本節では、以上を根拠に中世初期イングランドの武器に関する言及と北欧人の武器に関する言及を同列に扱う。

しかし、北欧人の武器に関する網羅的な考察が行われている最古の文献は、一六世紀まで下り、ウプサラの大司教であったオラウス・マグヌス（Olaus Magnus 1490-1557）の『北方民族文化誌』（*Historia de gentibvs Septentrionalibvs*, Roma, 1555）まで待たねばならない。トールキンもオラウス・マグヌスについて多くを知っていたはずだが、オラウス・マグヌスとトールキンの関係について触れた先行研究はない[16]。しかし、オラウス・マグヌスの記述を読むと、少なくとも北欧スウェーデンの一部の地域には中世以来の伝統が一六世紀まで連綿と生きていたという印象はぬぐえない。オラウス自身がたびたび彼らの慣習の古さについて述べているからである。

本節では、オラウス・マグヌスの関連部分を下敷きにして女性、剣、鉱山の三つの観点から、中世英文学と中世北欧文学、さらにホビット・フランチャイズと武器について考察を進める。なぜならば、このオラウス・マグヌスが書いたことは、映画の観客がいつの間にか知り、アプリオリに常識と思い込んでいる事柄だからである。ピーター・ジャクソンが開拓したこのファンタジー映画世界に描かれている多くの描写、作品のプロットは、そのように前もって我々が持っているであろう先入観に依拠しながら作られ、ストーリーが展開し、しかも、だからこそファンタジー作品としてリアルな描写と感じられるのだと主張したい。

オラウス・マグヌスの著作と鍛冶の問題

そもそも『ホビットの冒険』で、ドワーフたちの王国エレボールがなぜ「北」という方角に位置しているのか、といった問題に対する答えとして、オラウス・マグヌスの著書との関わりを考えないわけにはいかない[17]。オラウス・マグヌスは、全二二巻にわたる長大な書物の第六巻を、剣などの武器を作るための鍛冶関連の記述に割いている。その冒頭の一節は次のように始まる。

> スヴェアランドとゴートランド（イョート）ランドの鉱山地帯に住む北欧の野蛮で頑固な戦士の種族は、その肉体と精神の途方もない大胆不敵さ、勇気、さらにはその従事する危険きわまりない仕事のため、巨人や勇士と同列に並べられても至当である……そこには高い山々があるが、大部分は不毛で、乾燥していて、無尽蔵の貴重な金属を豊かに持っている以外は、住民を快適にしたり、その生活を支えるものをほとんど産しない。人々が生活に必要なすべてを、外から溢れたものとして受け取れる豊かさはあるが、だからこそ、この自然の賜物を脅かそうとする者があれば、皆で抵抗するのだ。彼らは自然の暴威にせよ、敵の威嚇にせよ、どんな戦いの激烈さにも尻込みすることはない荒々しい人種なのである。
>
> （『北方民族文化誌』谷口幸男訳、上巻、渓水社、一九九一年、三二七―三二八頁。一部改訳）

この表現を読めば、『ホビット』三部作に描かれるドワーフ族を思い描かないだろうか。トールキンは、オラウス・マグヌスの著作を読まなかった可能性は低いだろう。だが、インスピレーションを喚起するような木版画が豊富に付された一五五五年の初版を読んでいたかは明らかではない。トールキンの所属した英語学科（School of English）に寄贈された北欧学者ヨーク・パウウェル旧蔵書には、木版画のない縮刷版（一六五二年版；*Olai Magni Gentium Septentrionalium historiæ breviarium*, Adriaen Wijngaerden, 1952）が含まれていた。オクスフォードの大学図書館（ボードリアン図書館）には木版画を有する一五五五年版（Olaus Magnus, *Historia de gentibus septentrionalibus*, Roma, 1555）も収蔵されていたが、地下の坑道によって〈山の精髄〉アーケン石をも掘り出し、富を築いたドワーフの王国が北方に存在するという設定だけならば、木版画のない縮刷版であっても、トールキンの想像力を刺激するに充分だったろう。

一方、〈中世映画〉について考察の対象となるホビット・フランチャイズへの映像化にあたっては、「図像的史料」は大いに貢献することになっただろう。ピーター・ジャクソン監督をはじめとする映画スタッフの誰かがオラウス・マグヌスについて言及している記録はない。しかしながら、一五五五年版の木版画は、どれも『ホビット』三部作のさまざまな描写のインスピレーションを与えているかのようである。高い山の地下に張り巡らされた坑道（図2）は、はなれ山の地下の坑道を張り巡らしたドワーフの王国エレボールを想起させる。人がぶら下がることで大きな装置を動かす紐（図3）は、ドワーフの一人、太っちょのボンブールが紐からぶら下がって鞴《ふいご》を吹かせた場面や、多くのドワーフがスマウグに追われた時にロープやケーブルにぶら下がった場面をすぐに思いつくだろう。「形のない、未加工の金属を、巧みに作られた水車の力をかりて、その金属の性質にしたがって、相当の長さにまで圧延することができる」（『北方民族文化誌』上巻、三三五頁）と記された鍛冶の熟練の技術と装置（図4）の木版画は、エレボールの鍛冶場に溶けた金の流れる溝が何本も通っていた光景と似ている。第七巻の第七章を飾る木版画（図5）に描かれた、基底部に幾つもの鞴が取り付けられた巨大な融解炉は、スマウグを埋めるほどまでに大量の黄金を融解させた、エレボールの地下の炉とそっくりな形状だ。あくまでも推測に過ぎないが、オラウス・マグヌスの著作初版は、トールキンとの関わりの有無にかかわらず、ニュージーランドに拠点を置いた映像製作者たちの想像力を（直接か間接かという証明不可能な問題を脇に置けば）刺激した可能性を示す価値はあろう。

　オラウス・マグヌスの著作と一連のホビット・フランチャイズとの関係は、しかしながら、鍛冶の技術とその現場としての鍛冶場だけに留まらない。第一に剣、第二に女性あるいは戦う乙女という二つのテーマが我々へのメッセージとして示されている。まず〈剣〉に関して述べよう。

2

3

4

5

図2-5
オラウス・マグヌス著作の木版画より
(Olaus Magnus, 203, 205, 207, 208)
2 坑道
3 人がぶら下がって大きな装置を動かしている
4 鍛冶の技術と装置
5 巨大な溶解炉

〈剣〉の問題

オラウス・マグヌスに依れば、武器の中でも剣や弓は、北欧人に特化したものであった。『北方民族文化誌』第七巻第二章の冒頭で、武器を扱う人々の中ではゴート人（すなわち北欧人）が最も優れ、かつ強いと述べる。注目すべきは木版画とともに語られる彼らの武器である。

> 確かなことは、ゴート族（イョートランド人）の輩は[18]、投石器、弓矢、槍、また剣における勇猛さにおいて、他のあらゆる者たちに対してまさっているということだ。また、全世界において、彼らの中に見られるほどに大きく、強い弩《いしゆみ》はない。また彼らのよりも大きな剣もない。この剣は、正当な遺産として、彼らの子孫に受け継がれる。多くの銀よりも高価であるかのように、遺産としても、贈り物としても、非常に貴重なものとして望まれ、与えられ、所有される。
>
> （Olaus Magnus, 'Liber Septimvs, Cap. II', 1555, p.221; 筆者訳）[19]

このように、剣を遺産として継承することが北方の人々の慣習として記されている。オラウス・マグヌスの書物が一五五五年であることから「中世」と呼ぶことに躊躇する人もいるだろう。だが、以下に述べるような古英語・古北欧語文献とオラウス・マグヌスの著作の類似は、一五五五年という歴史的年代にあっても、いまだスウェーデンのウプサラにおいては中世的な慣習が息づいていたことを証明する。

北欧人の間では剣が「正当な遺産として受け継がれる」とオラウス・マグヌスは明言する。この事実は、実際、古英詩『ベーオウルフ』においても示唆されている。たとえば、老齢の王となったベーオウルフが竜と戦ったときに用いた剣ネイリング（Nægling）は、古英詩の中で gomele lafe (l.2563b), incgelafe (l.2577a)

と呼ばれるが、lafeという語は「残されたもの、受け継がれた剣」を意味する語彙である。またデイヴィッドソンの意見に依れば、英雄ベーオウルフは、デンマーク伝来の剣を受け取って、その後イェーアトの王に献呈したが、イェーアト王ヒュエラク（Hygelac）が敵デイフレヴン（Dæghrefn）の手にかかって殺されたとき、デイフレヴンを殺して王の仇を討つとともに王に献じた剣をも自分のものにしたと解釈できるという[20]。王位を受け継ぐと同時に剣という武器を受け継ぐことも、正当な王位継承者としての地位を固めるに必要あるいは充分条件と見なされたと考えることもできる。古北欧語文献に目を投じれば、『ヘルヴォルとヘイズレクルのサガ』がある。トールキンの教え子であったゲイブリエル・ターヴィル＝ピーターはそのサガの校訂本を編んだとき、トールキンの三男であるクリストファー・トールキンに「ヘルヴォルとヘイズレクル王のサガ」と題するイントロダクションの執筆を依頼した。クリストファーはそのイントロダクションで次のように言う。「我々の目の前にあるこの作品は、またこのサガ全体を創った作者が明らかに意図していたのは、まさに『テュルヴィングルのサガ』と呼ぶべき、数世代にわたって継承され、破滅をもたらす呪いを纏った剣テュルヴィングル（Tyrfingr）の歴史を綴ることだった[21]」。つまり、この伝説のサガの執筆者は、剣が継承されるという慣習を利用して一つのサガを編もうと意図していたことになる。逆に言えば、そのような古き慣習の存在がサガ執筆を企画させたわけだ。翻って、オラウス・マグヌスが、自著に剣の継承を明言することができたのも、中世の人々の間でその慣習が存在し、彼の時代に受け継がれていたからに他ならないだろう。

一方、『指輪』三部作の原作の第2部『二つの塔』には、次のようなせりふとともに、アラゴルンが剣を自分の身の証としてローハンの司令官エーオメルに見せる場面がある。

アラゴルンはマントの前をさっと開きました。エルフの鞘がきらきらと光り、かれはそれを手に握りました。その手が鞘を払うと、アンドゥリルの輝く刃が突然焔が吹き出たように輝きました。「エレンディル！」と、かれは叫びました。「わたしはアラソルンの息子アラゴルン。エレッサール即ちエルフの石と呼ばれる者。ドゥーナダンと呼ばれて、ゴンドールのエレンディルの息子イシルドゥルの世継ぎです。この剣こそは、折れたる剣のふたたび鍛え直されしもの！　さあ、あなたはわたしに力を貸すか？　行く手を阻むか？　とくとく選び給え！」

（トールキン『指輪物語　二つの塔』最新版、瀬田貞二・田中明子訳、評論社、二〇二二年、上巻、七三頁）

このように、原作では早くからアラゴルンは剣の継承者として立っている。ところが、映画での剣を用いて身の上を立証する場面は、第３部『王の帰還』でアラゴルンが呪われた幽霊の軍隊を相手に初めて剣で対抗するところに登場する（*Return of the King* Disk 1, Chapter 35, 1:54:50-1:25:11）。せりふでは「自分はイシルドゥルを継いだ者（I am Isildur's heir）」としか言わないが（図6）、映像によってこの伝説の剣を受け継いだことを示している[22]。本来ならば、幽霊の武器は人間の武器で受けることができないはずなのだが、この剣アンドゥリルは幽霊の王の透き通った剣を受け止めることができた（図7）。いやそればかりか、一度剣の継承者として自分を現したアラゴルンは摑めないはずの幽霊をその手で捕えることすらできるのだ（図8）。ジャクソン監督が有名になったＢ級ホラー映画ばりの幽霊の登場する場面に[23]、西洋中世の剣の継承のモチーフを挿入したことの演出効果は絶大だが、首をかかれそうになる死者軍団の長の顔は、文脈から切り離したときには滑稽にすら見える。

しかし、この「遺産としての剣」の存在が、オラウス・マグヌスの述べるような北方の人々の剣に対する姿勢が自由の民（Free-People）の慣習として、映画の中で示されていることは強調しておこう。先ほど見たように、原作者トールキン自身もアラゴルンがアンドゥリルを示す場面で表しているが、それとは異なる表現で、映画は、中世北欧人の持っていた剣に対するプラスの価値観を観客に示すのである。

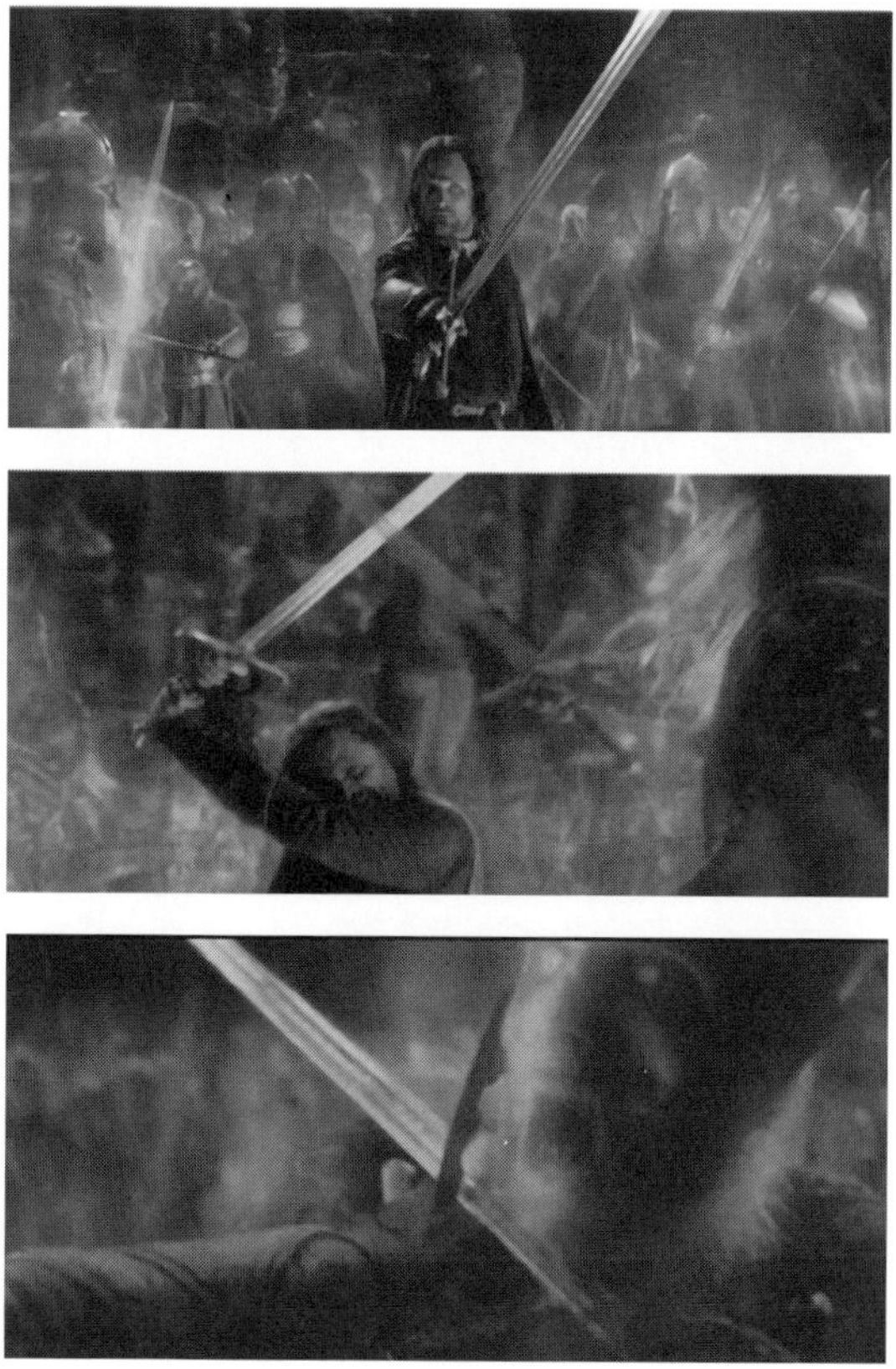

6　7　8

図6-8　『ロード・オブ・ザ・リング　王の帰還』身の上を立証するアラゴルン

戦う女性

オラウス・マグヌスは、第六巻で鉱山について詳しく述べた後、この鉱山のある北方地域に敵が現れるや否や、古い約束事によって、老いも若きも、女性までも戦に赴くことを第四章において説明している。

敵が北方の国々の海岸あるいは国境に迫るたびに、直ちに、このようなことによく通じた老兵の同意を得て、地方総督は命令を発し、公衆の目につきやすいように、手三つ分の長さの棒を持たせた機敏な若者を派遣し、馬であちこちの村や屋敷に次のような指令を運ばせる。すなわち、三日、四日、八日以内に、一人、二人、三人あるいは個々の場合には十五歳以上の全員が武器と十日から二十日分の食糧をもって、かくかくの海岸、あるいは原、あるいは谷に出頭し、非常呼集の理由と、どのような行動を取るべきか、総督の指令を仰がねばならない……このようにして、身体の状況からしても、若さからくる活力からしても戦いに適した者が、日ごと、あるいは一週間の間に数えきれぬほど、武器と食糧をもって集まってくる。それどころか、年のいった農夫までが畑に出てきて、これまでに経験した戦いをもとに助言をする。また女たちも都市の城壁や城門に現れ、石や石灰を溶いたものを敵に向かって投げつけようとする。

（谷口幸男訳、上巻、三六二―三六三頁）

この章の説明では、女性が持つ武器は、投げつけるべき石や石灰などであるが、それに先立つ第五巻では、甲冑を身につけて戦う女性たちも紹介されている。たとえばその一人、イョートランドの王シーヴァルドの娘アルヴィダは次のように物語られる。

女の衣装と心を男のそれととりかえ、これまでの慎み深い娘から勇敢なヴァイキングに変身しはじめた。そして平穏よりは剛毅さを好み、王族の楽しみを味わえる立場にありながら、乙女らしい熱情から急に戦いに身を投じた。そして頑固に貞操を守るためにすべての男たちをはねつけ、どんな男も一緒になることはせず、引きつづいてヴァイキング活動において男を勇敢さで凌駕するか、男と同等になろうとかたく心に決めた。

（谷口幸男訳、上巻、二九九頁）

オラウス・マグヌスの描くこのような女傑たちは、鎧を身につけた女性として中高ドイツ語叙事詩『ニーベルンゲンの歌』第七歌章に現れるイースラント（アイスランド）の女王プリュンヒルト、また古アイスランド語で書き残された『ヴォルスンガ・サガ』第二一章に登場するブリュンヒルドルとして伝わる姿を想起させる。中世以来の伝承がオラウス・マグヌスの書物に継承されているとみるべきであろう。

『指輪』三部作原作の第3部『王の帰還』では、戦場に行けない自分の身の上を嘆く女性エーオウィンがアラゴルンに向かって次のような心情を吐露する。

〔エーオウィンは〕しばらくためらって、それからいいました。「殿よ、ぜひにおいでにならなければならないのなら、わたくしをお供に加えてくださいませ。わたくしは山中に隠れ潜むことがいやになりました。危険と戦闘に立ち向かっていきとうございます」

「姫のお務めは国民《くにたみ》とおられることではありませんか」アラゴルンは答えた。

「務め、務めと何度繁々聞かされたことでしょう」彼女は叫びました。「でも、私はエオル王家のもの、楯《たて》持つ乙女《おとめ》ではないのでしょうか？　何も感じずにお世話をするだけの者ではなく。よろめく足のお世話をするのはもう充分してまいりましたし、今ではもうよろめくこともあるまいと思われます。ならばこそ、わたくしが思うさま自分の人生を歩んではいけないのでしょうか」

（トールキン『指輪物語　王の帰還』上巻、一二五―一二六頁。一部改訳）

危険と戦にあえて向かおうとする女性に、オラウス・マグヌスの記すような北欧の戦う女性の伝統が継承されている。『指輪物語』の邦訳にある「楯持つ乙女」とは現代英語 shieldmaiden の訳語であるが、もともとは古北欧語 skialdmær（「楯の乙女」）の現代英語の訳語であった。『オクスフォード英語辞典』オンライン第三版によれば、shield-maiden という複合語として扱われ、古英語学者 J・M・ケンブルが一八四九年の著作で初めて用いたとされる［24］。ケンブルの初出例ではすでに、女性の死神の別名であるヴァルキュリアの呼称として用いられている。これは北欧語からの類推である。『ヴォルスンガ・サガ』第九章の古北欧語での文献的記述では、英雄ヴォルスングルの息子の一人ヘルギがホグニ王の娘シグルーンを得るために、彼女の許嫁だったホッドブロッドル王と戦ったとき、その戦場をシグルーンが見守っていたとして、次のように語られている。

そこで、多くの者が仆《たお》れた。その時、彼らは、まるで炎を見るように、光り輝く大勢の楯の乙女の一群を見た。その中には王の娘シグルーンもいた［25］。

戦死者たちが見たものは自分たちを死者の国に送る「楯の乙女」（古北欧語 skialdmær）の一団だった。菅原邦城は自分の邦訳では「楯の乙女」に「ヴァルキュリア」というルビを振っている［26］。楯の乙女が炎のように見えたという表現は、古北欧語の文体で、輝く甲冑と楯を身につけていることを表す婉曲表現である。

一方、〈楯持つ乙女〉エーオウィンは、映画の中ではアラゴルンも驚く剣の技を披露して、観る者を感心させる（*Two Towers* Disk 1, Chapter 26, 1:34:22-1:25:11）。その様子はオラウス・マグヌスに描かれた好戦的な女性像と一致する。

映画の進行と武器の変遷

ここからオラウス・マグヌスが武器に関して記す第三の点に注目する。第七巻冒頭には二枚の木版画（図9・10）がある。ここに描かれた武器は、中世末期から近世にかけて現れた弩を含めた新しい武器の類である。そして、ホビット・フランチャイズでは、自由の民側ではなく、敵であるオークたちの用いる武器である。『ロード・オブ・ザ・リング　二つの塔』に登場するサルマンに率いられたオーク（ウルク＝ハイ）も『ロード・オブ・ザ・リング　王の帰還』に登場するモルドールのオークも、持っているのは上述の木版に描かれたような武器である。サルマンに率いられたオークは石弩（図11・12）、モルドールのオークも手に持つのはこのような武器（図13）なのだ（Chris Smith, *The Lord of the Rings: Weapons and Warfare: An Illustrated Guide to the Battles, Armies and Armor of Middle-Earth* Boston: Houghton Mifflin, 2003)。

図9・10
オラウス・マグヌス著作の木版画より新しい武器（Olaus Magnus, 220, 222）

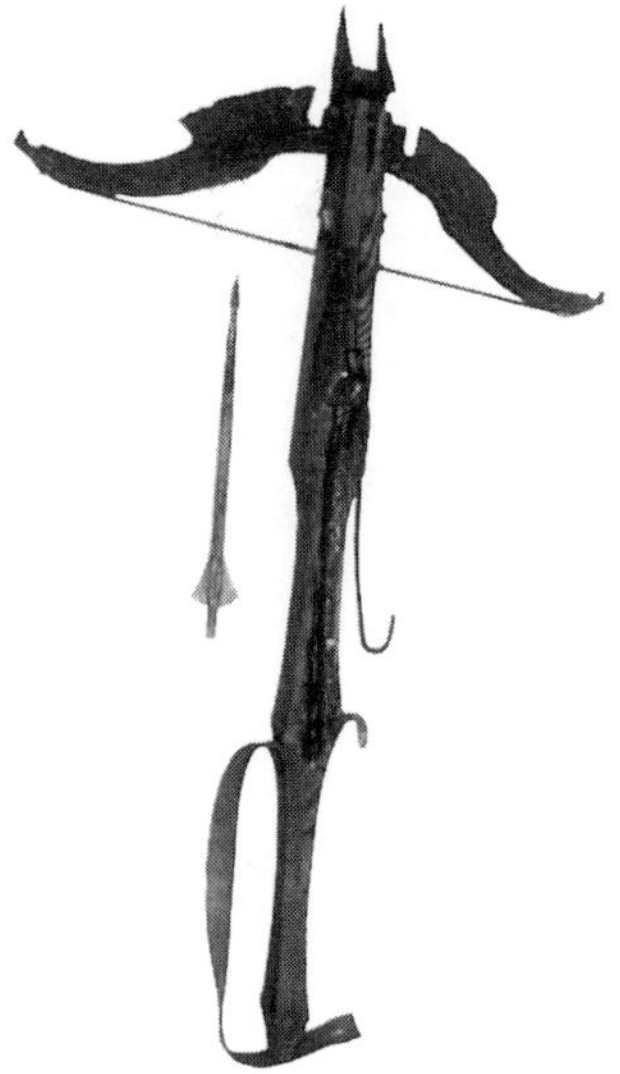

11

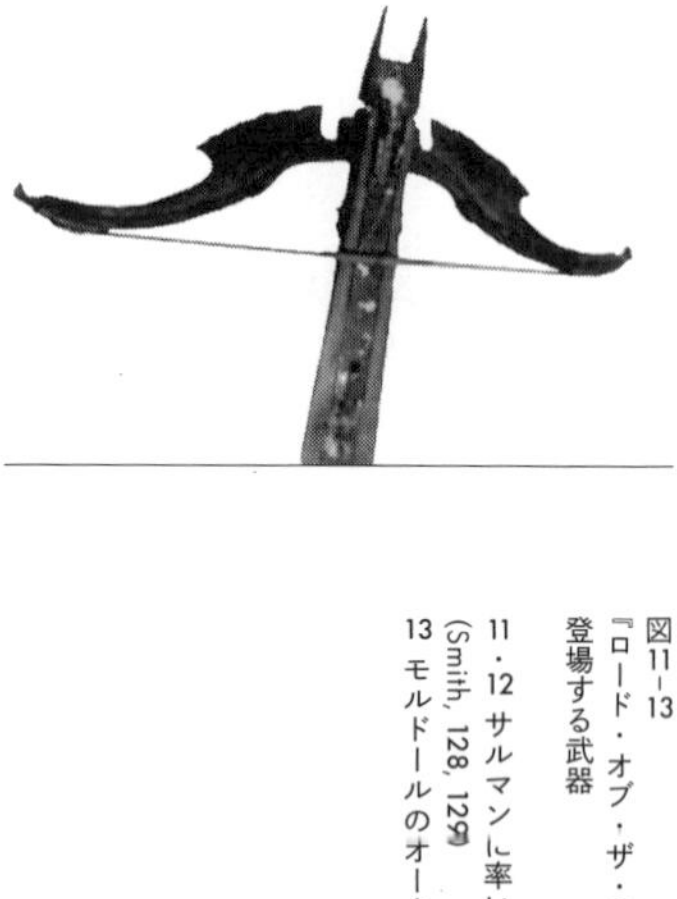

12

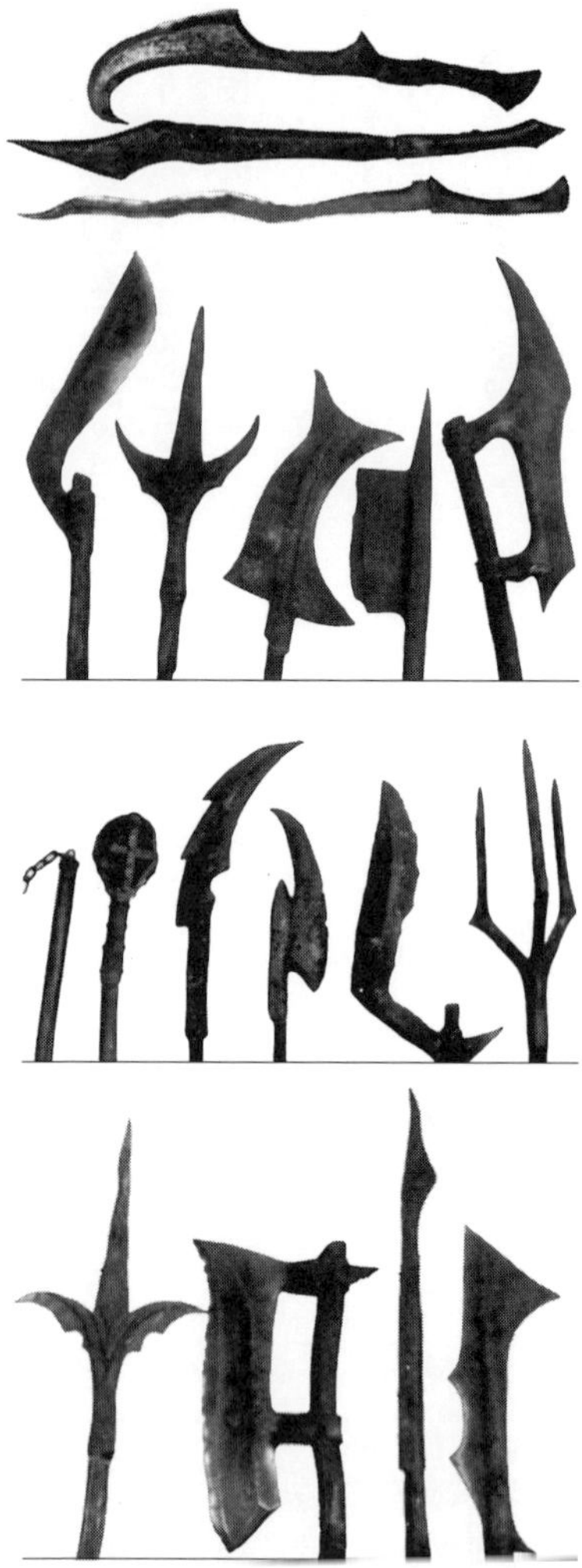

13

図11–13
『ロード・オブ・ザ・リング』に
登場する武器
11・12 サルマンに率いられたオークの石弩
(Smith, 128, 129)
13 モルドールのオークの武器 (Smith, 163)

敵方の武器をより詳しく見ていくと、映画第一部『ロード・オブ・ザ・リング』では、最初に登場するモリアのオークたちの武器は弓矢と槍、剣、短剣に限られていた。それらは西洋中世の武器の形とは関係なく見えるが、石器時代のナイフのデザインをモチーフとするプリミティブな印象を持ちながら、使っている武器の種類自体は、中世前期のものと変わらないことは注目すべき点だ（図14–16）［27］。ところが、第一部の終わり～第二部にサルマンの息のかかったオーク（ウルク＝ハイ）が登場すると、装甲騎兵のような鎧を身に纏い、剣はほぼすべて角張った〈斜角のファルシオン《ビヴェルド・ファルシオン》〉（図17）が用いられ、楯も角張った幅広になる。ファルシオンのような幅広の剣も中世後期の武器である。つまり、敵の使う武器が、第一部から第二部、第三部に進むにつれて、中世後期から初期近代のものへと変化している。そのような武器の変化こそ、話の筋の発展に合わせた映画の演出なのだ。

一方、自由の民の武器は『指輪』三部作の中ではつねに剣、槍、斧、短剣、弓矢に限られ、中世前期の武器のままである（魔法使は杖も使う）。甲冑には、鎧、鎖帷子、胸当て、手袋、靴などがあり、ローハンの国の民が身につけるもの、ドワーフ族が持つ斧は映画独特のデザインでもあるが、西洋中世のゲルマン人の文化をモデルにしている。中世前期のゲルマン人の武器・武具を賞賛する文化の継承、と呼べる。

ローハンの武具と戦い方

ローハンとはどういう民だろう？　別名である「リダーマーク（Riddermark）」は「騎手」を意味する古英語 ridda の複数属格 riddara に「国（の境界）」を意味する mark を付けた複合語 riddaramark を現代英語の形にした呼び名である。王宮のある町「エドラス」の名も、古英語のウェスト・サクソン方言で eoderas と綴られた「広間」という意味を持つ普通名詞だ。映画製作者スタッフは、ローハン、リダーマークの武具

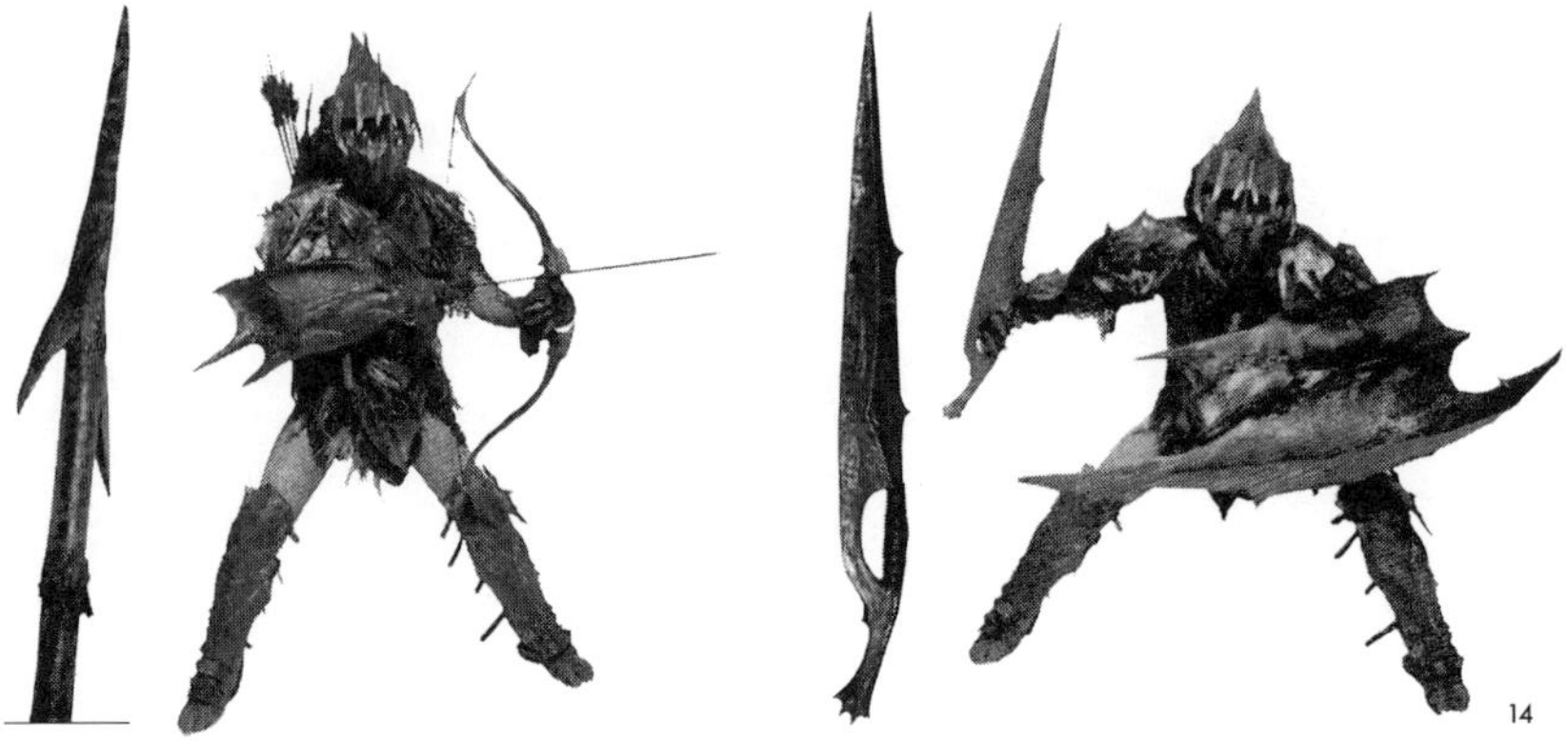

14

16

17

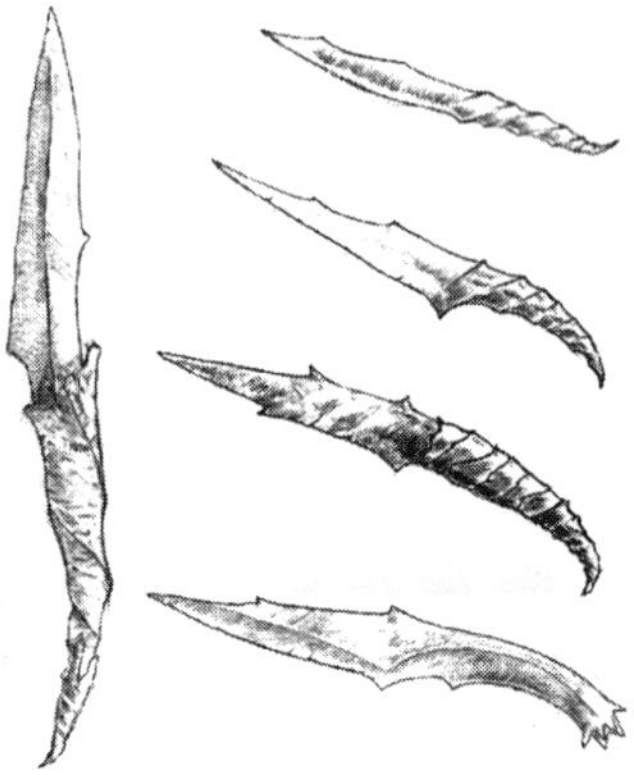

15

図14－17　『ロード・オブ・ザ・リング』に登場する武器

14・15　中世前期の武器デザイン（Smith, 62, 63）

16　中世前期の武器デザイン（Smith, 64, 65）

17　中世後期の武器デザイン（Smith, 126）

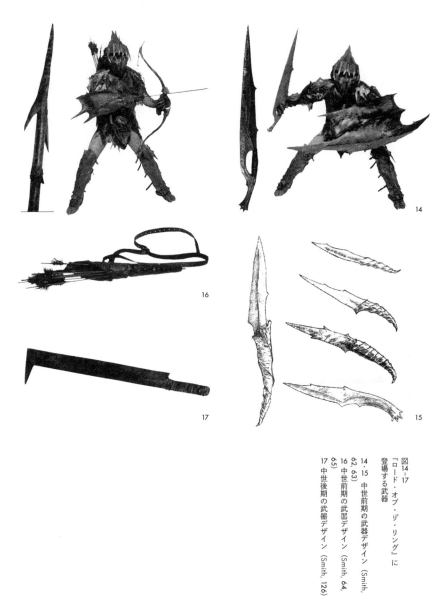

には、原作者の意図をかなり反映させようと腐心したようだ。

　たとえばエーオウィンの装束だが（図18）、その兜は、明らかに七世紀のヨークシャー出土の兜（図19）［28］と、同時期のスウェーデンのヴァルスイェルデ（Valsgärde）（図20）［29］から出土した、ヴェンデル時代の鉄器武具の兜を組み合わせたデザインである。また、エーオウィンの兄であり司令官でもあるエーオメルの初登場の場面（図21）（*The Two Towers* Disc 1. Chapter 11, 31:49-33:32）では、彼の兜は印象強く映像化されているが、動物の意匠を兜に施すデザインである。イングランドのベンティ・グレンジから出土した中世初期の兜の上部の猪には毛が生やされていたと見なされているが（図22）［30］、同様に、エーオメルの兜には、馬の鬣《たてがみ》の毛が靡《なび》くように植えられている。古英語後期のイングランド人とは異なり、馬を闊歩する民として描かれているが、それにもかかわらず、彼らの名前エーオメル（Éomer）やエーオウィン（Éowyn）は「馬」を意味する古英語のeohを接頭辞に持ち、それぞれ「馬の名声」、「馬の喜び」という意味を持つ［31］。馬を愛する民であることが、その意匠デザインによっても示されるよう工夫された武具である。

18

19

20

図18
『ロード・オブ・ザ・リング　二つの塔』エーオウィンの装束（Smith, 111）
図19
ヨークシャー出土の兜（八世紀）
図20
スウェーデン・ヴェンデル時代の鉄器武具の兜（七世紀）

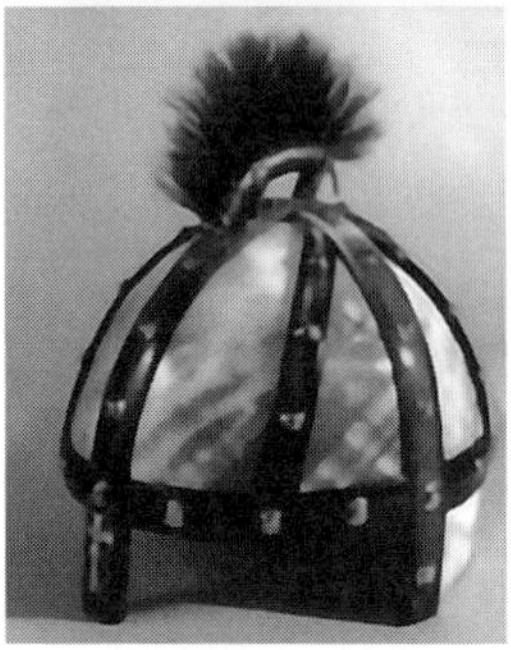

図21『ロード・オブ・ザ・リング　二つの塔』エーオメルの初登場の場面

図22 イングランド・ベンティ・グレンジ出土の兜（中世初期）

ローハンの騎士が用いた槍先も古英語時代のイングランド人の槍先と酷似している。アングロ・サクソン人の使った槍先は、非常に大きく長いものであったことが、考古学的出土品からも分かっている（図23）［32］。ローハンの騎士の槍の使い方は、中世後期の馬上槍試合のものとはかなり異なり、中世初期イングランドのあり方が映画に活かされていることを示すものである。

このアングロ・サクソンと北欧の武具の共通点の一つに、頗《すこぶ》る装飾的だったことがある。古英語を話すように描かれているローハンの民の文化は、彼らの言語のようにゲルマン的な彩りを付けられている。たとえば、ローハンの民が持つ剣や甲冑は、豪華で美しく作られている。

デイヴィッドソンによれば、ゲルマン人の武具に関する最古の文献資料

図23 古英語時代のイングランド人が使った、鋭角の刃のついた槍先（Guildford, Surrey; Underwood 撮影）

はクレルモンの司教シドニウスによる五世紀の記述である。その中で、ジギスメールの公子がブルグンド族の姫を娶る婚礼に、威儀を正して臨むゲルマン人の首領たちの姿が描かれている。武器の携行が正装であるという慣習に沿ったその出で立ちについては、金色の金具を中心に付け、周りを銀で縁取った豪華な楯の描写があり、武具が一種の装飾的な意味も持っていたことを窺わせる[33]。さらに、テオドリック大王に仕えた五世紀末のカッシオドロスは、北欧人の象徴である剣について、最高度の剣は刀身に溝が彫ってあり、自分の顔が鏡のように写るほど磨かれていたと記した[34]。ローハンの民の剣はどれもブレードに溝が彫ってあり、カッシオドロスの描写に典拠を持つ可能性がある。

映画のローハンの騎士たちの活躍は、あまりにも超人的過ぎると思われないだろうか。エーオウィンが両手で一刀ずつ剣を揮って現在の象の何倍も巨大なオリファントの脚の腱を切って倒していく場面などはその典型である（*The Return of the King* Disc 2, Chapter 48, 34:13-35:02）。ファンタジー映画の単なる空想ではなく、〈中世映画〉と見なすならば、オラウス・マグヌスが北方の人々の身体的訓練について伝える、第一五巻第一四章の次の言葉に耳を傾ける必要があるだろう。

ことに軍事において無為と怠惰からはいとわしい不都合が生ずるので、昔から今日まで戦闘のため軍事規律のもとで若者たちは、ある者は棒、ある者は跳躍により、いつも体を動かし、その力を訓練する。このようにしてまず第一に彼らは、戦闘において中が空でない、重くて太い、頑丈な槍を手にして、できれば二重の鎧の敵を刺し貫く。というのも、時がくれば彼らは重武装か軽武装して戦場にむかい、ともかくいつも、上で戦争について述べたように、二重の鎧兜で身を固めた敵を攻撃して刺しつらぬく事ができるように、大きくて太い槍を使用しなければならないからである。

（谷口幸男訳、下巻、一八三―一八四頁）

もし、中世以来のこの伝統を考慮に入れるならば、ローハンの民も、北方ゲルマン人の体軀を用いる鍛錬を怠りなく行っていた、ということになりはしないだろうか。

これまで見てきたように、『指輪』三部作に見られる傾向として、メインキャラクターである「自由の民」は中世ゲルマン的「北方」の武器、あるいはそれに触発されたタイプの武器を一貫して手にするのに対して、敵方の武器は、中世後期から近代初期のものへと少しずつ姿を変えている。単純に、映像的に敵と味方とを区別するために武器の傾向が異なるというだけではなく、「イングランドのための神話」の創造という作品創作の動機を持った原作者トールキンの意図を反映していると見ることができる。少なくとも『指輪』三部作においては、武器や武具にメッセージ性を持たせていたと考えられる。

しかし、『ホビット』三部作ではまったく様相が異なっている。ドワーフの武器の種類が多様化し、また、たての湖《うみ》の町（Lake Town）は、近世の衣装や武器がたびたび見られ、明らかな時代錯誤を意識したデザインを取り込んでいる[35]。中間的な結論を述べるならば、ホビット・フランチャイズの中で、『ホビット』三部作はもはや〈中世映画〉とは呼べなくなる。

映画道具工房による武器デザインの変遷

ピーター・ジャクソン監督によるトールキン作品の映画化には、Wetaと呼ばれるニュージーランドの映画道具工房の存在が大きな意味を持った。ジャクソン監督の故郷ニュージーランドの職人芸を活かし、経済の活性化を図ったのである。映画内の武器はすべてその工房でデザインされ、使用された。

ドワーフ族の斧

『指輪』三部作において、ドワーフ族は剣や楯を使うのを好まないという設定がなされていた。戦いにおいて短軀のハンディを補うため、彼らの使う武器のほとんどに長い柄が付いており、それを振り回し、長い弧を描くことによって、彼ら自身のパワーを打撃や切っ先に伝えるという戦い方を採るためである（Smith, 53）。しかしこの特徴は、『ホビット』三部作ではほとんど意味がなくなっている。ドワーフ族の武器は急に彩りを増やし、鎚（ハンマー）、剣、弓矢、短剣、棍棒など多様化した。明らかに形が異なるさまざまな斧もデザインに取り込まれた（これは予算が増えたということかもしれない）。『指輪』三部作では、戦斧のデザインは単純であるが、ドワーフのギムリには二種類の投擲斧、徒歩《かち》用手斧、大きな片刃、両刃斧など、五つの斧のヴァリエーションが見られた（図24）。この中で西洋中世に実在したのは投擲斧（フランシスカ francisca）である。フランク族との関連を促す呼び名ではあるが、イングランドをはじめ中世初期のゲルマン人に広く使われた（Underwood, 35-37）。

そもそもドワーフ族が斧を用いている、という事実は何に根拠があるのだろうか。上に述べたように、『ホビット』三部作の場合は原作から離れてしまっているため逆説的な前提になってしまうが、少なくとも『指輪』三部作ならびに原作の『ホビットの冒険』では、ドワーフたちの名前が、中世アイスランド語写本に書き残された神話世界のドワーフの名前であることが根拠として挙げられる。つまり、中世北欧語を話したヴァイキングたちの用いたとされる戦斧が、アイスランド語の名前を持つドワーフの武器として結びつけられたというのが、最も妥当な説明だろう［36］（リンディスファーンの石碑（図25）も参照）。古英語時代のイングランド研究サークル、レギア・アングロールムの創立者キム・スィドーンによれば、斧は必ずしも扱いやすい武器ではない（Siddorn, 99）。にもかかわらず、ヴァイキング時代の北欧考古学的発掘物には戦斧が高い割合で出てくる。つまり、それだけ戦斧というものはヴァイキングを連想させるというわけだ。一方、英国防省の研究員だったリチャード・アンダーウッドによれば、アングロ・サクソン人も斧を使わなかったわけではないが、大きな斧にではなく、手斧サイズの小さな斧にしか言及されていない。片手で揮うことのできるような手斧は、剣に比べて殺傷能力や斬撃能力に劣るという（Underwood, 73-75）。それでも武器としての斧は、北欧において必ずしも価値が低いとは見なされていなかった。カヌート王の親衛隊（ヒルズメン）にとって、金で装飾した斧もまた剣に劣らず身につけるべき武器として挙げられているからだ（Siddorn, 100）。いずれにせよ、本来は、北ゲルマンに限らず、南ドイツにも、英語を話す人々の祖先にも信じられていた侏儒《しゅじゅ》、小人、あるいは今日の複数形 dwarves［37］で呼ばれる種族が、映画の中では、あくまでも北ゲルマン的な特徴を持っていることで、斧と組み合わされ映像化させられたとはいえるだろう［38］。

ところが、『ホビット』三部作になると、『指輪』三部作の五つのデザインから大いに逸脱していく［39］。武器も多様化し、未来的な多面的デザインが多用される。中世を意識しているというよりも、中世からどれだけ逸

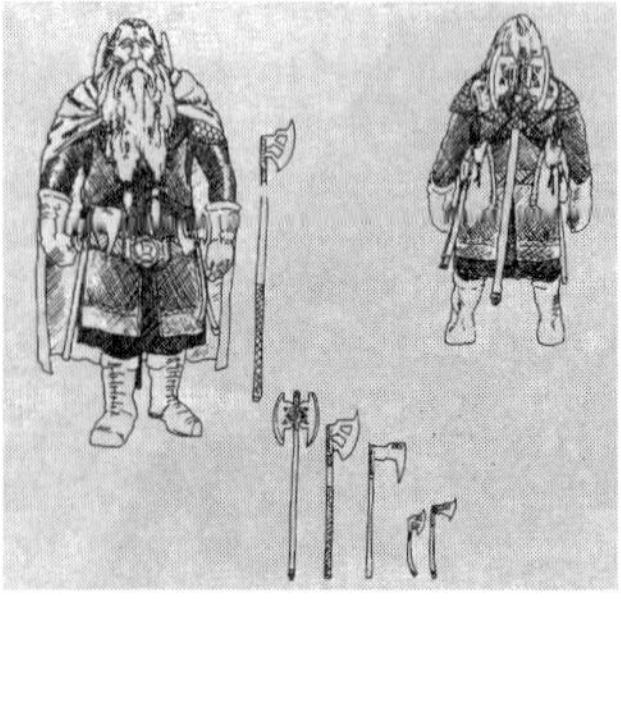

図24　ドワーフの斧のヴァリエーション（Smith, 55）

図25　リンディスファーンの石碑（Lindisfarne Priory; 筆者撮影）

脱するかを目指している感すらある。トーリンの武器（図26）、バーリンの武器（図27）、ボフールの斧（図28）などは、斧以外の武器を持つトーリンやバーリンのみならず、ボフールの戦斧さえも、ギムリの斧と比べてまったく別世界の道具立てである。さらに注目すべきはボンブールの猪の意匠が施された兜（図29）だ。ローハンの騎士としてエーオメルが被っていた兜のモデルは、中世初期のヨークシャーから出土した兜だったが、その馬の意匠は、モデルとなった兜の猪のデザインと通じる時代性を持っていた。またノーザンプトンシャーから出土した七世紀のパイオニア兜（図30）［40］と比べても、同じ猪の意匠でありながら、馬の意匠を持つエーオメルの兜の方が遥かにパイオニア兜に近い。ボンブールの兜の猪の多面体的なデザインは、コンピュータ・グラフィックによるデジタル画像そのものであり、西

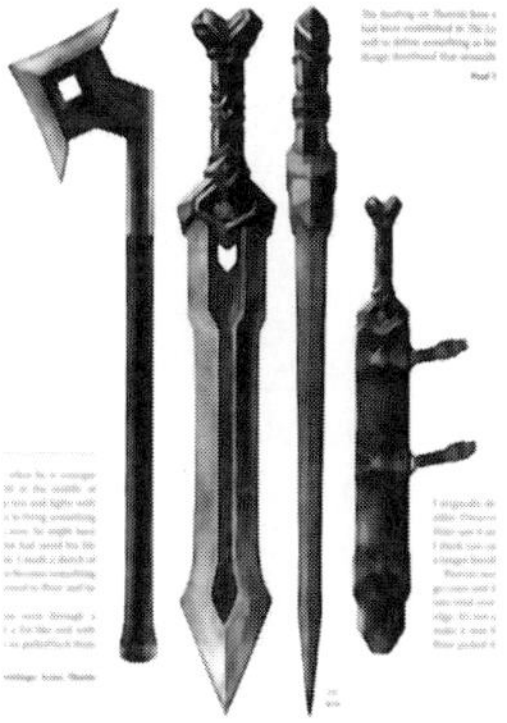
26

27

28

図26–28『ホビット』の武器デザイン
26 トーリンの武器（Falconer 2012, 41）
27 バーリンの武器（Falconer 2012, 45）
28 ボフールの斧（Falconer 2012, 69）

洋中世の意匠に基づいているとはいえ、明らかに未来的なデザインとなってしまった。

剣の刻印に見るエルフの武器のゲルマン的特徴

英語のelfという語彙は、dwarfと同じくゲルマン祖語に遡ることができる。それを踏まえると、エルフの武器にもゲルマン的な要素がもたらされてよいはずだが、興味深いことに、これまで見てきたドワーフの武器に見られる「ゲルマン的ファンタジー」は、ことエルフの武器となると折衷的になる。多くのエルフの刀身は湾曲している。これは、『指輪』三部作でギムリが持っていた戦斧に見られる湾曲した斧の刃と共通しているように思えるが、与える印象は対照的だ。ドワーフの斧には、たとえ刃に湾曲があっても（それ自体はヴァイキングの戦斧の刃に見られる典型であるが）デザインの中には直線と角ばった形が施されているからなのだ。これは直線的な岩の輪郭が象徴するような、岩に穴を穿つドワーフの文化を連想させる。一方、エルフの武器は植物を連想させる曲線を描く（図31）。図31のエルフの短刀は、体の小さなホビット族には剣として揮うのに適した大きさとされた。この剣はもともと碑文も銘もなく、また名前さえ持たないペーパーナイフのようなものだったが、ガンダルフからビルボ・バギンズに護身用の剣として与えられた。しかし、ビルボは、大蜘蛛との戦いに

図29　ボンブールの猪の意匠が施された兜（Falconer 2015, 76）

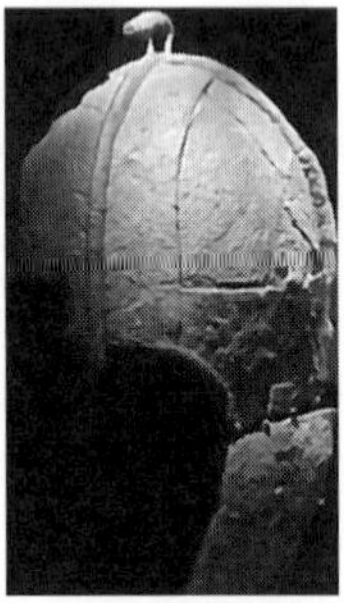

図30　ノーザンプトンシャー出土のパイオニア兜（七世紀）

勝利したとき、それにスティング（「つらぬき丸」Sting）[41]という名前を付ける。『指輪』三部作の中でフロドはビルボから譲られるのだが、その刀身には maegnas aen estar nin dagnir in yngyl という刻印が刻まれていた。「私は〈つらぬき丸〉と呼ばれる、蜘蛛らの破滅」という意味である[42]。これも作り手の遊び心というものだろう。

このスティングの例にあるごとく、エルフの剣の多くが刀身などに刻印が彫られていることは、北方の剣を意識した特徴と考えられる。だがエルフの武器に刻印を応用する一方、アングロ・サクソンをモデルにしたはずのローハンの武器には刻印は付いていない。そのようにしてエルフとローハンとを区別しようとしたのかもしれない。

トールキンは、欧州北西部、「北方世界」を再建させた。そこには、イングランドの神話を復活させるという意図もあったと思う。しかし、二一世紀、それも九・一一以降の世界で、映像として『ロード・オブ・ザ・リング』が提示されたとき、ピーター・ジャクソンならびにニュー・ライン・シネマという企業の持つ意識が漠然と示されたのではないか。すなわち、あくまでもフロドたち主人公が持つ武器は、ホビットもエルフも人間

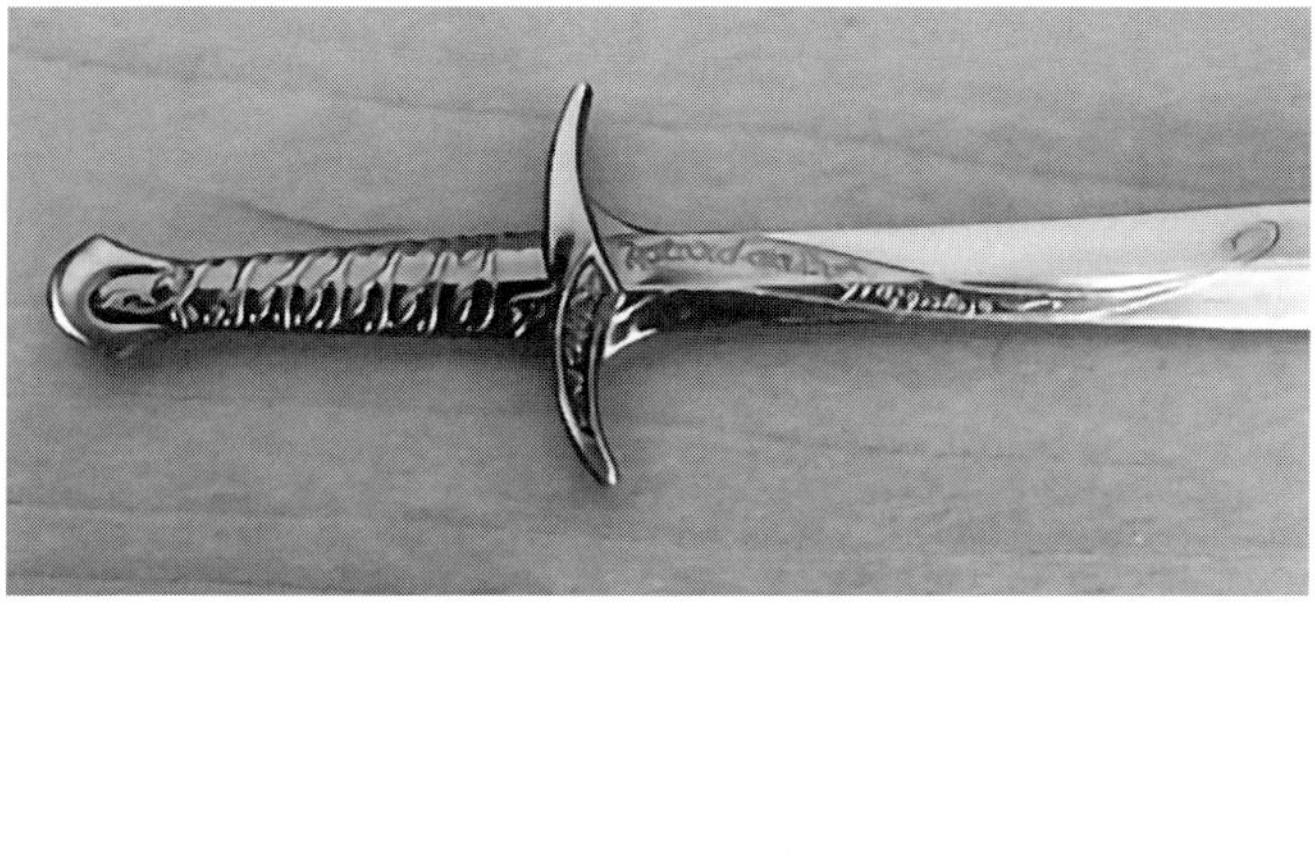

図31　エルフの短刀（筆者蔵）

もドワーフも、アングロ・サクソン人あるいはヴァイキングとして中世前期にイングランドに渡ってきていた人々の武器そのものだった。そして映画の中の彼らは、「剣」以外の武器を揮う敵と戦う構図を示した。彼らの敵は、西洋中世における北方の剣文化の外の者、いわば「アングロ・サクソンの敵」と戦う構図が武器によって表現されたのである。原作にはそこまで武器についての詳しい描き分けがなされていないことから、これは映像化による結果だということができる。

しかし、もっと著しいのが、『ホビット』三部作の方である。これは最後に見たように、まったく原作から離れた自由な発想による武器の「開発」の結果だ。デザインを斬新にし、中世から離れようとしているようにさえ見受けられる。言ってみれば、純粋に、コンピュータによるファンタジー・ゲームを作ろうとしたとさえいえるのである。

まとめるならば、こうなるだろう。武器や武具にのみ注目するならば、『指輪』三部作は、中世を復元しようとした一つの試みを映像化したものである。しかし、『ホビット』三部作は、あくまでも、別世界に生きる者たちを描く作品である。『指輪』三部作は、中世世界をイマジネーションで補い、『ホビット』三部作は、中世を出て、未来に向かってしまったのだ、と。

[1] 『ロード・オブ・ザ・リング』（二〇〇一年）、『ロード・オブ・ザ・リング　二つの塔』（二〇〇二年）、『ロード・オブ・ザ・リング　王の帰還』（二〇〇三年）、『ホビット　思いがけない冒険』（二〇一二年）、『ホビット　竜に奪われた王国』（二〇一三年）、『ホビット　決戦のゆくえ』（二〇一四年）の一連の作品を、ふたりの主人公フロド・バギンズとビルボ・バギンズがホビット族という生き物であることから「ホビット・フランチャイズ」と呼ぶ。「フランチャイズ（franchise）」とは映画業界用語で「シリーズ作品」を指す。前者三部作を指す場合は原作の邦題をもって『指輪』三部作、後者三部を指す場合は『ホビット』三部作と呼ぶ。

[2] ゴディバの伝説はダニエル・ドナヒュー『貴婦人ゴディヴァ——語り継がれる伝説』伊藤盡訳（慶應義塾大学出版会、二〇一一年）が、重層的な歴史的意義を明らかにしている。映画については二一八—二二四頁を特に参照。

[3] Marc DiPaolo 2011, *War, Politics and Superheroes: Ethics and Propaganda in Comics and Film* (Jefferson: McFarland): 18.「英雄神話（Hero Myth）」という枠組みに入れ、神話世界に託した政治的メッセージと解釈する。『アイアン・マン』（*Iron Man*, 2008）の監督ジョン・ファブローの言葉を借り、アメリカの聴衆は九・一一以降は「逃避主義」に走り、『ロード・オブ・ザ・リング』や『スパイダーマン』のような、ヒーローとヴィレン（悪役）が簡単に見分けられるストーリー展開に魅了されたと論じる。

[4] Shippey, T. A. 'Creation from Philology in *The Lord of the Rings*'. Mary Salu and Robert T. Farrell, (eds.) *J. R. R. Tolkien: Scholar and Story-teller*. Ithaca: Cornell UP, 1979, pp.286-316; Tom Shippey 1985, *The Road to Middle Earth*, Second ed., 1994, Revised and enlarged (ed.), (London: HarperCollins, 2005); Tom Shippey, *J. R. R. Tolkien: The Author of the Century* (London: HarperCollins, 2001)（トム・シッピー『J・R・R・トールキン——世紀の作家』伊藤盡監修、沼田香穂里訳、評論社、二〇一五年）；伊藤盡「トールキンの言葉——文献学的に読むトールキン作品」『もっと知りたい世界の名作９　指輪物語』成瀬俊一編（ミネルヴァ書房、二〇〇七年）2007a、三二—四五頁；「Column　心に残る名場面」成瀬俊一編 2007b、一〇四頁；「第六章　トールキンのファンタジー——想像力の源泉としての中世英語・北欧文献学」成蹊大学文学部学会編『探求するファンタジー——神話からメアリー・ポピンズまで』（風間書房、二〇一〇年）、一八一—二二五頁。

[5] トールキンによる、学究的な論考を、学究的な論文という形式ではなく、一種の文学作品の形を借りて発表する傾向は、古英詩 *The Battle of Maldon* に関する研究を 'poem-cum-essay' という形式で発表していることにも現れている (J. R. R. Tolkien, 'The Homecoming of Beorhtnoth Beorhhelm's Son'. *Essays and Studies*. Vol.6(1953): 1-18; Tom Shippey, 'Tolkien and "The Homecoming of Beorhtnoth"'. *Leaves from the Tree: J. R. R. Tolkien's Shorter Fiction* (London: Tolkien Society, 1991): 5-16, revised and reprinted in Thomas Honegger, ed. *Roots and Branches: Selected Papers on Tolkien by Tom Shippey* (Zollikofen, Switzerland: Walking Tree, 2007): 323-339)。

[6] David Bratman, 'Summa Jacksonica: A Reply to Defenses of Peter Jackson's *The Lord of the Rings* Films after St. Thomas Aquinas'. Janet Brennan Croft, (ed.) *Tolkien on Film: Essays on Peter Jackson's The Lord of the Rings*. (Altadena: The Mythopoeic P, 2004), 27-62; Sean Kirst, 'Tolkien Scholar Stings "Rings" Films'. 4 February 2003a. *Pastebin* (https://pastebin.com/pqLxNoT4) (17 May 2017); Sean Kirst, 'New "War of the Rings" Rages: Tolkien Disciples Squabble over Mover Versions', *The Post-Standard News Archive*. 4 February 2003b; この問題に関して、Chance は数字を

上げて客観的に考察する (Jane Chance, 'Tolkien's Women (and Men): The Films and the Book'. Croft, ed., 2004, 93-175)。映画台本一ページ分が一分に相当するならば、一本約四時間の映画は二四〇ページ必要となるが、トールキンの原作は『旅の仲間』だけで四七九頁ある。それもぎっしりと文字が詰まったものとしてであり、台本並の double-space ならば、九六〇頁相当になるだろう。SEE版の『旅の仲間』の前半二七シーンは原作の一二章分だが、後半二一シーンは原作一〇章分を短くまとめており、原作からカットされた部分は約七章分に相当するとみている (177)。

[7] Shippey 2001, 128-143; シッピー、二二二―二二九頁。

[8] 伊藤 2007b でも述べているように、ここは映画と原作では趣が異なっていることに注視すべきである。ローハンの騎士たちは死を覚悟して戦うという部分は同じだが、原作では、彼らは「歌いながら戦う」のである。しかし、映画では、何の説明もなく 'Death!' と叫びながら突進する彼らの姿が描かれる。その前に彼らを促す王セオデンのせりふ (Disk2, 26:09-27:01) は、原作では Théoden が歌う頭韻詩 Arise, arise, Riders of Théoden! 以下 (838; ただし Fell deeds awake: fire and slaughter! の一行が抜けている) と Eomér が自暴自棄になって叫ぶせりふ Ride, ride to ruin and the world's ending! (844) を混ぜている他、「死」に向かう自暴自棄のせりふをまるで勇気を鼓舞するように用いている。問題は、Théoden の「死に向かう」悲壮的勇猛さ、日本でいう「特攻精神」は、本来この場面では原作には見られないものだということだ。

[9] Smyth は二〇〇四年の段階で、次のように指摘している:「9・11後に再編集された映画第二部『二つの塔』(二〇〇二年) は、テロリズムとジェノサイドへの、アジア出身の覆面を被った侵略者への仄めかしをいっそう明確にした。サウロンのために戦う、肌が浅黒く、黒いターバンを纏い、顔を隠す男たちは、サラセン人やベドウィンの中つ国における代替なのだ (20)。」この点は、中世以来の対ムスリム戦争的発想が、かえって「西洋中世的」であるかのように色づけされている部分で、政治的メッセージ性を含むものとして注意すべきである。

[10] ここで使われている古英語の詩は、古英詩の規則に反しており (Terasawa, Jun. *Old English Meter: An Introduction*. Toronto: U of Toronto P, 2011, 4-5)、最後の二行は

on meduselde　þæt he manna wæs
his dryhtne dierest　and deorost maga

とすべきだった。トールキンのエルフ語研究者としてこの映画の監修に携わった David Salo は古英語文学の専門家ではなかったからといえるだろう。

[11] 古英語の詩物語の中の女性が何者なのかは研究者の議論となっている。王ベーオウルフの奥方である妃ではなかったかとの説もある一方、ゲルマン人あるいはヨーロッパでの弔いの場面で女性が嘆くのは欧州の伝統的な慣習であって、特定の個人を意味しないという見方もある (*Klaeber's Beowulf*, 270, n.3150ff.)。

[12] ここではさらに「竪琴の嬉しく奏でる音はいまはない」ことなど、古典から中世文学に継承された ubi sunt モチーフ (消え去った者たちが今何処にいるかと嘆き問う形式) が用いられている。伊藤 2007b では、ubi sunt モチーフを、別の古英詩『放浪者 (*The Wanderer*)』と結び付けて述べているが、「竪琴」や「駿馬」は、『ベーオウルフ』のこの箇所でも用いられていて、トールキンは、それらを換骨奪胎して、自分の現代英語ヴァージョンを自分の作品の中でアラゴルンに歌わせている (Tolkien (1954) *The Two Towers*, 508)。

[13] J. B. Bessinger Jr., *A Concordance to the Anglo-Saxon Poetic Records*. Pro-

grammed by Philip H. Smith Jr., with an Index of Compounds compiled by Michael W. Twomey (Ithaca: Cornell U.P., 1978) 'bealocwealm'.

[14] Carolyne Larrington, *Winter Is Coming: The Medieval World of Game of Thrones* (London: I. B. Tauris, 2016).

[15] Hilda Ellis Davidson, *The Sword in Anglo-Saxon England*. Corrected ed. (Woodbridge: Boydell, 1994).

[16] オクスフォード大学図書館には、トールキンが進学する以前に、北欧語文献学者としてオクスフォードにいたフレデリック・ヨーク・パウウェルとグズブランドル・ヴィグフースソンの旧蔵書が寄贈されており、その中にオラウス・マグヌスの著書も含まれていた。

[17] この問題は、「北方趣味」とも呼べるトールキンの有名かつ独特な嗜好や死生観にも関係する（ハンフリー・カーペンター『J・R・R・トールキン――或る伝記』評論社、一九八二年、一七二頁：Shippey 2001, 147-150）。

[18] 古英語で記録されるイェーアト（Gēat）は現在のスウェーデン南部イョートランド（Götland）のことだと考えられる。イョートランドは北欧から黒海沿岸に移り住み、さらにその後に地中海世界へと入ったゴート人（the Goths）の故郷であると、オラウス・マグヌスの時代には考えられた。

[19] certum omnibus relinquitur, Gothos cęteros in fortitudine ballistarum, sagittarum, lancearum, & gladiorum præcellere, eo quod vix in orbe maioris rigoris fiunt ballistæ, quam apud eos: neque maiores gladii, qui hæreditario iure, & munere, tanquam supellex argento locupletior, inæstimabili desiderio affectantur, & dantur, ac possidentur.

[20] Davidson, 142–144.

[21] '[W]hat we have, and what was evidently intended by the maker of the saga as a whole, is a *Tyrfings Saga*: the history of a disastrous sword with a curse upon it, as it passed down the generations' (Christopher Tolkien, 'Introduction', G. Turville-Petre, ed. *Hervarar Saga ok Heiðreks* (Viking Society for Northern Research, 1956) xi).

[22] 日本語字幕は「ゴンドール王の血脈は途絶えたはずだ（That line was broken)」という幽霊軍団の長のせりふを「剣は折れたはずだ」と意訳しているのも映像として矛盾がない。観客にはすでにアラゴルンの持っている剣はアンドゥリルだと判っているが、長にはそれが判らないためである。

[23] Ian Nathan, *Anything You Can Imagine: Peter Jackson and the Making of Middle-earth* (London: HarperCollins, 2018) 28–57.

[24] John Mitchell Kemble, *The Saxons in England: A History of the English Commonwealth till the Period of the Norman Conquest*. 2 vols. (London: Longman, Brown, Green, and Longmans, 1849) 1: 402. ケンブルは著書の中でshield-maidenは一度しか用いていないが（402）、古北欧語からの訳語として同じく「楯の乙女」を意味するshieldmayという語は五回用いている（232, 393, 402, 426）。*OED*^{3}でもshieldmayは一語として見出しになっている。ケンブルは古英語の例も挙げており、中世英語文献学的には大きな意味はあるが、紙幅の関係上本章では考察を控える。

[25] Þar vard mikit mannfall. Þa sa þeir skialldmeyia flock mikinn, sva sem i loga sęi. Þar var Sigrun konungsdottir (*Vǫlsunga Saga*, Kap.9, 24 翻訳・下線は引用者による).

[26] 菅原邦城『ゲルマン北欧の英雄伝説――ヴォルスンガ・サガ』東海大学出版会、一九七九年、二六頁。

[27] Smith, pp.60-66では、バルログの武器を真似ようとした、と記されている。バルログの武器については、詳細は不明。

[28] York Museum Online Collection URL: https://www.yorkmuseum-

strust.org.uk/scripts/adlib_image.php?id=YORCM_CA665-1.jpg (Searched 3 June 2017)

[29] 'Valsgärde', sv. Wikipedia. https://upload.wikimedia.org/wikipedia/commons/9/97/ValsgardeB.jpg (Searched 3 June 2017)

[30] Benty Grange helmet', URL: https://upload.wikimedia.org/wikipedia/commons/e/ea/Benty_Grange_helmet_replica_-_front.jpg (Searched 3 June 2017)

[31] *Klaeber's Beowulf*, 461, 466.

[32] Richard Underwood, *Anglo-Saxon Weapons & Warfare* (Stroud, Gl.: Tempus, 2001) : Colour Plate 3.

[33] Davidson, 104–105.

[34] Davidson, 105–106.

[35] 『ホビット』三部作の第2部「竜に奪われた王国」に初めて登場するたての湖の町の頭領は、テューダー朝あるいはエリザベス朝ルネサンスのコスチュームのようにデザインされている (Daniel Falconer, *The Hobbit: The Desolation of Smaug, Chronicles: Cloaks & Daggers* (London: HarperCollins, 2014) 216, 228)。

[36] John D. Rateliff, *The History of the Hobbit*, One-volume ed. (London: HarperCollins, 2011) 866–871; J. Kim Siddorn, *Viking Weapons & Warfare* (Stroud: Tempus, 2003).

[37] Shippey 2001, 2005 にも述べられているように、Dwarves という複数形は、英語本来の語形ではなく、Tolkien による *The Hobbit* 刊行によって新しく現代に生まれた擬古的再建形である。

[38] ドワーフの北方性は、ダーインのせりふがスコットランド訛りで話されているところにも現れている。スコットランドに北欧人（ヴァイキング）が多く入植したという中世の事実が意識されていればこの演出は効果が出るだろう。『ホビット』第3部「決戦のゆくえ」のドワーフ軍が猪を駆り、山羊の戦車に乗るのも北方的演出だが、紙面もなく、詳述はしない。

[39] 『ホビット』三部作の武具については、Weta のダニエル・フォルコナーの注[35]と以下の二冊の資料を参照する。Daniel Falconer, *The Hobbit: An Unexpected Journey, Chronicles: Art and Design* (London: HarperCollins, 2012); ——. *The Hobbit: The Battle of the Five Armies, Chronicles: The Art of War* (London: HarperCollins, 2015).

[40] https://upload.wikimedia.org/wikipedia/commons/b/b3/Pioneer_Helmet.jpg (Searched 13 March 2019)

[41] J・R・R・トールキン『ホビットの冒険』改版、瀬田貞二訳（岩波書店、一九八三年）、二四九頁。

[42] David Salo, *A Gateway to Sindarin: A Grammar of an Elvish Language from J. R. R. Tolkien's Lord of the Rings* (Salt Lake City: U of Utah P, 2004) 参照。

第4章　「イッツ・オンリー・ア・モデル」

――モンティ・パイソンの描いた中世の魅力

小宮真樹子

アーサー王伝説と映画

石に刺さった、立派な剣。刻まれた文字によると、この剣を手にする者こそが真の王だという。屈強な男たちが試しても、剣はびくともしない。それなのに、まだ幼さの残る少年が易々と剣を引き抜いてしまう。素性を隠して育てられていたものの、彼こそが前王の息子、正統なる王国の後継者だったのだ――。

この「石に刺さった剣」の逸話で広く知られるアーサー王伝説は、ケルトの英雄譚を原型としている。五世紀頃のサクソン人の侵略に対し、勇敢に抵抗したアーサーという人物がいたのだ。『ブリトン人の歴史』(八〇〇年頃)や『カンブリア年代記』(九五〇年頃)といった文献によると、アーサーは王ではなく軍人で、サクソン人を相手に善戦したが、メドラウト(モードレッド)という人物と共にカムランの戦いで散ったと記されている。

古代の戦士アーサーにまつわる伝承は、一二世紀にジェフリー・オブ・モンマスの『ブリタニア列王史』やヴァース(ワースとも呼ばれる)の『ブリュ物語』といった書物を経たのちに、騎士道文学として花開いた。特にフランスの詩人クレチアン・ド・トロワのロマンスは、ランスロットやパーシヴァルといった騎士たちを主人公に据え、その後の伝説において「円卓の騎士たち」の愛と冒険が中心となる口火を切った。また、一三世紀前半に書かれた散文ロマンス（フランスで執筆された後、広く読まれたので「フランス流布本サイクル」と呼ばれる）もヨーロッパ中で人気の書物となった。それを示すのが、ダンテ・アリギエーリの『神曲』（一三〇七―二〇年頃）における描写である。「地獄篇」第五歌には肉欲の罪を犯した婦人フランチェスカが登場するが、彼女は流布本サイクルを一緒に読んだことがきっかけとなり、義弟パオロとくちづけを交わしたと告白しているのだ。

このフランスの書物をベースとしつつ、アーサー王物語の集大成と呼べる作品を編纂した人物がいた。イングランドの騎士トマス・マロリーである。「エドワード四世の治世九年目」、つまり「一四六九年三月四日―一四七〇年三月三日」に完成させられた彼の原稿は、イングランド最初の出版業者ウィリアム・キャクストンにより『アーサー王の死』という題で一四八五年七月末日に刊行された。

マロリーの物語は、アーサー王伝説の代表的作品として、今なお読み継がれている。参考までに、以下にあらすじを紹介する。

ティンタジェル公の妻イグレインに横恋慕したウーサー王は、魔法使いマーリンの協力を得て彼女との間にアーサーを儲ける。だが赤子のうちにアーサーは養育に出され、身分を知らぬまま成長する。ウーサー王の死後、王位をめぐって対立する諸侯たちの前に、石に刺さった不思議な剣が現れる。そこには「この剣を石と鉄床から引き抜いた者こそ、生まれついての正統なるイングランド王である」と記されていた。少年アーサーは偶然この剣を手にし、自らが王国の後継者であることを証明する。即位したアーサーは多くの戦いに勝利を収め、ローマすら征服し、王国に繁栄をもたらす。また王妃グウィネヴィアの結婚持参金である円卓には、優秀な騎士たちが集った。彼ら円卓の騎士たちは数々の冒険に挑むが、とりわけ有名なのは、聖杯（ホーリー・グレイル）[1]の探求である。だが円卓を代表する騎士ランスロットと王妃の禁じられた恋が王国を大きく揺るがし、その混乱に乗じてモードレッドがアーサーに反旗を翻す。彼はアーサーが自分の生い立ちを知らなかった頃に、異父姉との近親相姦によって得た息子であった。モードレッドとの戦いで致命傷を負った王は名剣エクスカリバーを湖へ投げ込むように命じると、治療のために魔法の島アヴァロンへと旅立ってゆく。

その後のアーサー王の消息について、マロリーはさまざまな意見を紹介している。アーサーは死んでいないと信じる人々もいる一方で、「ここにアーサー王眠る、過去の王にして未来の王」と書かれた墓に埋葬されたと考えた人々もいたそうである。その真偽はさておき、ヨーロッパにおける中世の終焉と共に、アーサー王伝説もまた死に体となった。エドマンド・スペンサーの『妖精女王』（一五九〇―九六年）やジョン・ドライデンの『アーサー王、あるいはブリテンの偉人』（一六九一年）といった例外はあったものの、エリザベス一世の家庭教師をしていたロジャー・アスカムの『教育指導者』（一五七〇年）やミゲル・デ・セルバンテス・サアベドラの『ドン・キホーテ』（一六〇五年）に書かれているように、騎士道文学は時代遅れの、野蛮な書物として扱われるようになる。一六―一八世紀の間、アーサー王をテーマとする作品の数はひどく限られたものだった。

忘却の淵にあった過去の王は、「古き、良き時代」として中世が懐古されるようになったヴィクトリア時代に、再び脚光を浴びることとなる。特に桂冠詩人アルフレッド・テニスンの『国王牧歌』（一八三四―八五年）は王族を含めた読者を獲得し、アーサー王伝説の知名度を大いに高めた。ダンテ・ゲイブリエル・ロセッティやエドワード・バーン・ジョーンズ、ウイリアム・モリスといった当時を代表する芸術家たちも、アーサー王と円卓の騎士たちを好んで題材とした。

関心が高まったのはイングランドだけではなかった。ドイツではヴィルヘルム・リヒャルト・ワーグナーがオペラ『トリスタンとイゾルデ』(一八六五年)や『パルジファル』(一八八二年)を発表し、壮麗な音楽と華美な衣装で中世のアーサー王伝説をよみがえらせた。アメリカの作家マーク・トウェインも『アーサー王宮廷のコネティカット・ヤンキー』(一八八九年)を著し、中世イングランドにタイムスリップしてしまったアメリカ人ハンク・モーガンの冒険をユーモアと皮肉を交えて描いた。米国生まれのノーベル賞作家T・S・エリオットの詩『荒地』(一九二二年)と、フランスの才人ジャン・コクトーの戯曲『円卓の騎士』(一九三七年)も聖杯の探求がモチーフとなっている。日本でも夏目漱石がテニスンの作品に基づく短編「薤露行」(一九〇五年)を発表しているし、アメリカの小説家ジョン・スタインベックの『アーサー王と気高き騎士たちの行伝』(一九五八―五九年執筆、七六年出版)も一九三四年に発見されたマロリーの写本からインスピレーションを得ているのだ。

二〇世紀にはさまざまなアーサー王物語が著されたが、中でも登場人物の心理を鋭く分析したT・H・ホワイトの小説『永遠の王』(一九三九―五八年)は多くの読者を獲得した。その結果、少年アーサー(ウォート)が魔法使いマーリンの教えを受けて戴冠するまでを描いた第一部「石に刺さった剣」に基づき、ディズニーがアニメ映画『王様の剣』(一九六三年、ウォルフガング・ライザーマン監督)を製作した。そして憧憬と苦悩に揺れ動く円卓の騎士ランスロットが物語の中心となる第三部「逸脱の騎士」、アーサー王宮廷の崩壊を描いた第四部「風の中のともしび」も一九六〇年にミュージカル舞台『キャメロット』となり、七年後にはジョシュア・ローガン監督によって映画化された。

アーサー王伝説は多くの映画にインスピレーションを与えてきたが、作品ごとにさまざまな試みが窺えて興味深い。たとえばロベール・ブレッソン監督の『湖のランスロ』（一九七四年）は中世の騎士たちを現代的な視点から捉えなおし、彼らの生き様を血なまぐさく暴力的なものとして描いた。他方、一九七八年に公開されたエリック・ロメール監督の『聖杯伝説』は、クレティアンの中世韻文に基づくせりふと無機質なセットの組み合わせが現実離れした雰囲気を生みだしている。またジョン・ブアマン監督の『エクスカリバー』（一九八一年）はマロリーの『アーサー王の死』を土台とし、アーサーの受胎から最後の戦いまでを一本の映画にまとめた。対照的に、『トゥルーナイト』（一九九五年、ジェリー・ザッカー監督）はリチャード・ギア扮するランスロットを中心人物に選んだ。ショーン・コネリーがアーサー王を、ジュリア・オーモンドがグウィネヴィアを演じ、物語は彼らの三角関係を軸に展開してゆく。そして一九九八年にはワーナー・ブラザーズが『魔法の剣 キャメロット』（フレデリック・デュ・ショー監督）を公開した[2]。このアニメ映画では騎士の娘、盲目の若者、双頭の竜といった（中世ヨーロッパ文学では端役だったであろう）キャラクターたちが力を合わせ、アーサーと王国を救う。

二一世紀においても、アーサー王に関する映画は次々と公開されている。黒人青年が中世にタイムスリップするトウェインの翻案もの『ブラック・ナイト』（二〇〇一年、ジル・ジュンガー監督）や、伝説の起源をスキタイだとする説に基づいた『キング・アーサー』（二〇〇四年、アントワーン・フークア監督）、コーンウォールの騎士とアイルランド王女の悲恋を扱う『トリスタンとイゾルデ』（二〇〇六年、ケヴィン・レイノルズ監督）、中世の書物を土台としつつも大胆に伝説を再構築した『キング・アーサー』（二〇一七年、ガイ・リッチー監督）、ＳＦの世界観とアーサー王伝説を融合させた『トランスフォーマー　最後の騎士王』（二〇一七年、マイケル・ベイ監督）、さらには大人気のスマートフォンゲームをアニメ化した『劇場版 Fate/Grand Order 神聖円卓領域キャメロット』（『前編 Wandering; Agateram』二〇二〇年、末澤慧監督；『後編 Paladin; Agateram』二〇二一年、荒井和人監督）など、枚挙に暇がない。円卓を率いた英雄の物語は、現代でも人々を魅了し続けているのだ。

これらのアーサー王映画の中から、本章では一九七五年に公開された『モンティ・パイソン・アンド・ホーリー・グレイル』[3]を取り上げたい。モンティ・パイソンとはグレアム・チャップマン、ジョン・クリーズ、テリー・ジョーンズ、マイケル・ペイリン、エリック・アイドル、テリー・ギリアムの六名から構成され、英国で人気を博したお笑いグループである（ただしギリアムは米国籍）。低予算で作られたにもかかわらず、『モンティ・パイソン・アンド・ホーリー・グレイル』は熱狂的なファンを獲得し、二〇〇五年には『スパマロット』というタイトルのもと、ブロードウェイでミュージカル化された[4]。さらに二〇一八年には、ハリウッド映画版『スパマロット』の制作も発表されている。まさしく四十年以上の時を経ても高く評価されている中世映画だといえよう。

名場面の多い『モンティ・パイソン・アンド・ホーリー・グレイル』であるが、特に注意したいのは以下のシーンだ。長い旅路の末、遠くに見えたキャメロットに、アーサーと騎士たちは目を輝かせる。しかし、その後ろでギリアム扮する従者がこう言い捨てるのだ。「イッツ・オンリー・ア・モデル」――「ただの模型じゃないか」と。

本章は、このせりふを軸として『モンティ・パイソン・アンド・ホーリー・グレイル』における中世描写を分析したい。単なるコメディ映画ではなく、時代錯誤を強く意識しながらも、中世の魅力（とりわけ写本の楽しみ）を伝える稀有な作品なのである。

史実と虚構の英雄アーサー

「ただの模型じゃないか」というせりふのとおり、『モンティ・パイソン・アンド・ホーリー・グレイル』におけるキャメロットは書き割りである。ランスロット役のクリーズによると、このベニヤ板の城は強風のせいで何度も倒れて、撮影が大変だったとのことである。

「本物ではなく作り物」というのは、おそらく歴史ものの映画において観客にもっとも忘れてほしい前提だろう。けれども『モンティ・パイソン・アンド・ホーリー・グレイル』は率先してキャメロットが偽物であると打ち明け、笑いを誘う。

アーサー王と円卓の騎士たちが本物の馬に乗らず、代わりにココナッツを叩いているというジョーク[5]も、この映画の虚構性を強調している。本物のような足音で誤魔化そうとしていても、彼らは馬に乗ったふりをしているだけ。つきつめると作中に登場する騎士たちも本物ではなく、二〇世紀の俳優が中世の人々に扮しているだけなのだ。

さらに、歴史考証を揶揄するエピソードも挿入されている。映画の解説をしようと現代から学者が闖入したあげく、通りすがりの騎士に殺害されてしまうのだ。この場面は「正しき歴史考証」に対するパイソンズのスタンスを示しているのだろう。「ペンは剣より弱し」——現代人の知識など、中世騎士の武力には歯が立たないのである[6]。

このように、歴史研究をジョークのネタにしている『モンティ・パイソン・アンド・ホーリー・グレイル』であるが、確かに「史実上、正しいのかどうか」という問いは頻繁にアーサー王伝説に投げかけられるものである。ウェールズの年代記においてはサクソン人と戦った武将のアーサーが、時代が下がると英国王として騎士物語に登場しているからだ。

古代の将軍アーサーが、騎士たちを率いる君主として認識されるようになった変化には、一二世紀に著されたジェフリー・オブ・モンマスの『ブリタニア列王史』が大きな役割を果たしている。ジェフリーは、魔法による受胎からアヴァロンへの旅立ちに至るまでのアーサー王の生涯を初めて書き記した人物である。

それまでの歴史書には存在しない記述が多かったため、『ブリタニア列王史』は空想の産物だと非難された。たとえばジェフリーと同時期に活躍したジェラルド・オブ・ウェールズは、真実を記したヨハネの福音書が悪魔を追い払ったのに対し、捏造まみれのジェフリーの本は悪魔に好まれたと記している［7］。

このように一部の歴史家から酷評されたものの、多くの写本が現存することから、中世における『ブリタニア列王史』の人気ぶりが窺える。そして、このジェフリーの本における「フィクションのような記述」が、以降のアーサー王伝説の中心となっていった。

一二世紀半ばには、フランスの文人ヴァースが『ブリュ物語』の中で初めて「円卓」に言及し、その数十年後には詩人クレチアン・ド・トロワが謎のオブジェ「グラール」を登場させた。さらに一三世紀初めには、グラールとは最後の晩餐におけるキリストの杯だという設定と、若きアーサーが石に刺さった剣を抜くエピソードがロベール・ド・ボロンの作品で追加された。こうしたモチーフが、ヨーロッパで広く読まれたアーサー王物語「フランス流布本サイクル」や、ひいては中世騎士道文学を代表するマロリーの『アーサー王の死』へと受け継がれていったのである。

異なる時代のさまざまな記述がアーサー王伝説の中へと取り込まれ、受容されている。こうした状況を考えると、史実とフィクションを厳密に区分し、前者ばかりを重視するのは不毛に思える。実際、『モンティ・

パイソン・アンド・ホーリー・グレイル』の監督であるテリー・ジョーンズも、アーサー王伝説のアナクロニズムを理解したうえで作品に反映させている。映画の冒頭では「西暦九三二年、イングランド」という字幕が表示されるが、監督自身のコメンタリーによると、衣装などのデザインは一三五〇年代のものを採用したとのことである。その理由として、ジョーンズは「アーサー王伝説は、一四世紀の人々が一〇世紀について語ったものだから」と説明している[8]。

なお、ドナルド・ホフマンはこの時代設定を「意味深に無意味」だと分析している[9]。西暦九三二年は歴史書に記されている、ゲルマン民族とアーサーが戦った時代とは一致しない。ジェフリー・オブ・モンマスの『ブリタニア列王史』執筆時期からも、マロリーが『アーサー王の死』を完成させた時期からも数百年の隔たりがある。一三世紀初めに書かれたフランス流布本サイクルにおける聖杯探求の年とも一致しない[10]。これではまるで、パイソンズは観客を納得させるためではなく、より混乱させるために九三二年という時代設定を用いているようである。

歴史書から文学作品に活躍の場を移し、史実の要素が薄れていっただけではない。アーサー王伝説は執筆された時代や場所によって内容が大幅に異なっているのだ。たとえば、マロリーではアーサーが受胎されたときにウーサーとイグレインは婚姻関係になく、またアーサーも人妻であり半分血の繋がった姉に婚外子を生ませ、さらに魔術師マーリンの予言を恐れて罪のない嬰児たちを殺害する。しかし一九世紀の『国王牧歌』は、これらの記述をすべて削除した。ヴィクトリア朝の詩人テニスンは、代わりにダーウィニズム――当時の社会に影響を与えた「人間は神の似姿ではなく、動物から進化した存在でしかない」という思想――を踏まえたうえで、アーサーの戦いを捉えなおしたのである。その結果、『国王牧歌』におけるアーサー王はキリストのごとき聖人君子となり、円卓の崩壊は、王に倣って気高く生きようとしたものの、獣のような本能に屈してしまった騎士たちの悲劇として描かれている。

中世とは大違いだが、実のところ、現代におけるアーサー王のイメージは一九世紀の改変に負うところが大きい。桂冠詩人テニスンの詩は当時の社会で人気を博し、広く読まれた。そして彼の影響を受けたラファエル前派の絵画と共に、今日に至るまで「美しき理想の過去」としてのキャメロットを伝えているからだ[11]。

パイソンズも映画の中に、一九世紀テニスンにおける設定を織り交ぜている。たとえばオスバーグとクロウは、アーサー王がエクスカリバーについて説明するシーンで、百姓のデニスが『国王牧歌』の表現を反転させる形で「湖の貴婦人」を揶揄していると指摘する[12]。その他にも、『モンティ・パイソン・アンド・ホーリー・グレイル』ではベディヴィアが最初の円卓の騎士となるが、これもテニスンに基づく設定である[13]。また、チャップマン扮するアーサーは胸に太陽の描かれたサーコートを着ているが、中世騎士道ロマンスで太陽と結び付けられたのは王の甥ガウェインであった。彼の力は太陽が一番高い位置に昇る正午にピークに達するとされたのだ。おそらく『モンティ・パイソン・アンド・ホーリー・グレイル』は、王妃グウィネヴィアがアーサーを太陽に喩えるテニスンの詩を念頭に置いて衣装を選んだのだろう[14]。

このように、中世と近代におけるアーサー王伝説を切り分けて論じることは難しい。そこには、歴史を語るうえでの「事実」と「事実らしさ」にまつわる問題も潜んでいるからだ。一五世紀の騎士マロリーとヴィクトリア時代の詩人テニスンの作品を比較する際、史実との整合性という観点からは、中世の騎士が書いた騎士道文学こそが最適な資料だと思われる。しかし、夏目漱石はマロリーよりもテニスンを好んだ。

世に伝うるマロリーの『アーサー物語』は簡浄素樸という点において珍重すべき書物ではあるが古代

のものだから一部の小説として見ると散漫の譏は免がれぬ。〔中略〕
実をいうとマロリーの写したランスロットは或る点において車夫の如く、ギニヴィアは車夫の情婦のような感じがある。この一点だけでも書き直す必要は充分あると思う。テニソンの『アイジルス』は優麗都雅の点において古今の雄篇たるのみならず性格の描写においても十九世紀の人間を古代の舞台に躍らせるようなかきぶりであるから、かかる短篇を草するには大に参考すべき長詩であるはいうまでもない〔15〕。

マロリーは薔薇戦争の時代を生きた騎士であり、テニスンはその数百年後に活躍した詩人であるが、漱石は後者の作品により深い理解・共感を示したのである。

「ありのままの中世」が必ずしも受け入れられるわけではない点は、『モンティ・パイソン・アンド・ホーリー・グレイル』の別のシーンにも見受けられる。フランス人の城を攻めた際、アーサーと円卓の騎士たちは動物の死体や糞尿を投げられ撤退する。これは中世ヨーロッパで実践されていたが〔16〕、映画ではあまり描かれることのない戦術だろう。

一部の映画においては、現代人の誤解がそのまま反映されている。たとえば中世の馬上槍試合では、粉々になった槍は見事な攻撃の証明だが、敗北のしるしとして描く映画もある〔17〕。対照的に、『モンティ・パイソン・アンド・ホーリー・グレイル』は卑怯で不潔で間抜けな攻城戦（しかし史実上は正しい）を示す。そうすることで、観客が中世の騎士に抱いている固定観念や思い込みが浮き彫りになるのだ。

結果、我々が「中世らしさ」と信じていることが、実はただの幻想である可能性が示される。当然ながら、観客もまた現代人ゆえの誤謬からは逃れられないのだ――模型のキャメロットを、うっかり本物の城と勘違いしてしまうように。

しかし、パイソンズはそうした誤解や錯覚を肯定的に捉える。この映画では史実を踏まえた描写も、明らかなアナクロニズムも、すべては「ただの作り物じゃないか（イッツ・オンリー・ア・モデル）」という言葉でもって、笑いへと昇華されてゆくのだ。

映画とは現代の俳優が作り、現代の観客が観るものである。だから時代考証にこだわりすぎずに、アーサー王と円卓の騎士たちの冒険を楽しもうではないか。こうした『モンティ・パイソン・アンド・ホーリー・グレイル』のスタンスに最も近いのは、一五世紀イングランドの印刷業者ウィリアム・キャクストンかもしれない。「立派な王アーサーについての本を出せ」という要望と「架空の人物だから書物のテーマにするべきではない」という意見の板挟みになっていたキャクストンは、いずれにせよアーサーの物語はジェントルメンに教訓を与えるものだと判断し、マロリーの『アーサー王の死』序文で以下のように述べた。

この本には高貴なる騎士道、礼節、人情、親切、勇気、愛、友情、怯懦、殺人、憎悪、美徳、罪が描かれています。善きことに従い、悪は避けなさい。そうすれば良い評判と名声を得ることができるでしょう。

そして、暇つぶしにこの本を読むのも楽しいでしょう。けれども書かれた内容が正しいと信じるかどうかは、皆さまにお任せします[18]。

キャクストンはアーサーが実在の人物かどうかの判断は読者にゆだねたうえで、物語における振る舞いを手本としつつ、楽しく読むことを奨励している。このように、アーサー王伝説にはフィクションを含みながらも、行動の模範《ロールモデル》として受容されてきた伝統があるのだ。パッツィに扮したテリー・ギリアムが言い放ったように、映画『モンティ・パイソン・アンド・ホーリー・グレイル』に登場するキャメロットはただの偽物《イッツ・オンリー・ア・モデル》である。撮影にベニヤ板を用いたというだけではない。伝説の王アーサーの居城とは、人々が理想として作り上げた架空の都なのだ。しかし、たとえ史実と一致しないとしても、そのことがアーサー王伝説の魅力を損なうことも、パイソンズの映画をつまらなくすることもないのである。

中世写本の模範《モデル》として

歴史的事実への拘泥を笑い飛ばす『モンティ・パイソン・アンド・ホーリー・グレイル』であるが、中世写本を忠実に再現したアニメーションが使われている点にも注目したい。キャロル・ドーヴァーはこの作品を、「フランス流布本サイクルの挿絵を語りの中心に用いた唯一の映画ではないか」と分析している[19]。実際にどの写本を用いているのかは、マーティン・ミューイズの論文に詳しい。彼女の研究によると、アニメーターのギリアムはリリアン・ランダルが一九六六年に出版した『ゴシック写本余白の挿絵（*Images in the Margins of Gothic Manuscripts*）』[20]を資料に用いたようで、たとえば聖杯探求の始まりのシーンに出てくる天使は、ランダルの本に収録されているジョン・ライランズ図書館の写本に由来する。ミューイズの研究は、この他にも「ガラハッドの物語」冒頭に描かれている女性の頭部や、修道士と修道女のイメージの原画を明らかにしている[21]。

本章では、他にもギリアムが参照した中世デザインに注目したい。たとえば空に現れる神の姿はクリケット選手ウイリアム・ギルバート・グレイスの写真を合成したものであり（図1）、ギリアムはコメンタリーにおいて「神と慈悲（グレイス）の駄洒落だ」と語っている。しかし雲間にたたずむ赤い冠をかぶった壮年の男性というイメージは、中世写本における神の表現を反映している（図2-5）。

また、聖杯探求の始まりを告げるアニメーションに登場するキリストも（図6）、左手に聖書こそ持っていないものの、右手の祝福の印、頭を包む光輪、そして背後のアーモンド形（いわゆるマンドルラ）から、ロマネスク美術の影響が窺える（図7-10）。

もちろん、アニメーションの技術は中世ヨーロッパに存在しなかった。明白なアナクロニズムである。しかし、それにもかかわらず、ギリアムは当時の美術を再現するかのごとき映像を生み出している。

『モンティ・パイソン・アンド・ホーリー・グレイル』における聖杯探求のアニメ・シークェンスは、豊かな視覚イメージでナレーションを補うという写本挿絵の役割を果たしているが、もうひとつ重要な機能がある。その例となるのは「サー・ロビンの冒険」が終わった後、「サー・ガラハッドの物語」への導入部分だ。ここでは登場人物を切り替えるタイミングでアニメーションが挿入されており、一見すると他愛のない、目を楽しませる遊びのように見える。だが、実は前後のエピソードを効果的につないでいる。

ロビンの物語が、楽師たちに敵前逃亡を歌われる形で終結した後、映像はチェラーノのトマスの「怒りの日」をBGMとするアニメに切り替わる。歌という共通のモチーフが、コミカルなものから厳かなレクイエムに変化しているのである。しかしすぐに、列をなしている修道女たちはバ・ドゥ・パージュ（中世写本に用いられた装飾枠線）の上で浮かれたようにジャンプをしていることが明らかになり、最後には告解の最中であった修道女の臀部が丸見えになる。ドーヴァーが指摘しているように、こうしたイメージは登場人物

3

1

4

5

2

図1
『モンティ・パイソン・アンド・ホーリー・グレイル』より、神

図2
『時禱書』より、神（モーガン図書館&美術館、MS M 696, f. 16r）
一五四〇年頃、ベルギー

図3
『時禱書』より、神（モーガン図書館&美術館、MS M 116, f. 147v）
一四九〇―一五〇〇年、ベルギー

図4
ユグ・ド・ラノワ（おそらく）、カンタン・プーレ、『真の気高さについて』より、神（大英図書館、MS Royal 19 C VIII, f. 18v）
一四九六―九七年、イングランドとネーデルラント

図5
『聖務日課書』より、神（モーガン図書館&美術館、MS M 8, f. 273v）
一五一一年頃、フランス

8

6

9

10

7

図6
『モンティ・パイソン・アンド・ホーリー・グレイル』より　キリスト

図7
玉座のキリスト
（ウォルターズ美術館 37.1188）
一二五〇年頃、スペイン

図8
玉座のキリスト
（カタルーニャ美術館 015966-000）
一一二三年頃、スペイン

図9
『ベリー聖書』より、キリスト
（パーカー図書館 MS 002 III, f. 281v）
一一三五年頃、イングランド

図10
『ウェストミンスター詩篇集』より、キリスト
（大英図書館、MS Royal 2 A XXII, f. 14r）
一二〇〇年頃、イングランド

をロビンからガラハッドに切り替えるだけでなく、純潔の騎士ガラハッドの冒険において、聖なるものが俗なるものへ転換するという今後のプロットを暗示している[22]。

以上の点から、『モンティ・パイソン・アンド・ホーリー・グレイル』におけるギリアムのアニメは、マルジナリア（写本の余白に書かれた挿絵）の精神を反映しているといえよう。マーゴット・マキルウェイン・ニシムラの言葉を引用するなら、「マルジナリアは本文の内容に直接関係するか、特定の部分を象徴していて、読者の関心をテクストのテーマに戻す」[23]という機能も備えている。脈絡のない脱線のように思えても、実はギリアムの映像は個々のエピソードを有機的に結び付けているのだ。

11

12

13

図11
『時禱書』より、聖ゲオルギウス（ケンブリッジ大学デジタル図書館 MS Dd.4.17, f. 3v）一三〇〇―二五年、イングランド

図12
『モンティ・パイソン・アンド・ホーリー・グレイル』より、ガラハッド

図13
『モンティ・パイソン・アンド・ホーリー・グレイル』より、アニメーションで描かれた騎士たち

さらに、アニメーションには「本物」と「本物らしいもの」に関するもうひとつのパラドクスが潜んでいる。中世にアニメ技術は存在しなかったが、同様に写真も存在しなかった。そして我々が中世のヴィジュアルイメージを得ることができるのは、現存する写本に描かれた絵を通じてのみなのである。たとえば、ペイリン扮する純潔の騎士ガラハッドは聖ゲオルギウスを意識していると思われるが、中世写本により近いのは（同じ二次元である）アニメーションである（図11－13）。それゆえ、生身の人間による演技よりも、写本をベースにしたギリアムの作品の方が、より忠実に中世ヨーロッパの世界を再現しているとも考えられるのだ［24］。

このように、『モンティ・パイソン・アンド・ホーリー・グレイル』におけるアニメーションは、「現代人による作り物でありながらも限りなく中世写本に近い」という逆説を示している。それは時代錯誤なイミテーションであると同時に、過去を理解するうえで模範《モデル》となるような素晴らしいデザインなのだ。

その根拠となる例を最後にもうひとつ挙げて、本章の結びとしたい。聖杯探しのアニメーションには臀部でのトランペット演奏が登場するが（図14）、一四世紀の写本に似た意匠のものがある（図15）。

図14　『モンティ・パイソン・アンド・ホーリー・グレイル』より、臀部によるトランペット演奏

ギリアムが、この写本を直接の資料としたかは不明である。しかし少なくとも、彼と中世の人々に共通する「不思議なものを楽しむ能力」[25]の好例であることは間違いないだろう。二〇世紀アニメーターの想像力が中世の挿絵に新たな生命を吹き込み、過去と同様、現代においても見る者たちを楽しませているのである。

✠

『モンティ・パイソン・アンド・ホーリー・グレイル』は愉快なコメディ映画であると同時に、史実とフィクションにまつわる問題の核心を突いた作品でもある。アーサー王伝説が年代記から騎士道ロマンスへと発展を遂げていったように、歴史にフィクションの要素が追加されてゆくのは普遍的な現象なのだ。そうした改変を笑いで受け入れ、現代のアニメーション技術により写本の魅力を表現する『モンティ・パイソン・アンド・ホーリー・グレイル』は、まさしく中世を知るうえで模範《モデル》となる映画なのである。

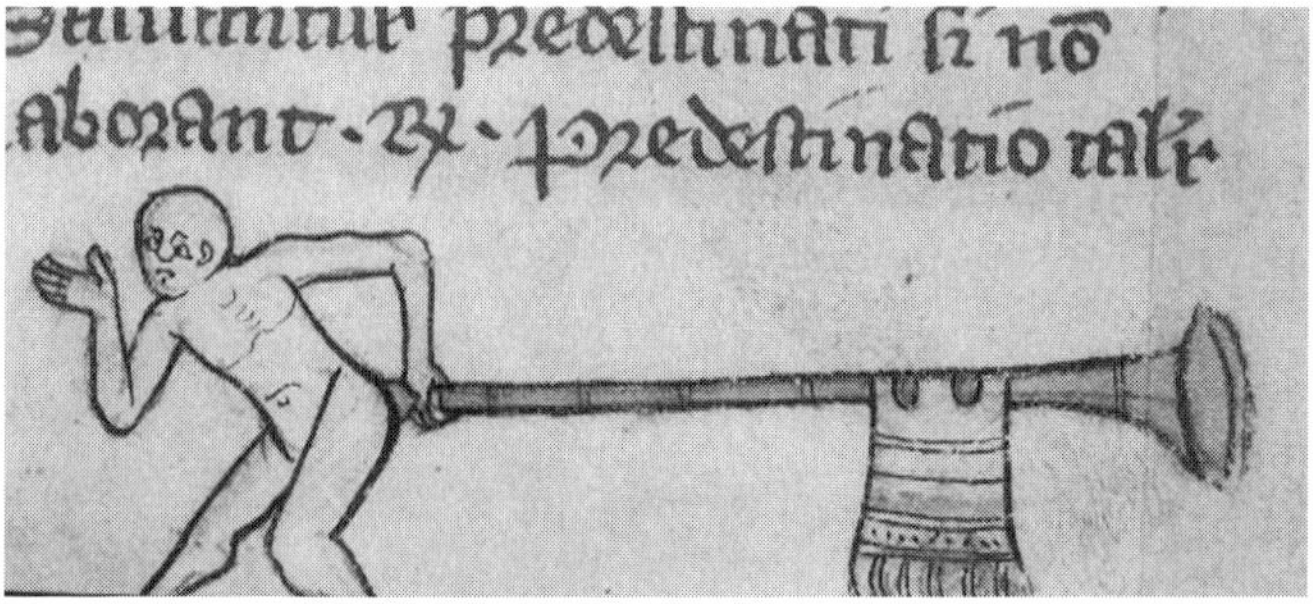

図15
『ロスチャイルド讃美歌集』より、臀部のトランペット奏者
（イェール大学図書館 Beinecke MS 404, f. 134r）
一四〇〇年頃、フランダース

［1］マロリーは詳しく述べていないが、彼が依拠したフランス流布本によると、キリストが最後の晩餐でワインを飲むのに用い、また磔刑の際にその血を受け止めた器である。

［2］なお、原作としてヴェラ・チャップマンの小説がクレジットされているが、登場人物から筋書に至るまで大きく異なっている。Vera Chapman, *The King's Damosel* (London: Rex Collings, 1975).

［3］『モンティ・パイソン・アンド・ホーリー・グレイル』、テリー・ギリアム、テリー・ジョーンズ監督、一九七五年、ソニー・ピクチャーズ・エンタテインメント、二〇一五年、ブルーレイ。

［4］その影響は日本にまで及んでおり、福田雄一監督が二〇一二年、二〇一五年、二〇二一年に日本語版を手掛けた。また同監督の人気テレビドラマ『勇者ヨシヒコと魔王の城』（二〇一一年）にも、「空に浮かび上がる神／仏の姿」「ファンタジー風の舞台への現実世界の闖入」「美しき乙女とは言い難い人物の救出劇」「唐突に始まるミュージカルやアニメーション」「恐ろしき殺人ウサギ／コアラとの戦い」といった、『モンティ・パイソン・アンド・ホーリー・グレイル』へのオマージュが数多く見受けられる。

［5］パイソンズ自身によると、馬を雇う予算が不足していたために考案されたギャグだそうである。しかしニコラス・ヘイドックが指摘しているように、中世ヨーロッパにおける戦馬の少なさを念頭に置いたジョークだとも解釈できる。Nickolas Haydock, *Movie Medievalism: The Imaginary Middle Ages* (Jefferson: McFarland, 2008), p. 11.

［6］なお、犯人は馬に乗っていたのだから、この事件はアーサーたちとは無関係であるはずだとタイソン・ピューが指摘している。それでも王は逮捕され、真犯人も動機も分からないまま映画は終わる。そこには中世と現代が互いを抑圧しようとする図式と、過去をコントロールすることの危険性が示されているとピューは分析する。Tison Pugh, "Queer Medievalism: A Case Study of *Monty Python and the Holy Grail*", in Louise D'Arcens (ed.), *The Cambridge Companion to Medievalism* (Cambridge: Cambridge UP, 2016), pp. 210–123. (p. 221.)

［7］Giraldi Cambrensis, James F. Dimock (ed.), *Itinerarium Kambriae, et descriptio Kambriae* (London, 1868), *Internet Archive.* Vol. 6 of *Opera. Rerum Britannicarum Medii Ævi scriptores, or Chronicles and Memorials of Great Britain and Ireland during the Middle Ages*, p. [illegible]8.

［8］チョーサー研究家でもあるジョーンズは、おそらく一四世紀の詩人ジェフリー・チョーサーによる『カンタベリー物語』の「バースの女房の話」を念頭に置いているのだろう。この物語の主人公は、アーサー王宮廷の騎士である。

［9］Donald L. Hoffman, "Not Dead Yet: *Monty Python and the Holy Grail* in the Twenty-first Century", in Kevin J. Harty (ed.), *Cinema Arthuriana: Twenty Essays*, Rev. ed. (Jefferson: McFarland, 2002), pp. 136–148. (p. 137.)

［10］ホフマンは「五四二年」と記しているが、この数字は写本や記載箇所によって異なっている。たとえばゾンマー版のフランス流布本サイクル第六巻五頁によると、聖杯の探求は「四五五年」の出来事である。H. Oskar Sommer (ed.), *The Vulgate Version of the Arthurian Romances*, 7 vols. (1913. New York: AMS, 1969). Vol. 6, p. 5.

［11］Muriel Whitaker, *The Legends of King Arthur in Art* (Cambridge: D. S. Brewer, 1990), pp. 207-236.

［12］Richard H. Osberg and Michael E. Crow, "Language Then and Language Now in Arthurian Film", in Kevin J. Harty (ed.), *King Arthur on Film: New Essays on Arthurian Cinema* (Jefferson: McFarland,

1999), pp. 39–66. (p. 41.)

[13] Alfred Tennyson, "The Passing of Arthur" in Christopher Ricks (ed.), *The Poems of Tennyson*, 2nd ed, 3 vols (Berkeley: U of California P, 1987), l. 2. なおロベール・ド・ボロンやトマス・マロリーが著した中世の物語では、最初に円卓へ加わった騎士が誰であるかは明記されていないが、一番にアーサーの臣下となった人物は乳兄弟のケイである。

[14] Alfred Tennyson, "Lancelot and Elaine" *ibid.*, l. 123. ちなみに、『モンティ・パイソン・アンド・ホーリー・グレイル』の数年後に公開された映画『エクスカリバー』も『国王牧歌』からインスピレーションを得たようで、王妃がアーサーを「太陽のよう」と言う場面がある。髙宮利行『アーサー王伝説万華鏡』（中央公論社、一九九五年）、一五六頁。

[15] 夏目漱石「薤露行」（一九〇五年）『倫敦塔　幻影の盾　他五篇』（岩波文庫、一九三〇年）、一二七―一六〇頁。

[16] アルド・A・セッティア『戦場の中世史――中世ヨーロッパの戦争観』白幡俊介訳（八坂書店、二〇一九年）、二三九頁。

[17] Helmut Nickel, "Arms and Armor in Arthurian Films", in Kevin J. Harty (ed.), *Cinema Arthuriana: Twenty Essays*, Rev. ed. (Jefferson: McFarland, 2002), pp. 235–251. (p. 239.)

[18] William Caxton, Preface, in Thomas Malory, Eugène Vinaver (ed.), *The Works of Sir Thomas Malory*, Rev. P. J. C. Field, 3rd ed., 3 vols. (Oxford: Clarendon, 1990), cxliii – cxlvii. (cxlvi.) 訳は筆者による。

[19] Carol Dover, "Towards a Modern Reception of the Lancelot-Grail Cycle", in Carol Dover (ed.), *A Companion to the Lancelot-Grail Cycle* (Cambridge: D. S. Brewer, 2003), pp. 237–253. (p. 250.)

[20] Lilian M. C. Randall, *Images in the Margins of Gothic Manuscripts* (Berkeley: U of California P, 1966).

[21] Martine Meuwese, "The Animation of Marginal Decorations in 'Monty Python and the Holy Grail'", *Arthuriana* 14.4 (2004): 45–58.

[22] Carol Dover, *ibid.*, pp. 252–253.

[23] Margot McIlwain Nishimura, *Images in the Margins* (Los Angeles: Getty, 2009), p. 58.

[24] この点に関しては、現代日本でも頻繁に論争を引き起こすマンガの実写映画化を思い浮かべていただきたい。現実の人間による配役は、書物の絵柄と大幅に異なることが多いと納得いただけるであろう。

[25] Christine M. Neufeld, "'Lovely Filth': Monty Python and the Matter of the Holy Grail", in Kevin J. Harty (ed.), *The Holy Grail on Film: Essays on the Cinematic Quest* (Jefferson: McFarland, 2015), pp. 81–97. (p. 95.)

第5章　過去を語る

――女教皇伝説と映画

藤崎　衛

伝説としての女教皇

無礼を承知の上で仮定の話をするが、もし現在のローマ教皇が実は男性ではなく女性だったとしたら、あなたは、そして世界はどのように反応するだろうか。荒唐無稽な話としてまず一蹴されるだろうが、では数百年前にいたのだと言われるとどうであろうか。実は、中世にはかつて女教皇がいたという伝説が成立し、広く流布していた。最初期の伝説によれば、みずからの性別を隠したまま聖職者となった女性が教皇にまで登りつめ、当初は男性のふりをしてそれでやり過ごせていたものの、妊娠と出産によって女性であることが露見してしまい、民衆から投石を受けて亡くなったのだという。もし現教皇が女性であったとしてそれが発覚した場合、現在でも女教皇のように石打ちにあうこととなるだろうか。さすがにそこまではあるまい。

教皇は中世において――そして言うまでなく現代でも同じであるが――、男性聖職者のみがその地位を得ることができた。女性はそこから排除されており、であるからこそ、女が教皇になったという話はスキャンダルとして人びとの驚きをひき起こした。興味深いのは、一三世紀に流布し始めたこの話が、二一世紀の現代に至るまで語り継がれているという事実である。それは小説になり、映画化もされ、ミュージカルとして上演されてもいる。そしてヨーロッパのみならず日本でも小説が流通しているように、時代と地域を問わず人びとに受け入れられてきたのが女教皇の伝説なのである。この伝説には何かしら私たちを惹きつける魅力があるようだ。それはまずもって不思議な話に対する単純な好奇心だといってよいだろう。しかし、歴史をひも解くと、この伝説が語り継がれるにあたっては、それを語る語り手たちに何らかの思惑や意図があり、そうした思惑や意図が伝説の継承に大きな役割を果たしてきたと思われる。のちほど触れるように、私たちは女教皇伝説が何らかの目的を果たすために用いられた「道具」でもあったのだと考えてみたい。

　ところで、女教皇の物語はあくまでも伝説であり、フィクションである。少なくとも私はそう考えるし、女教皇の物語を知る人のほとんども同様だろう。女教皇が実在したと信じる人はそう多くない。にもかかわらず、女教皇の話がフィクションだと考える人であっても、先ほど「現在でも女教皇のように石打ちにあったりするだろうか」と問いかけられた際、おそらくあなたを含むその人は、女教皇伝説が真実なのかそれともフィクションなのかについて、あえて自問自答することはなかったはずである。また、フィクションであることをあらためて想い起こし、確認するということもなかったのではないだろうか。

　これはいったい、どういうことを意味するのだろうか。おそらく、「女教皇のように」というような仕方で、つまり「譬《たと》え」や「例示」として引き合いに出す場合には、実在しなかった人物や出来事は、その実在性を問われることのないまま、やすやすと話題に入り込んでくることができるのである。つまり、何かが「譬え」や「例示」として引き合いに出された場合、それは人びとの思考過程において「事実かフィクションか」の判断の対象外となってしまうようである。そして、中世においては、女教皇の話はしばしば「譬え」や「例示」として引き合いに出されつつ、人びとの話題に上ったのである。特に、教訓を与えるための話において、このような「譬え」や「例示」は用いられやすいと考えられる。私の見立てでは、それゆえにこの伝説は途絶えることなく、今日に至るまで語り継がれているのである。

そしてこの女教皇伝説は模範や戒めなどの教訓として言及されたり、物事の来歴――たとえば教皇によるローマ市中を練り歩く祭式行列の進路を変更したことの理由であるとか、ラテラノ大聖堂に伝わるとされた穴あき椅子の由来――を説明したりする[1]。人びとに強い印象を与え現代にまで生き延びるほどの生命力を持った伝説というのは、しばしば現実の出来事との間に強い関係があるものである。言い換えるなら、人びとを強く惹きつけ、長く語り継がれる伝説というのは、単なるフィクションではなく、現実との関わりを一定程度保ち、事実とフィクションの合い間に絶妙な位置を占めているのである。

ここでは、女性でありながら教皇の座に就いたというスキャンダルで知られる中世の女教皇伝説について、物語や映画として現れてくる伝説の語りのあり方を考えてみたい。筆者は文献史学者として、映画の内容そのものを分析するというより、映画の素材となった物語がどのように成立し、受け継がれてきたかをたどることによって、中世の女教皇の物語が小説化され、映画化されてきた意義を探究することに焦点を絞りたい。さて、まずは女教皇伝説を扱った映画にはどういうものがあるか、簡単にデータを紹介しておこう。

映像化される女教皇

女教皇の伝説が最初に映画化されたのは一九七二年であった（図1）。タイトルは *Pope Joan* つまり『教皇ヨハンナ』であり、アメリカでは *The Devil's Imposter* すなわち『悪魔のペテン師』としても知られている。監督はマイケル・アンダーソン、主演はリヴ・ウルマンである。実は、この映画は公開にあたり配給会社の意向で一部カットされた。原作は、ギリシア人作家イマヌイル・ロイディスの小説をロレンス・ダレルが英訳しつつ自由に翻案した作品である〔2〕。この映画は、二〇〇九年になって、カットされていた部分を含むオリジナル版のDVDが販売された（図2）。タイトルは*She... Who would be Pope*すなわち『教皇だったかもしれない女』となる。本来は映画製作時点での現代、つまり二〇世紀を生きる女性牧師が、自分は女教皇の生まれ変わりだと信じているという設定であったことがオリジナル版から明らかとなるが、公開時点でその現代に関わる部分がカットされ、中世の女教皇の物語の部分だけが残されて、いわば歴史映画ないし中世映画として流通したのである。最初に公開された一九七〇年代のアメリカにおける精神分析学の動向など、製作時の社会的背景が興味深い。

さて、この一九七二年の映画のオリジナル版がDVD化されたのが二〇〇九年であったというのは、理由のないことではなかった。というのは、まさにこの年に女教皇の生涯を描いた別の新しい映画が公開されたからである。この二〇〇九年の新作映画は*Die Päpstin*つまり『女教皇』という、ドイツ・イギリス・イタリア・スペインの合作による（図3）。監督はゼンケ・ヴォルトマン、主演はヨハンナ・ヴォカレクである。原作は一九九六年にアメリカで出版された女性作家ドナ・W・クロスによる『女教皇ヨハンナ』（*Pope Joan*）というもので、この小説は日本語にも翻訳されて

図1　『教皇ヨハンナ』一九七二年（ドイツ語版のジャケット）

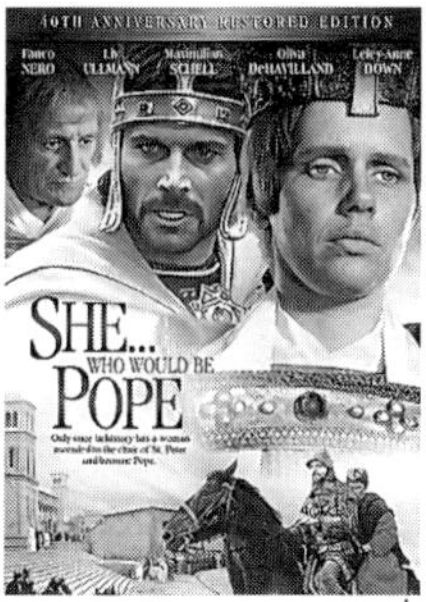

図2　『教皇だったかもしれない女』二〇〇九年（一九七二年の作品のオリジナル版）

いる［3］。

最近では二〇一七年四月にフランスで新たに女教皇の映画が公開された。タイトルは *La Papesse Jeanne* すなわち『女教皇ヨハンナ』（二〇一六年制作）という（図4）。監督はジャン・ブレシャン、主演はアガト・ボニゼールである。この映画は前述のロイディスの小説に触発されたとされているが、ドナ・クロスの小説とその映画版を意識していないはずはない。ただし、歴史物語風のセットはほとんど使われず、中世らしさやローマらしさ、果てはキリスト教らしささえ超越した、幻想的イメージの作品となっている。いずれにせよ、このような女教皇伝説の映画による再生産は、この物語が映画製作の意欲を掻き立てるものだということをあらためて確認させてくれる。

さて、これらの映画やその原作となった小説が扱っている中世の伝説とはどのようなものだったのだろうか。次に具体的に見ていく。

伝説の成立と発展

中世に残された女教皇について物語る記録を紹介したい［4］。紙幅に限りがあるため、最初期にあたる一三世紀の記録数点とある程度時間の経過した一四―一五世紀の記録数点にとどめざるをえないが、これらの記録を

図3　『女教皇』二〇〇九年

図4　『女教皇ヨハンナ』二〇一七年

時代順に並べて読んでいくだけでも、伝説の「成長」を見て取ることができるはずである。

まずは、現在確認できる限りにおいて最初期の四つの史料を取り上げる。いずれも一三世紀後半のもの、そして托鉢修道士たちの筆になるものであることに注意しておきたい。確認される限りで女教皇に関する最も古い記録は、ドミニコ会士であるジャン・ド・マイによる『メス世界年代記』（一二五五年頃）の一〇九九年のくだりに出てくる。

［史料1］

ある教皇、あるいはむしろ女教皇について調べること。というのも、その者は女でありながら男のふりをし、瞠目すべき才能により教皇庁の書記官に、次いで枢機卿に、ついには教皇にまでなったのだから。ある日、彼女は馬に乗っているとき男子を産み、ただちにローマの正義にもとづいて足を馬の尻尾に結びつけられたうえで引きずられ、半レウガにわたって民衆から投石を受けた。そして息絶えたところに埋められ、そこにはこう記された。

ペトルスよ、父たちの父よ、女教皇の出産を暴いてください。

この教皇のもとで四季の斎日が定められ、それは女教皇の斎日と言われている。

次いで上記の年代記の数年後に記されたと思われる、同じくドミニコ会士のエティエンヌ・ド・ブルボンによる『様々な説教の主題についての論考』（一二六〇年頃）でも、女教皇が言及される。

［史料2］

ところで、主の一一〇〇年頃、いくつかの年代記で言われているように、驚くほど向こう見ずな、というよりは狂気の沙汰が起きた。教養があり書く技術の教育を受けたある女が男の衣服を着、男のふりをしてローマにやって来た。彼女はその学識と勤勉さゆえに受け入れられ、教皇庁の書記官に、それから悪魔の助けをかりて枢機卿に、そしてとうとう教皇になった。彼女は身籠り、〔馬に〕乗っている最中に出産した。このことがローマの正義の知るところとなると、彼女は両足を馬の脚につながれ、市の外へと引きずられ、半レウガにわたって民衆から投石を受けた。そして絶命したところに埋められ、彼女の上に置かれた石に次の一節が刻まれた。

父たちの父よ、女教皇の出産を暴くことは控えてください。

見よ、このような向こう見ずな大胆さがどれほど忌まわしい結末に導くことか。

三点目は、エアフルトのフランシスコ会士による『小年代記』（一二六一—六五年頃）である。その九世紀末の項目には次のようにある。

［史料3］

その名前も年数も知られていない別の偽教皇がいた。というのも、ローマの人びとが認めているようにその者は女であり、優雅な容姿と該博な知識を備え、うわべだけではあるがその行状は立派なものであった。彼女は男の衣服にその身を隠し、ついには教皇にまで選ばれた。そして彼女は教皇であるときに妊娠したが、身重であったとき、悪魔が枢機卿会議においてみなの面前で公然と事実を明らかにし、以下の言葉を教皇に叫んだ。

教皇よ、父たちの父よ、女教皇の出産を晒せ。

そして四点目として引用するのは、ドミニコ会士であるオパヴァのマルティヌスによる『教皇・皇帝年代記』（一二七七年）の教皇レオ四世（在位八四七―八五五年）に続くくだりである。

［史料4］

このレオの後、マインツ生まれのヨハンネス・アングリクスが二年七ヶ月と四日その座にあり、ローマで死去した。ひと月の間、教皇座は空位となった。申し立てられているように、この者は女であり、年若い頃、男の服を纏ってとある恋人によりアテネへと連れて行かれ、様々な学問において大成し、誰も彼女と肩を並べることができないほどであり、その後ローマで三学科を教え、生徒や聴講者として偉大な教師たちを抱えるほどであった。そして彼女はローマで行状と学識において高く評価されたため、誰からの異存もなく教皇に選ばれた。しかし、彼女は教皇位にあったとき側近により子を身籠った。彼女は出産の正しいときを知らず、サン・ピエトロ〔聖堂〕からラテラノ〔聖堂〕へ向かっているとき、陣痛に見舞われ、コロッセウムとサン・クレメンテ教会の間で出産し、やがてそこで息絶え、葬られたといわれている。そして教皇様が常にこの道を迂回するので、教皇様はその出来事を忌み嫌ってこのようにするのだと、きわめて多くの人々により信じられている。今回の件におけるほどの女という性の歪みゆえに、彼女は聖なる教皇たちの目録に載せられていない。

ここに引用したオパヴァのマルティヌスが語る女教皇の話は、それ以前の物語と大きな違いがある。マルティヌスの物語においては、名前や出身地、教皇在任期間、死去した場所など、これまで判然としなかった情報が具体的に付け加えられており、それに伴って叙述の分量も増大し、それまで数行であっさりと語り尽くされていた女教皇の醜聞は、マルティヌスの筆によって波瀾万丈の生涯の叙述に変えられた。物語の時代設定においては、最初期の二点の記録が一一〇〇年頃としていたのが、続くエアフルトのフランシスコ会士の年代記では九世紀末のこととして語られることとなり、マルティヌスの物語においてはこれがある程度受け継がれ、九世紀半ばのこととされている。以後、さまざまな女教皇伝説において、時代設定はおよそこの九世紀半ばで定着する。このように、マルティヌスの年代記は女教皇伝説の展開にとって重要な画期をなしたのであった。

一四世紀以降になると物語はさらに内容が豊かになり、話の枝葉が広がっていく。ここでは『デカメロン』で知られるジョヴァンニ・ボッカッチョによる物語とドイツのテーゲルンゼー写本を紹介しよう。

ボッカッチョは伝説的な人物も含めた歴史上の著名な女性たちの評伝である『名婦列伝』（一三七〇年頃）を記した。そこには、「アングリア人教皇ヨハンナについて」として女教皇伝説が含まれている〔5〕。

［史料5］

ヨハンネスは、名前からすると男と思われるが、性別によれば女性であった。前代未聞の厚かましさのために、彼女は全世界でたいへん有名になり、のちの世でも知られることとなった。彼女の故郷はマインツであったという者もいるが、彼女の元の名前が何であったかは正確には知られていない。もっとも、教皇職に就く前の名はギルベルトゥスであったという者たちもいる。ある者たちが語るところによれば、かの乙女が若き学生から愛されたのは確かなことであり、彼女もその若者をたいへん愛したため、乙女にふさわしい慎みと女性らしい不安を捨てて密かに父の家を抜け出し、若い男の服を着、名前を変えて愛人の後について行ったとのことである。アングリアで勉学を積む彼のもとで、彼女は皆から聖職者とみなされ、愛神《ウェヌス》と文学の修得に身を捧げた。その後、青年が亡くなると、彼女は自分には才能があるのだと意識し、学問の魅力に惹かれたため、男の服を着けたまま、ほかの男と一緒になることも自分が女であることを告白することも望まなかった。むしろ彼女は熱心に修学に打ち込み、自由学芸と神学において大成し、他の者たちよりも卓越しているとみなされるほどであった。そういうわけで、いまや年齢を重ね、驚くべき知識を身につけた彼女は、アングリアからローマへ行った。そこで彼女は三学科を教え、優れた聴講者を得た。学識に加え、並外れた誠実さと敬虔深さにおいて抜きんでていたため、誰からも男であると思われた。そしてそれゆえ多くの者たちに知られていた彼女は、教皇レオ五世〔歴史上のレオ四世にあたる〕が肉体の債務を果たすと、こよなく尊敬すべき父たち〔枢機卿たち〕により全員の合意のもとに、故人の代わりに教皇に選ばれ、ヨハンネスと呼ばれた。もし彼女が男であったなら、このヨハンネスには八世という数字がついたであろうが。しかし漁師の座〔ペトロの座＝教皇座〕にのぼり、あらゆる聖なる務め――キリストの信仰は女性の何者にもそれを許していない――を引き受け、遂行し、他の者たちに実践することをためらわない彼女は、使徒職の頂点を占めた。そして地上におけるキリストの代理を女が担った。

当然ながら、神は高いところからみずからの民を憐れみ、女によってこれほど卓越した地位が占められ、これほど多くの民が導かれ、これほど不幸な過ちによって欺かれることを見過ごされなかった。そして大胆にも不当なことをしてそれを手放さない彼女をご自身の手に委ねた。彼女をこのような呪わしい無謀さに引き入れ、そこにとどめ置いた悪魔は、彼女をそそのかし、次のようなことが起きた。つまり、無官の彼女はかつて自身の名誉を重んじていたが、そのような至高の教皇位へと挙げられると、欲望の炎に身を投じた。長いこと性別を偽ることのできた彼女には、わがままを満たす手段は欠けていなかった。ペトロの後継者に乗り上がり、燃えさかる色欲を満たしてくれる男が見出されたため、教皇は妊娠してしまった。

おお、恥ずべき罪よ、おお、比類なき神の忍耐よ。つまるところはどうなったのか。長い間人びとの眼に魔法をかけることのできた彼女にも、不品行ゆえの出産を隠す才能はなかった。出産の日が予想していたよりも近かったため、〔彼女は〕神聖な行列行進をしながらジャニコロの丘からラテラノへ向かっている間に、コロッセウムと教皇クレメンスの教会の間で衆人環視のもと産婆も呼ばれないまま出産し、彼女がいかにして恋人以外の者たちをこれほど長い間騙していたかが明らかとなった。そして彼女は父たち〔枢機卿団〕によってはるか外の闇に放り出され、惨めな女は幼子とともに去っていった。彼女の穢れを忌み嫌い、その名の記憶を保つため、こんにちまで教皇たちは聖職者や民衆とともに聖なる祈願〔の行列〕を行うとき、その進路の半ばにある出産の場所を嫌っているため、そこを忌避し、脇道や小道を通って迂回する。こうして教皇たちは忌むべき場所を嫌悪するものの、再び元の進路に戻り、着手したことを成し遂げる。

同じ一四世紀または一五世紀の女教皇の物語として、ドイツのバイエルン・アルプスにあるテーゲルンゼーに由来するラテン語写本も知られている。ここでは冒頭でオパヴァのマルティヌスの年代記が言及されていることから、マルティヌスの年代記は著述家たちに広く参照されていたことがわかる。この写本で展開される物語では、（ヨハンナではなく）ユッタという名の女教皇の幼い頃からの生涯がテンポよく語られ、最後には教訓が示される。

［史料6］

そして教皇ユッタ。彼女は——マルティヌスの年代記は誤って伝えているが——アラマン人ではなかった。少女グランキアはテッサリアのたいへん裕福な市民の娘であった。彼女の思いのすべては知恵の曖昧な意味へと向けられていた。彼女は理解力において明晰で、教育を受けるのに向いていた。熱心にたゆまず読書に励むことで彼女は内面の深くまで活力を得た。彼女はまたたく間に周囲のすべての人びとの間で名声を確かなものとした。しかし、実際は今述べた称賛の声を超えていた。学校には彼女と同年代の青年ピルキウスがいた。彼が知るところの〔彼女の〕学問を身につける能力、〔彼女の〕父親の財産、そして完璧ともいえる堅実さ、〔彼女からの〕助言により、〔すでに〕年齢の釣り合っていたこの二人を、愛が〔さらに〕釣り合わせる。結婚について話し合われたが、親たちは拒む。この者たちの間で恋情と強い欲望が大きくなり、日が巡って少しずつ年を重ねると、耐えることのできない彼らは口づけを交わし、抱擁するようになる。ついに彼らは隠れ場を探し出し、燃える思いで結ばれる。愛神《ウェヌス》の戯れに耽ったのち、彼らは逃亡について話し合う。彼女は女たちの中で、彼は男たちの中で、徳の賜物と学問への傾注において比類なき者となろうと欲し、両者の間でアテナイへ行こうと決意する。いずれもが財力によってできるだけ身の安全を固める。彼女は男の衣服を纏い、意図的に男のように振る舞う。すると、その衣服は彼らを驚くべき、見栄えのする者となす。即座に彼らはアテナイへと急ぎ赴き、そこで長らく勉学にいそしむ。より学識に富む勤勉な彼女は、神学や人文学、あるいは学芸などのいかなるものであれ体得し、同じく彼は見識に満ちて栄誉を得る。アテナイのみならず全ギリシアが彼らを称賛する。彼らはローマに来て、あらゆる学問分野の講義をする。生徒もあらゆる学問の教師も、皆が皆、彼らのもとに訪れ、そうすることでさらなる深みに近づき、みずからの才能を引き出し、より豊かなものを見出す。すべての者たちとすべての分野の教師たちが彼らに心酔し、すべての市民が彼らを敬い、全ローマが彼らの振る舞い、慎み深さ、徳、そして学識を称賛し、こうして彼らの名声があまねく全地にますます広まる。ついに教皇が亡くなると、異口同音にその女の名前が挙げられ、その声は反対を受けず、ローマの人びとにうながされて、彼女は使徒職の頂点に上げられる。愛人ピルキウスは枢機卿に任じられ、彼らは抜け目なく生活を送り、彼らの統治のもとで全教会が喜ぶ。しかし不義の状態が根を張ることなど滅多になく、あるいは芽を出しても丈夫にはならず、仮に丈夫になっても持ちこたえることはない。それゆえ次のようなことが起こる。かつてないことであるが、偽りの女教皇が妊娠し、慣れていない彼女は出産のときを知らないまま、全聖職者とともに荘厳ミサを挙げるためにラテラノのサン・ジョヴァンニ教会へ向かった。しかし彼女はコロッセウムとサン・クレメンテ教会の間で痛みに襲われて〔馬から〕落ち、男児を産むとたちまち息絶えた。教皇はこの道を常に避け、教皇は戴冠の前に必ず男性器を手で触られて検査される。

〔中略〕

教　訓

法を享受することほど学あるものを偉大にするものはなく、
法を享受しないことほど人を無価値にするものはない。
教皇よ、貧しき者たちの父よ、女教皇が小教皇を産んだ。

以上で見てきたような中世に書き記された女教皇の物語においては、たいていその末尾に教訓的なことが添えられていることが明らかであろう。すでに述べたように、教訓を与えるための話において、「譬え」や「例示」は用いられやすい。女教皇を引き合いに出すことによって語り手たちは教訓を伝え、読み手や聞き手は「実在したか否か」とは別の次元で女教皇の物語をしっかりと受け取ることとなる。

伝説の変容と物語化

女教皇伝説が最初にヨーロッパに広まり、定着したのは一三世紀のことであった。それより前は、おそらく媒体としては口伝えにより、地域的にはローマ周辺に限定されて流布していたと推測される。この伝説は一三世紀後半に文字媒体に移行し、上記の史料をはじめとして、以後、次々とさまざまな年代記などに採り込まれることで、局所的な噂話を脱して広く西欧各地に伝播することとなった。話が拡散していくにあたっては、おそらくこの世紀に成立したドミニコ会やフランシスコ会といった、ヨーロッパ各地の都市部で活動し、積極的な説教活動によって民衆にキリスト教の教えや道徳を分かりやすく説いていた托鉢修道会の広範なネットワークが大きく寄与したと考えられる。

すでに述べたとおり、伝説における時代設定は最終的に九世紀に落ち着くこととなった。確認できる限りで最初期の、つまり一三世紀半ばの史料（いずれもドミニコ会士であるジャン・ド・マイやエティエンヌ・ド・ブルボンのテクスト、史料1および2）によれば、女教皇が存在したのは一〇九九年または一一〇〇年頃とされていたが、それより後のほとんどの伝説では時代設定を九世紀に遡っている。このことは、一三世紀半ばの時点では物語としての基本的な舞台設定がなおも流動的であったことを意味する。それではこの九世紀とはどういう時代であったのだろうか。この世紀にはローマの教皇やその周囲の人物たちの中に優れたキリスト教的学識や教養を備えた者たちが少なからずおり、また九世紀末には教皇たちの後継者争いが非常に激しかった。女教皇伝説の舞台が九世紀のローマに設定された理由として、これらの事実の存在を挙げることができるだろう。

最初期のジャン・ド・マイやエティエンヌ・ド・ブルボンによる逸話が物語としては萌芽的なものに過ぎなかったということは、これらの話のなかで女教皇には名前も出身地も在位期間も、つまり具体的なデータがことごとく欠けているという事実によって裏付けられる。これに対して、その後に書かれたオパヴァのマルティヌスの年代記においてはじめて、女教皇の話は具体的なイメージと物語性を帯び始めたといえる。もっとも、二〇世紀のドナ・クロスの小説の日本語版はハードカヴァーで二巻本になるほどの分量であるから、オパヴァのマルティヌスの話はこれに比べればまだまだ小さな挿話に過ぎないのであるが。

史料4に引いたオパヴァのマルティヌスは、女性蔑視的な説明を取り入れている点でも注目に値する。女性を嫌悪するミソジニーの態度は、その後の多くの文書に引き継がれていった。史料5のボッカッチョによる『名婦列伝』にもそのような傾向は示されている。このような女性の扱いに反発して書かれたのが、一九九六年に刊行されたドナ・クロスによる女教皇ヨハンナの小説であり、またそれをもとにして製作された二〇〇九年の映画である。フェミニズムに掉さすクロスが描き出したのは、男性優位の中世ヨーロッパ社会にあって、「夢を追いかけて」学問と聖職の道を極めた女性の姿であり、著者によればそれは「希望の光」であった[6]。昔と今の女教皇の物語において、中世の男性聖職者による語りにおける女性観と、現代の女性小説家による語りにおける女性観とは、それぞれ正反対の立場を占めているといってよいだろう。

一四世紀に入ると教皇庁がイタリアから南仏のアヴィニョンに移り、教皇の権威が揺らぎ始める。この時期、女教皇は教皇批判や教会批判の道具として用いられるようになった。たとえば、一四世紀前半にアヴィニョン教皇ヨハンネス二二世を告発したオッカムのウィリアムは、普遍的教会は法的な観点では誤りを犯すことがあり得なくても、事実・現実の位相においては誤りを犯すことがあり得るのだとし、その一事例として、女教皇を引き合いに出した〔7〕。

同様に一四世紀後半から一五世紀前半にかけての教皇分立に起因する西方カトリック教会の大分裂（シスマ）の時期においては、並び立つどちらの教皇が正当であるかが必ずしも明確ではなかった。このような時代においてこそ、教皇ではなく普遍公会議こそが教会全体の最高の意志決定機関であるという、いわゆる「公会議主義」が勢力を伸ばすこととなり、他方でウィクリフやフスのような教皇を批判する者たちも現れた。ウィクリフの主張によれば、女教皇の実在が証明できるかどうかは別として、枢機卿たちというのは、女教皇を選出するなど惑わされ、誤った行動をとってしまう可能性のある者たちである（ウィクリフ『十字軍』）〔8〕。またフスによれば、教会は女教皇の時代においてすら、自らの手足があるおかげで生き延びたのであった。女教皇を引き合いに出すことで、かしらにあたる正当な教皇や枢機卿団は必要であるとは限らないということが主張され、教会の聖性や不可謬性が疑問視された〔9〕。また、パリ大学総長ジャン・ジェルソンは、教会はかつて女を教皇として崇敬してしまったように、欺き、欺かれるものだとした〔10〕。

このように女教皇の話題は、教皇や枢機卿団や教会を批判しようとする立場の者たちにとって都合のよい道具となり得たが、しかしこの話題は逆に、教皇権側に好都合な解釈を提供することも可能であった。女教皇という異常事態は、「やむを得ない失敗だった」と解釈することができたからである。

従来もそうであり、そしてこの時期もなおウィクリフに見られるように、女教皇の「実在性」はさほど深刻に考えられてはいなかったと考えられる。一五世紀ローマの人文主義者たちもまた、やはり同じ傾向にあったといってよいだろう。当時の人文主義者に数え上げられるヴァティカン図書館秘書のバルトロメオ・プラーティナ（一四七〇年代）のもとでも[11]、またのちに教皇ピウス二世となる同じく人文主義者のエネア・シルヴィオ・ピッコローミニのもとでも[12]、女教皇の話は不確実なものだと考えられていた。プラーティナの場合には、どうやらその史実性には疑念を抱いていたようであるが、それでもみずからが編んだ教皇史のなかに女教皇の話を取り入れている。中世においてしばしば見られた教訓を示すために女教皇を引き合いに出す場合や、中世末期に繰り返された教皇批判のために女教皇伝説を用いる場合には、女教皇が実在したかどうかに白黒をつけようという発想はほとんど見られなかった。一五世紀の人文主義者たちのもとでも、大問題とはならなかったのである。

しかしやがて、女教皇が実在したのか否かをそれほど深刻には考えない人びと、あるいはそういう発想自体が浮かばない人びとの存在は徐々に目立たなくなっていく。代わりに、以下に見ていくように、女教皇が実在したか否かという問いにはっきりと決着をつけようとする傾向が強まってくる。

一六世紀になるとアルプスの北、宗教改革を迎えた地域において、プロテスタントの教会史家たちは、女教皇が不当に教皇の椅子に座ってしまったのであれば、ペトロ以来の使徒継承は途切れてしまったのではないかと考えるようになった。こうしてプロテスタントは、使徒職、すなわち教皇職のカトリック的理解を否定するに至ったのである。対するカトリックは、プロテスタントから身を守るために、女教皇はそもそも実在しなかったのだとすることで、彼女を虚構の領域へと追いやることとなった。このように一方のプロテスタントは女教皇の歴史的実在性を肯定することによりローマ教会の堕落と使徒職の断絶を主張し、他方のカトリックは女教皇の歴史的実在性を否定することにより真理を保守する永続的な機関としてのローマ教会の正当性を主張したのである。宗教改革によって始まった宗派対立において、このような女教皇の捉え方の対立構図はますます鮮明になっていった。

たとえば、一六世紀のプロテスタントの歴史著述家マティアス・フラキウス・イリュリクスが編纂した『マクデブルクの諸世紀教会史』（*Ecclesiastica Historia ... per aliquot studiosos et pios viros in urbe Magdeburgica.* ドイツ語の略称では *Magdeburger Centurien*）においては、九世紀を扱った巻の中で「バビロンの娼婦」または「反キリストの代理」としての女教皇について語られている［13］。

このような主張に対しては、一六－一七世紀に活躍したカトリックの側の代表的な護教論者たち、たとえばアウグスティヌス隠修士会士オノフリオ・パンヴィニオや枢機卿でありかつヴァティカン図書館の責任者であったオラトリオ会士の教会史編纂者チェーザレ・バローニオ、それに枢機卿であったイエズス会士ロベルト・ベッラルミーノなどが、女教皇が存在したことを示す証拠がないことを論じたり、伝来する文献をいわば史料批判の方法を用いたりして、女教皇には存在の余地がないということを示そうと努めた［14］。

その後、女教皇の物語が文学的な主題となる傾向が強まるにつれて、人びとは女教皇が実在したのか、それとも女教皇の物語は虚構だったのか、という問いから解放されることとなった。一八世紀になると、ようやく女教皇は宗派的論争の範疇から脱して、いわば文学の領域へと身を落ち着ける。これは、女教皇の物語の語り手あるいは書き手が、もはや聖職者や神学者ではなくなったこととも関係があるだろう。たとえば、ドイツの哲学者であり、ヴォルフェンビュッテルのアウグスト大公図書館の館長を務めたゴットフリート・ヴィルヘルム・ライプニッツの作品『女教皇の棺に散らされし華』などが挙げられる［15］。もっとも、文学的な作品はすでに一四世紀のボッカッチョの『名婦列伝』などに見られるものであり、一つの伝統として続いていたジャンルともいえる。やがて一九世紀半ばには、ギリシア人のイマヌイル・ロイディスの作品が各国語に翻訳され、一方ではロレンス・ダレルによるその英訳版が日本の小説家、塩野七生の中編小説「女法王ジョヴァンナ」につながっており［16］、他方では一九七二年のマイケル・アンダーソン監督の映画の原作にもなった。そして二〇世紀にはもう一つのベストセラー小説がアメリカの女性作家ドナ・クロスによって生み出され、こちらもまた、映画化されることとなった。

真実らしさを求めて——女教皇伝説のナラトロジー

以上見てきたように、時代ごとに女教皇伝説が変容し、語られ方や用いられ方が異なっていたということは、フランスの中世史学者アラン・ブーローによる緻密な伝説研究［17］、フェミニストの立場から伝説の受容の歴史をたどったカトリック神学者エリーザベト・ゲスマンの著作［18］、そしてマックス・ケルナーとクラウス・ヘルバースらによる研究［19］によってすでに指摘されてきたところである。しかし、ここでは、中世に成立した女教皇の扱われ方が映像化されるまでどのように変化したのかを、「歴史を叙述すること」の問題として捉え直してみたい。

先述したような、実在したか、しなかったかという二者択一的な議論の出発点は、近世に入って、宗教改革を経験したカトリックとプロテスタントが教皇職をどのように捉えていたかの違いにあったといってよい。しかし、ここではむしろ、そのような実在かフィクションかという議論の仕方が、歴史叙述の問題として立ち現れてくる点に注目したい。

近世に入ると、歴史の記述において典拠を示すという手続きが重視されるようになった。現代の研究者たちがそれぞれの学問分野において論文や研究書を執筆する際、当然のように取る手続きが、この時期はじめて強く意識されるようになったといってよい。実際、先述のフラキウス・イリュリクスが編纂した『マクデブルクの諸世紀教会史』はプロテスタント側の立場から女教皇の実在を主張したものであるが、これは数多くの史料を引用しつつ、九世紀に生きた女教皇の生涯を描き出している。そこで目を引くのは、彼らがオパヴァのマルティヌスやその他の中世の年代記を参照し、また史料を頻繁に引用し、ときに典拠となる史料を巡る議論を重ねているという点である。もっとも、彼らの神学的あるいは政治的な立場が都合よく優先されるという限界があるのだが[20]。

他方で、すでに名前を挙げた、カトリック側の立場に立つ護教論者チェーザレ・バローニオは、カトリックの護教的な教会史叙述のお手本といってもよい『教会編年誌』(*Annales ecclesiastici*)を書き上げた(一五八八—一六〇七年)。宗教改革によりカトリックとプロテスタントの宗派対立が昂じ、トリエント公会議を経て対抗宗教改革(カトリック改革)が進展するなか、フラキウス・イリュリクスが提示したプロテスタント的歴史観にカトリック的歴史観を対置することが要請されたのである。ここでバローニオは、フラキウス・イリュリクスとは逆の立場からではあるが、自らの主張をするために同じような手続きを取り、博引旁証の史料提示を行った。さらにバローニオは、この書物のなかで現代の歴史研究者と同じように史料批判を行っているのである。たとえば、一一世紀後半に生きた年代記作者マリアヌス・スコトゥスの年代記において女教皇の記述が出てくるのであるが——実はこの記述の部分は後の時代、女教皇伝説が人口に膾炙した一四世紀になってから挿入されたものである——、バローニオは、この一一世紀のマリアヌスの年代記(八五四年のくだり)に女教皇の記述が出てくるとはいえ、それより早い時期の文献には女教皇についての記述などないのだという点を重視する。のみならず、仮に八五四年に女教皇がいたとしても、それをマリアヌスの生きた時期までの二百数十年もの間、隠し通すことなど無理だったはずだと指摘するのである。そうすると、カトリックの論客バローニオにとって、やはり女教皇の実在は疑わしいものとなる。

女教皇に関する記述に限らず、バローニオは『教会編年誌』において古い時代の文献資料をできる限りそのまま引用しようと努めた。文字資料から読み取れる論点を読者に理解しやすいようにパラフレーズすることはせず、たとえ惹きつけるような表現でなかったとしても、元のテクストを正確に引用し、欄外の余白にその出典を明記するというバローニオの方針は従来見られなかった手法であり、注目に値する[21]。もっともこのように資料をかき集めてそのまま提示したり、脚注など欄外にわざわざ典拠を示したりするような書物においては、生き生きとした叙述は生まれにくい。

このような傾向において、女教皇の主題は「新しい歴史叙述」の枠組みのなかへ突入したといえるのではないだろうか。女教皇の存在を肯定する立場であれ否定する立場であれ、いずれの論法においても引用や脚注こそが真実効果を増すのだという傾向が強まることとなった。いい換えるなら、「歴史」を書くという場面において、「引用」という営みが「エナルゲイア」つまり生彩さに取って代わったといえる。エナルゲイアから引用への転換が進んだのである。ながらく「歴史」は、どちらかというとレトリックとの近親性に依拠していたが、もはやレトリックではなく証拠（エヴィデンス）に依拠するようになった。歴史叙述において「真実らしさの効果」はつねに求められるものであるが、引用や脚注がますます重視されるようになったのである。

ところで、ギリシア語の「エナルゲイア」（*ενάργεια*）とは、カルロ・ギンズブルグの言葉を借りるまでもなく、「明瞭で明晰なこと、生き生きとした印象を与えるもの」である[22]。古代共和政ローマ時代のギリシア人歴史家、ポリュビオスの考えでは、歴史の書き手は真実を追求しているが、「生き生きとした印象」（エナルゲイア）を与えるものこそが歴史であるとされた。エナルゲイアは「真実」をその効果としてもたらし、また歴史に「真実」を保証するものであると考えられていた。また、帝政期ローマの歴史家プルタルコスにとっては、「あらゆる歴史家のなかで最も効果を発揮するのは、人々の感情と性格を生き生きと描き出すことによって自分の物語を絵画に似たものにする歴史家である」とされたのである。

もっとも、レトリックであれ証拠に依拠することであれ、両者の目的は共通していた。つまり、エナルゲイアも引用や証拠も、「真実らしさの効果」を伝達するということが目的であった。しかし、エナルゲイアが「歴史」から身をひそめるようになったとき、エナルゲイアの発揮される場は文学へと限られていく。女教皇の物語も、やがて文学にその棲み処を見出すこととなった。

過去を語る

昨今、中世映画が制作され人びとに受容されている現象は、エクフラシスとしての歴史への回帰として捉えることができるのではないだろうか。西村清和がまとめているように、「エクフラシス」(ἔκφρασις) とは描写することであり、古代においては特に神々や歴史上の人物の賛美のためにその特性を記述するものであり、その特徴は、無味乾燥に事実を記述し報告するのではなく、前述の「エナルゲイア」つまり聴衆があたかも絵に描いたような生き生きしたイメージを思い浮かべることができるような記述にあった[23]。

エクフラシス、すなわち描写する力によって、何らかの事象——ここでは女教皇の物語——は、まず可視的なものとして捉えられ、そして文学的なテクストとして言語化され——一八世紀以降、特に一九世紀にいくつも事例が現れたが、古くはボッカッチョなど中世にもすでに見られた——、さらには映画などによって映像として描写がなされるようになった。それはエナルゲイアつまり「生彩さ」の追求であり、生き生きとした言語表現、生き生きとした映像表現を生みだしたのである。

最後に一言添えておこう。ヨハンナ伝説の語りそのものは、語り手にとっての「現在」、その同時代を説明するものではなく、語り手にとっての「過去」を説明するものである。一三世紀の、そしてそれ以降の年代記作者や学者、小説家などは、自分たちにとっての過去にあたる九世紀の人物について話を語ることとなった。要は、女教皇伝説は、過去についての語りとして一三世紀の世界に登場し、その後も命脈を保つこととなったのである。

[1] これらの点について詳しくは、J. I. von Döllinger, *Die Papst-Fabeln des Mittelalters. Ein Beitrag zur Kirchengeschichte*, 2nd ed. (Stuttgart: Cotta, 1890).

[2] E. Roïdēs, *The Curious History of Pope Joan*, translated by L. Durrell (London: Rodney Phillips & Green, 1948). ギリシア語の原書は、Εμμανουήλ Ροΐδης, Η Πάπισσα Ιωάννα (Αθήνα: Μεταίχμιο, 1866).

[3] D. W. Cross, *Pope Joan. A Novel* (New York: Ballantine Books, 1996). 日本語訳は、ドナ・W・クロス『女教皇ヨハンナ』（上・下）阪田由美子訳（草思社、二〇〇五年）。

[4] 以下に引用する史料は、マックス・ケルナー／クラウス・ヘルバース『女教皇ヨハンナ——伝説の伝記《バイオグラフィー》』藤崎衛／エリック・シッケタンツ訳（三元社、二〇一五年）に日本語版独自の附録として掲載された藤崎および森本光による史料翻訳にもとづく。なお、一部表記を改めた。

[5] 次の日本語訳も参照。ジョヴァンニ・ボッカッチョ『名婦列伝』瀬谷幸男訳（論創社、二〇一七年）、三二一—三二三頁。

[6] クロス『女教皇ヨハンナ』（下）、三一〇頁。

[7] William of Ockham, *Opus nonaginta dierum*, in idem, *Guillelmi de Ockham Opera politica*, ed. R. F. Bennett and H. S. Offler (Manchester: E typis Universitatis, 1940–1963, 2nd ed., 1974), vol. 1, p. 59. 以下の論点を含め、ケルナー／ヘルバース『女教皇ヨハンナ——伝説の伝記』第四章および第五章も参照。

[8] John Wyclif, *Cruciata*, in *John Wiclif's polemical works in Latin*, vol. 2, ed. R. Buddensieg (London: Trübner, 1883), pp. 618–619.

[9] Jan Hus, *Tractatus de ecclesia*, ed. S. Harrison Thomson (Cambridge: Heffer, 1956), pp. 47–48.

[10] Jean Gerson, "Apparuit", in *Œuvres complètes*, ed. P. Glorieux, vol. 5, *L'œuvre oratoire* (Paris: Desclée & Cie, 1963), p. 87.

[11] Bartholomeo Platina, *Liber de vita Christi ac omnium pontificum (aa. 1–1474)*, ed. G. Gaida (Città di Castello: Lapi, 1932), pp. 151–152.

[12] Eneas Silvius Piccolomini, *Der Briefwechsel des Eneas Silvius Piccolomini*, ed. R. Wolkan (Wien: Hölder, 1909–1918), p. 40.

[13] 『マクデブルクの諸世紀教会史』第九巻第一〇章。*Nona Centuria Ecclesiasticae Historiae* (Basel: Oporinus, 1565), cap. 10.

[14] E. Gössmann, "*Die Päpstin Johanna*". *Der Skandal eines weiblichen Papstes. Eine Rezeptionsgeschichte* (Berlin: Aufbau Taschenbuch Verlag, 1998), pp. 113-144.

[15] G. W. Leibniz, "*Flores sparsi in tumulum papissae*", in Ch. L. Scheidt (ed.), *Bibliotheca historica Goettingensis worinnen allerhand bishero ungedruckte alte und neuere Schriften und Urkunden, welche zur Erläuterung der Geschichte und Rechtsgelehrsamkeit dienen können, aus bewährten Handschriften ans Licht gestellet werden*, Erster Theil (Göttingen/Hannover: Pokwiz & Barmeier, 1758), pp. 297–392.

[16] 塩野七生「女法王ジョヴァンナ」同『愛の年代記』（新潮社、一九七五年、ここで参照する文庫版の改版は二〇〇二年）、二一七—二八三頁。

[17] A. Boureau, *La papesse Jeanne* (Paris: Aubier, 1988).

[18] E. Gössmann, *Mulier Papa. Der Skandal eines weiblichen Papstes. Zur Rezeptionsgeschichte der Gestalt der Päpstin Johanna* (München: Iudicium, 1994) および注［14］にすでに挙げた "*Die Päpstin Johanna*".

[19] M. Kerner and K. Herbers, *Die Päpstin Johanna. Biographie einer Legende* (Köln/Weimar/Wien: Böhlau, 2010). 日本語訳として、注［4］で言及したケルナー／ヘルバース『女教皇ヨハンナ』。

[20] S. Bauer, *The Invention of Papal History. Onofrio Panvinio between Renaissance and Catholic Reform* (Oxford: Oxford University Press, 2020), pp. 148–149.

[21] A. Grafton, *The Footnote*, rev. ed. (Cambridge: Harvard University Press, 1997), p. 164.

[22] カルロ・ギンズブルグ「展示と引用——歴史の真実性」同『歴史を逆なでに読む』上村忠男訳（みすず書房、二〇〇三年）、五二—七七頁。

[23] 西村清和『イメージの修辞学——ことばと形象の交叉』（三元社、二〇〇九年）、一〇四頁。

〈附記〉

校正の段階で女教皇伝説に関する次の重要な書籍が刊行された。六〇〇頁以上にわたって中世の女教皇伝説の史料・翻訳・解説が続き、一二〇点もの図版を収めている。A. Paravicini Bagliani, *La papessa Giovanna. I testi della leggenda (1250-1500)* (Firenze: SISMEL Edizioni del Galluzzo, 2021).

✠コラム1

ポップカルチャーにおける中世モチーフの展開

――テレビドラマ・アニメ・ゲーム

松本 涼・小宮真樹子

シンポジウムのアンケート結果から

二〇一七年の西洋中世学会におけるシンポジウム「映像化される中世」では、参加者に対して事前にウェブアンケート（任意）をおこなった。設問は以下の二つである。

Q1 （良くも悪くも）あなたの印象に残っている「中世映画」を教えてください。

Q2 印象に残っている理由は？ また、その映画のどこが「中世」（らしい／らしくない）でしょうか？

参加者が「中世映画」という言葉に抱くイメージの揺れを知るため、あえて「中世映画」とは何かという定義を示さずにおこなったアンケートである。その結果、二位以下に圧倒的な差をつけて第一位に輝いたのは『薔薇の名前』（一九八六年）であった。本作は中世史家ジャック・ル・ゴフが監修として加わったことでも有名である。そのためか、修道院という舞台設定や貧民の描写、写本に執着する主人公など、中世社会の時代考証がしっかりしているという点を、この映画を中世らしいと感じる理由として挙げる意見が多かった。さらに、「今や古びた「暗黒の中世」概念だが、やはり暗黒らしさが十分に漂っていた」というコメントもあり、暗さ・陰鬱さ・不衛生さ・残酷さなども指摘されている。この点は二位以下にランクインした他作品（それぞれの得票数は少数でほとんど差がない）とも共通する。たとえば、『第七の封印』（一九五七年）には「一言で言って「暗さ」です。中世の「暗さ」をこれほど感じさせられる映画はありません」という意見が寄せられたし、『冬のライオン』（一九六八年）についての「王たちの食事会場の足元に犬がうろうろしているところが中世らしい」という意見も中世＝不衛生というイメージに連なるだろう。この結果は、西洋中世学会という場に集う研究者の多くが、史実を忠実に再現していると思わせるものこそ「中世映画」だというイメージを抱いていることを浮き彫りにしたといえる。

中世への入り口としてのサブカルチャー

二〇一七年のシンポジウムでは、当日の議論や事前アンケート結果から「中世」イメージの多様性が示された。全体討論の中では映画にとどまらず、マンガやアニメ、ゲームなどにも議論を広げてほしいという意見もあった。いまや小説・ドラマ・マンガ・アニメ・ゲームなど、さまざまなメディアの作品に、濃度の差はあれ中世にかかわるモチーフがあふれている。たとえば、二〇一一年にアメリカで放送が開始され、エミー賞をはじめ数多くの賞に輝いているテレビドラマ『ゲーム・オブ・スローンズ』や、中世に限らず歴史や神話上の偉人が活躍する「Fate シリーズ」の根強い人気など、枚挙に暇がない。

このような作品が増えるにつれ、日本社会に住む人々が自国の過去として学ぶわけではない「ヨーロッパ中世」と出合うきっかけとして、サブカルチャーの影響力はますます強まっているように思われる。かつて小説やオペラ、映画などが果たしていた役割を、新しいメディアも担っているといえるだろう。サブカルチャーを通して中世的な要素に興味をもち、研究者を志したという人も増えているのではないだろうか。実際に、研究の世界とサブカルチャーとを隔てる壁は低くなりつつある。マンガを例にとると、一九八一年に連載が開始されたあしべゆうほ作『クリスタル☆ドラゴン』など中世をモチーフとした作品は以前から存在したが、最近では研究者が創作に関与する例もみられる。たとえば、ダンテ研究者の原基晶氏が監修を務める物領冬実作『チェーザレ　破壊の創造者』（講談社）や、ドイツ中世史の大貫俊夫氏が時代考証に協力した竹良実作『辺獄のシュヴェスタ』（小学館）など。研究の成果を社会へ還元する方法のひとつとしても、今後サブカルチャーにおける中世モチーフの利用は広まっていくのかもしれない。

（松本　涼）

『ゲーム・オブ・スローンズ』における中世イメージ

玉座をめぐる争いに引き裂かれた王国。軍事力によって先代の「狂王」から地位を奪った王は酒色におぼれるようになり、代わりに王妃の一族が権勢をふるっている。世継ぎは幼い二人の王子だが、彼らの未来に異形の叔父が不吉な影を落とす……。

まるで中世イングランドの薔薇戦争について語っているようだが、これらはアメリカのテレビドラマ『ゲーム・オブ・スローンズ』（原作はジョージ・R・R・マーティンの小説『氷と炎の歌』シリーズ）の設定である。

本国アメリカのみならず、世界中を席巻したこの番組は、中世研究者の関心も集めている。オクスフォード大学のキャロリン・ラリントン教授の著書『冬来たる――「ゲーム・オブ・スローンズ」における中世世界』（*Winter Is Coming: the Medieval World of* Game of Thrones）（二〇一六年）はその好例だ。

架空の国ウェスタロスを舞台としながらも、『ゲーム・オブ・スローンズ』は中世イングランドの歴史に多くを負うている。薔薇戦争の渦中にあったヘンリー六世、王妃マーガレット・オブ・アンジュー、エドワード四世、リチャード三世、ヘンリー七世以外にも、登場人物のモデルとしてエドワード一世やリチャード二世の名前も挙がっている（シーズン五　映像特典）。『モンティ・パイソン・アンド・ホーリー・グレイル』や『ロック・ユー！』といった映画がアナクロニズムを交えながらも、それぞれ一〇世紀と一四世紀のイングランドを舞台としているのとは対照的である。

原作者のマーティンは、歴史にファンタジーの要素を加えることで、先が予想できない楽しみが生まれると語る。たとえば、障害を持って生まれ、その容貌ゆえ周囲に疎まれるティリオン・ラニスターは（シェイクスピアによる創作部分も含めて）リチャード三世をモデルとしているが、彼が辿る運命はヨーク家最後の王とは異なる。史実に基づく説得力のある描写と予測不能のフィクション、両方の魅力を備えていることが『ゲーム・オブ・スローンズ』の人気の要因なのだろう。

つまりウェスタロスは、「語りたい歴史」と「起こり得た出来事」により再構築された中世イングランドに他ならない。ファンタジーの形を取りながらも、『ゲーム・オブ・スローンズ』は我々が過去に求めるイメージを結晶化した作品なのだ。

（小宮真樹子）

テレビアニメ『純潔のマリア』と中世事情

アニメにおいても、中世社会を舞台としたり中世のモチーフを使う作品は、数多く放映されている。ここではその中で、二〇一五年一月から三月までTOKYO MX他にて放送されたテレビアニメ『純潔のマリア』を取り上げたい。この作品には、アニメ化に際してヨーロッパ中世を深く知るためのさまざまな仕掛けが付け加えられているからだ。原作の石川雅之作『純潔のマリア』は、『good! アフタヌーン』（講談社）にて二〇〇八年から二〇一三年まで連載された。一五世紀半ば、百年戦争末期のフランスを舞台に、魔女や魔術が実在したという設定の世界で主人公の魔女マリアが奮闘する物語である。ストーリー自体はフィクションで魔術の実在も史実と異なるとはいえ、村の外れの森に住み、フクロウやネコなどの使い魔を使役し医術に長けた魔女の姿は、中世社会で信じられていた魔女の特徴を反映している。

このように、原作の段階でも魔女や異端審問、百年戦争などヨーロッパ中世の要素が繊細に生かされた作品だった。それに加えてアニメ版は、異端審問に執着する修道士や成り上がりをめざす傭兵などのキャラクターを増やし、原作にないエピソードも大幅に追加することで、より深く中世社会の構造や生活事情にふれられる物語となっている。たとえば、池上俊一の『動物裁判』（講談社現代新書、一九九〇年）で有名なブタ裁判が登場したり、決闘裁判がおこなわれたり、修道院で蜂蜜を作る様子が描かれていたりする。

さらに、公式ウェブサイトには「なぜなに中世事情」というコーナーがあり、各話に登場した中世特有の事物に関する解説が連載された。その内容は「ソードブレイカー」などの武具や戦術から、パンや魚などの食べ物、さらには「パクス・デイ（神の平和）」などの教会用語まで多岐にわたる。また、放送後に発売されたBD&DVDには「プラスチックがない中世に入れ歯に使われていた材料は何か？」などのかなりマニアックな中世事情クイズに声優たちが挑戦する特典映像も付いている（ちなみに答えは「ブタ、犬、もしくは他人の歯」。DVD第四巻より）。アニメ版の制作に当たっては、中世という時代を理解するため、メインスタッフを集めた勉強会もたびたび開かれたという。チーフリサーチャーとして時代考証を担った白土晴一氏がインタビューの中で「中世は今あるヨーロッパの土台が作られた時代」と述べているように（DVD第五巻特典『なぜなに中世事情ブック』一五頁)、作中には日用品から戦術や司法制度にいたるまで、現在につながる中世の要素が魅力的に配置されていた。このように、アニメ版『純潔のマリア』は物語を楽しむだけではなく、創作の背景となっている中世ヨーロッパ社会についても理解を深められるような工夫に満ちた作品なのである。

ゲーム空間に氾濫する中世

ファミリーコンピュータが一九八三年に任天堂より発売され、家庭用ゲーム機が日本社会に登場してから四〇年が過ぎた。ゲーム機自体も遊び方もさまざまに変化しながら、娯楽のひとつとして定着してきたコンピュータゲームは、その歴史の初期からヨーロッパ中世と関係が深い。たとえば一九八〇年代後半から一九九〇年代にゲームを楽しんだ世代は、ドラゴンクエスト(一九八六年、エニックスより第一作発売)とファイナルファンタジー(一九八七年、スクウェアより第一作発売)の二大RPG(ロールプレイングゲーム)シリーズが人気を博したことを覚えているだろう(現在も続編が出続けている)。どちらも中世ヨーロッパを模したファンタジー世界を舞台としていた。これはRPGというジャンル自体が、J・R・R・トールキンの『指輪物語』や『ホビット』の世界観をベースに作られたテーブルトークRPG『ダンジョンズ&ドラゴンズ』(一九七四年にアメリカで発売)を起源とするためである。これらのファンタジー系ゲームを通して、なんとなく中世に親近感を覚えたという人も多いだろう。

二一世紀の現在、ゲームの世界における中世モチーフの利用はますます加速している。とくに二〇一〇年代以降にスマートフォンが普及してからは、スマホアプリゲームにおいてその傾向が強い。たとえばアーサー王やジャンヌ・ダルクなどの英雄的人物が『パズル&ドラゴンズ』(二〇一二年配信開始)や『モンスターストライク』(二〇一三年配信開始)、『グランブルーファンタジー』(二〇一四年配信開始)といった人気作にモンスターやキャラクターの名前として登場している。また、舞台は現代でも、神話や歴史のモチーフを活用した作品もある。たとえば「Fate シリーズ」。このシリーズは二〇〇四年にパソコンゲームで登場し、その後家庭用ゲーム機、スマートフォンアプリ、小説、映画、テレビアニメ、マンガなどさまざまなメディアに展開している。「聖杯戦争」と呼ばれる戦争を勝ち抜くために英雄をサーヴァントとして召喚するという設定になっており、中世に限らず、さまざまな神話・歴史上の人物が登場する。人物の容姿や性格はゲームのキャラらしく改変されているものの、かなり詳細な歴史的情報を反映している面もある。たとえば、このシリーズには北欧の英雄伝説『ヴォルスンガ・サガ』などに登場する戦乙女〈ブリュンヒルデ〉と英雄〈シグルド〉に加え、中世ドイツの叙事詩『ニーベルンゲンの歌』に登場する〈ジークフリート〉と〈クリームヒルト〉がサーヴァントとして登場する（〈　〉はゲーム内の表記）。『ヴォルスンガ・サガ』と『ニーベルンゲンの歌』は同じ伝承に起源をもつが、北欧とドイツで別々に発展してきたため、人物像やストーリーに大きな違いがある。『ヴォルスンガ・サガ』では戦乙女ブリュンヒルドゥルは竜殺しの英雄シグルズルの恋人であるが、『ニーベルンゲンの歌』ではシグルズルに相当するジークフリートと恋仲ではない。Fate シリーズでは〈ブリュンヒルデ〉が〈ジークフリート〉に対して、恋人の〈シグルド〉と似てはいるが微妙に違う人物として接するなど、二つの伝説の違いが生かされている。

とはいえ、アーサー王が女性キャラクターとなっていたり、ジャンヌ・ダルクが竜を操ったりするように、歴史的な文脈から切り離されて改変されたモチーフが氾濫しているのも確かである。そのような状況に対し、史実の理解を歪めるのではないかという批判もある。ただ、そもそも知らなければ関心をもつことも調べることもできない。世界史の授業以外であまり接することのない、遠いヨーロッパの歴史に登場する人物や事件について、たとえ名前だけだとしても身近に感じることができるとしたら、中世を深く知るための入り口として、ゲームもいまや大きな役割を果たしているといえるのではないだろうか。

（松本　涼）

✠コラム2

二次元で描かれる円卓の騎士たち
――アーサー王のアニメ映画

小宮真樹子

第4章「イッツ・オンリー・ア・モデル」では、映画『モンティ・パイソン・アンド・ホーリー・グレイル』におけるテリー・ギリアムのアニメーションを扱ったが、アーサー王のアニメ作品は数多く存在する。その中から、とりわけ興味深い映画をいくつか紹介したい。

『王様の剣』（一九六三年、アメリカ）

「アーサー王のアニメ」と聞いて、この作品を真っ先に思い浮かべた人も多いのではないだろうか。石に刺さった剣を抜き、少年ウォートが王になる物語である。日本ではアニメ画像を使った絵本としても何冊か出版されており（一九七八年、一九八四年、一九八五年など）、子供を中心に広く受容されていたことが推察できる。

しかし映画版は、原作であるT・H・ホワイトの小説『永遠の王』第一部「石に刺さった剣」とは大きく食い違う。特に、映画のケイは意地悪な義兄として描写されているが、小説版では特別な運命の下に生まれたウォート（アーサー）との違いに悩み、歪んでいく様が克明に描写されている。立派に王として成長していくアーサーの横で、ケイという少年が自らの凡庸さを悟ってゆく悲劇が語られるのだ。

ちなみに、ミュージカル映画『キャメロット』（ミュージカル版初演一九六〇年、映画版一九六七年）でも、原作と映画版でランスロットの人物像がだいぶ違う。ホワイトの描くランスロットは、醜い容姿ゆえに自分を憎み、優しき王アーサーに焦がれ、王妃と奇妙な三角関係を形成する。それが映画版では、美男のナルシストになっているのだ。映画や演劇では心理描写が難しいことと、視覚効果を重視するためであろう。興味がある方は、ぜひ原作も楽しんでいただきたい。

『ウインダリア』（一九八六年、日本）

日本で作られたオリジナル劇場映画。イサとパロ、二つの国の戦争により引き裂かれる二組の男女を描く。このあらすじのどこがアーサー王映画なのかというと、登場人物の名前が伝説に由来するのだ。

しかし主人公の青年が「イズー」で、その妻が「マーリン」である。まさかの男女逆転。この時点で、二一世紀にアーサー王が女性として描かれる現象の布石が敷かれていたのではないかと勘繰りたくなる。

他にもランスロ王、ギネビア王妃、クンドリー王妃といったキャラクターも登場し、アーサー王のモチーフが当時のクリエイターの関心を惹いていたであろうことが推察される。なぜかランスロとギネビアが敵対関係であるが、そこはあまり気にしてはいけない。

なお、いのまたむつみ氏がキャラクターデザインを手掛けた。美麗なビジュアルである。

『愛と剣のキャメロット』（一九九〇年、日本）

集英社コバルト文庫の人気作品「まんが家マリナ」シリーズの劇場版アニメ。映画のために、メインキャラクターが全員登場する脚本が書き下ろされたとのことである。

あらすじは、ヒロインたちが過去のブリテンにタイムスリップし、若き日のアーサー王を手助けするというもの。マーク・トウェインの『アーサー王宮廷のコネチカット・ヤンキー』と同じ、そして日本のライトノベルにおいて大流行することになる、異世界転移ものであった。

アーサー王映画という観点からは逸れるが、オープニングはセル画と写真の合成で、当時の街並みが窺える。ミステリー・ギリアムが実写映画に写本アニメーションを用いて中世を再現したのに対し、『愛と剣のキャメロット』はアニメーションの中に当時の日本の風景を組み込んでいるのが興味深い。

ちなみに、声優陣が豪華である。主人公のマリナは林原めぐみ、アーサー王は井上和彦が演じた。

『魔法の剣　キャメロット』（一九九八年、アメリカ）

剣の名前が「キャメロット」であるかのような邦題に、ツッコミが止まらない。これはおそらく、UK版のタイ

トル *The Magic Sword: Quest for Camelot* を中途半端に翻訳した結果だと思われる。しかし、内容は素晴らしい。隠れた名作である。

ヒロインは、円卓の騎士ライオネルの娘で、自らも騎士を志願するケイリーだ。父を失った彼女は、王国の危機を救うため、盲目の青年ギャレットらと力を合わせる。オープニングではヴェラ・チャップマンの小説 *The King's Damosel* がクレジットされているが、映画版では大胆なアレンジが加えられており、共通点を探す方が難しい（原作は、アーサー王伝説に登場する乙女リネットのその後を描くものであった）。それはさておき、中世文学ではマージナルな存在である乙女や、肉体にハンデを負った者たちにスポットライトが当てられ、多様性の観点から描かれたアーサー王映画である。

こちらも声優が豪華で、アーサー王を演じるのはジェームズ・ボンド俳優のピアズ・ブロスナン、敵役ルーバーは二〇一八年にアカデミー主演男優賞を受賞したゲイリー・オールドマンなのである。さらにモンティ・パイソンの一員エリック・アイドルが双頭の竜デヴォンを担当し、歌声も披露している。

なお、ヒロインの曲は「ザ・コアーズ」のアンドレア・コアーが、ヒロインの母の曲はセリーヌ・ディオンが歌っている。知名度は低いようだが、上質なエンターテインメント作品だ。

『劇場版 Fate/Grand Order 神聖円卓領域キャメロット』（前編二〇二〇年、後編二〇二一年、日本）

人気スマートフォンゲームの映画化。「ゲームなんて、ボタンを連打するだけで中身がない」という偏見もあるようだが、『Fate/Grand Order』はテキストの量・質ともに驚嘆すべき作品だ（そもそも、『Fate』シリーズの第一作目『Fate/stay night』（二〇〇四年）が「ビジュアルノベル」という、文字を読ませることを主とするゲームであった）。登場人物の会話を中心に繰り広げられるシナリオ部分と、キャラクターを操作して敵を倒すバトル部分で構成されるゲームだが、この映画の原作となった「第六特異点」のイベントシーンだけでも、おそらく五時間ほどの長さに及ぶ。さらに、シナリオ部分と同じくらい、あるいはそれ以上の時間が戦闘にもかかる。とりわけ「第六特異点」に登場する円卓の騎士ガウェインは鬼神のごとき強さで、多くのプレイヤーにトラウマを植え付けた。

そんなボリュームたっぷりの内容を、前後編で三時間ほどの映画にまとめるのだから大変だ。結果として、原作ゲームの登場人物とエピソードを大幅に絞り込むことになった。かつてワーグナーがオペラを作った際、原典の筋を端折ったため「展開が早すぎる」と非難されたらしいが（一條麻美子「ドイツにおけるトリスタン物語」国際アーサー王学会第三四回年次大会、二〇二〇年）、それと同じ現象が二一世紀の日本でも起こっているのが面白い。

　物語の舞台は、西暦一二七三年のエルサレム。歴史の改竄により、そこは「獅子王」と円卓の騎士が治める聖都キャメロットと化していた。主人公は、かつてアーサー王に仕えた騎士ベディヴィエール（ベディヴィア）と力を合わせ、歴史をあるべき姿に戻そうとする。

　円卓のメンバーでありながら、アーサー王映画で光を当てられる機会の少なかったガウェイン、ベディヴィア、アグラヴェインが主要人物として活躍する。現代日本における新たなアーサー王物語として、特筆すべき作品だ。

✠✠✠

アーサー王のアニメは、映画だけでなくテレビシリーズでもいろいろと製作されている。日本では一九七九年に『円卓の騎士物語　燃えろアーサー』が放送された。その他にも、日本にゆかりの深い作品として、アメリカの会社が一九八七年に制作した「ニャン卓の騎士（*Paws of the Round Table*）」も挙げられる。サンリオのキャラクターたちが有名な物語を再現するシリーズのひとつなのだが、アーサー王伝説における配役は、タキシードサムがランスロット、マイメロディがグウィネヴィア、ハローキティが湖の貴婦人である。なお、アーサーを演じていたのは、タキシードサムの親友チップであった。サンリオピューロランドにもいないマイナーなキャラクターをアーサー王に据えるあたり、製作陣の独特のセンスを感じる。

　他にも多くのアーサー王アニメ作品が存在しており、Michael N. Salda の *Arthurian Animation*（McFarland, 2013）といった研究書も出版されている。『モンティ・パイソン・アンド・ホーリー・グレイル』のように中世写本を参考にした作品は多くないようだが、だからこそアーサー王アニメには、現代人のイメージする中世が浮き彫りになっているのだろう。

✠コラム3

ディズニーの「ロビン・フッド」と『狐物語』

岡田尚文

世界中に展開するに至ったディズニーリゾート――アナハイム、フロリダ、東京、パリ、上海、香港――がいずれもその中心にプリンセスの「城」を置いている。本来、西洋中世における城とは、城塞、防御施設であったはずだ。しかし、いまやその本場（?）たるディズニーランド・パリの眠りの森の美女の城にしてからが、単にオーロラ姫の美麗かつ豪奢な住まいと化している。周知のとおり、これらお城は、一九三七年の『白雪姫』以来、「ディズニー・プリンセス・ストーリー」という名の中世映画における特権的なトポスであった。ウォルト・ディズニーが、中世ヨーロッパを舞台とする保守的なプリンセス・ストーリーを軸に、少女の理想の世界をかたち作ってきた――言い換えれば、少女を男性の理想（=城）のうちに閉じ込めてきた――これは一つの証左である。

とはいえ、ジョン・ハーティーは言う。（アメリカの）「ディズニーランドの眠りの森の美女の城、ウォルト・ディズニー・ワールドのシンデレラ城ほど頭巾者《フッディアン》の緑の森からかけ離れて見える場所はないだろう」（Tison Pugh and Susan Aronstein, 2012, pp. 133–152）。つまり、プリンセスだけがディズニー製中世映画の主役ではないし、城だけが特権的な場所ではなかったというわけだ。あまりご存じないかもしれないが、ディズニーは、これまで四本のロビン・フッド映画、すなわち剣劇（スワッシュバックラー）を作っている。まず一九五二年、RKOピクチャーズと提携していた時期に公開された実写版『ロビン・フッド』、この四本のなかでは最もよく知られているであろう一九七三年のアニメーション映画『ロビン・フッド』、少々毛色は異なるが第二次世界大戦直前のアメリカを舞台としたロビン・フッド映画史を背後に物語る（かつコミックを原作にもつ）一九九一年の冒険活劇『ロケッティア』、そしてロビン・フッドの娘（キーラ・ナイトレイ）が活躍する二〇〇一年のテレビ映画『レジェンド・オブ・アロー』である。特筆すべきは五二年版と七三年版である。まず前者のロビンは（彼にしては珍しく「ニューディール政策」ではなく、それとは真逆の）「マッカーシズム」を是とし「赤い」衣装をまとう「内部の敵」を告発する。つまりこれは当時のウォルトの反共思想を露骨に反映する、「子供向け」とは到底言い難い映画で、それゆえに興味深い。後者、七三年のアニメーション版は、今まで紹介してきたロビン・フッド映画とは少々別のかたちでロビンを扱った。以下にもう少し詳しく説明しよう。

いくら正義を謳おうが、所詮ロビン・フッドは泥棒である。七三年版の製作に際し、泥棒の活躍譚をなんとか「子供向け」の害のないアニメーションに改変しようと、ウォルト・ディズニーは知恵を絞った。そういえば彼には、『王様の剣』（一九六三年）で、T・H・ホワイトの『永遠の王』の第一部に依りながら、少年アーサーがエクスカリバーを岩から引き抜くまでの話を八〇分弱のアニメーションに引き延ばした前科、もとい経験がある。つまりそのとき彼は、ランスロットとグウィネヴィアの「不倫」といった、子供にふさわしくないエピソードを「アーサー王物語」からすべて省いたわけだ。このたび、ウォルトと脚本のケン・アンダーソンは、中世文学の『狐物語』を参考にして人間のいない動物の世界でロビン・フッド物語をかたち作ることに決めた。

『狐物語』（*Le Roman de Renard*）とは、古代から伝わるイソップの寓話を下敷きにしながら、一二世紀の後半のフランスでピエール・ド・サン・クルーの手によって整えられた動物叙事詩（とその後に展開した詩群《サイクル》）のことだ（『狐物語』鈴木覺・福本直之・原野昇訳、岩波文庫、二〇〇二年；原野昇・鈴木覺・福本直之『狐物語の世界』東書選書、一九八八年参照）。もっと簡単に言えば、ルナール（Renard）という名のキツネが主人公の冒険譚なのだが、この物語があまりにも有名になってしまったため、一七世紀にはもとの狐（goupil）という言葉を凌駕し、今ではすっかり狐のことをルナール（renard）というようになった。

ルナール狐をはじめとする動物たちは、物語のなかで、他の動物のみならず人間とも対等に話を交わすことができる程度に擬人化されている。主人公のルナールは、あの手この手というか口八丁手八丁で雄鶏やシジュウカラ、カラスといった獲物を得ようとして、あるいは人間をだまして食料を得ようとして、大抵は失敗し、その結果、飼い主である人間や猟犬に追われることとなる。また、その過程において、たびたび不倶戴天の敵、オオカミのイザングランとやり合う。ちなみにこの動物世界を統べるのはライオンの王である。叙事詩とはいえども、主人公ルナールは決して英雄ではない。内容も、(少なくとも成立当初は)イソップ物語のように教訓めいたり道徳臭かったりすることがなかった。それだけに語りが自由で、ラテン語ではないロマンス語で書かれたルナールの物語《ロマン》は、サン・クルー以降、ヨーロッパ全体に広まっていく(これを枝篇という)。本書との関係でいえば(第4章参照)、アーサー王物語の普及に一役買ったウィリアム・キャクストンが、一四八一年、ロマンス語版から翻訳して英語版を出している(『きつね物語――中世イングランド動物ばなし』木村建夫訳、南雲堂、二〇〇一年を参照)。『狐物語』が、ちょうどクレティアン・ド・トロワらが関わったアーサー王文学のフランス流布本サイクルとほとんど軌を一にして成立したことも覚えておきたい。そこにはアーサー王の武勲詩や「トリスタンとイズー」の物語の影響も見て取れるからである。

さて、そんな、他の文学ジャンルの動物版パロディでもあった『狐物語』をさらに換骨奪胎し、ディズニー・アニメーションとしての『ロビン・フッド』では、ロビンとマリアンがキツネ、リトル・ジョンとノッティンガム代官がクマ、アラン・ア・デイルが(『狐物語』のシャントクレールを思わせる)ニワトリ、タック和尚がアナグマに、リチャード獅子心と王弟ジョンが(それぞれたてがみのある/ない)ライオンに、廷臣らがヘビ、ネコ、サイ、ワニ、ゾウ、オオカミ等に、不当な徴税の憂き目に合う町民がウサギやカメ、イヌやブタ、ハツカネズミ等に置き換えられている。ただし、ここは『狐物語』とは異なり、人間が一切登場しない、もっぱら動物だけが息衝く世界である。つまり、この人間なしの動物世界への置き換えは、作中、仮に道徳からの逸脱が少々あったとしても、それは現実の人間ではなく寓話内の動物のしたことなんですよという「言い訳」のためになさ

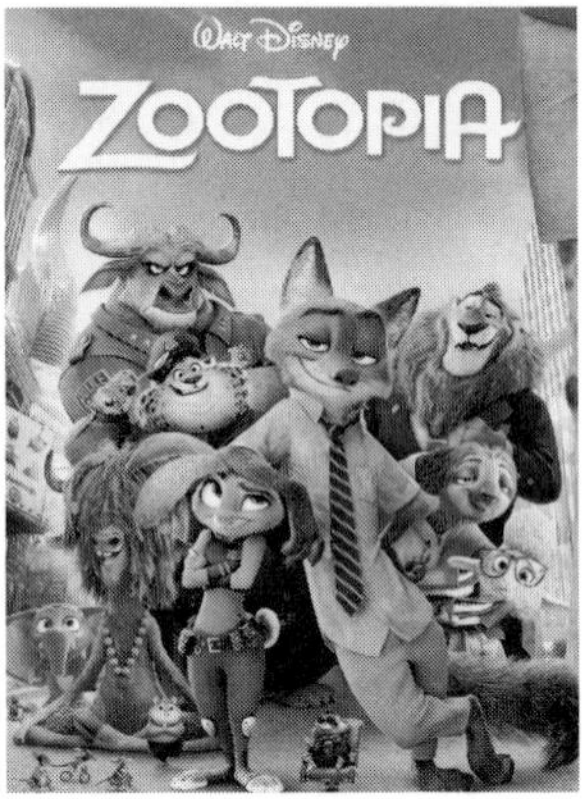

上図1　『ロビン・フッド』（1973年）
下図2　『ズートピア』（2016年）

れたのである。事実、ご丁寧にもウォルトはこの作品の冒頭で、金持ちから「奪う（rob）」（名前のRobinにかけている）のではなく余裕のある者から「ちょっと借りる（borrow a bit）」だけだとロビンに釈明させている。つまるところ、劇中、タック和尚が言うように、このディズニー・アニメーションの彼はアウトローではなく、偉大なヒーローなのだ。教会と国家も決して彼の敵ではない。あくまでもそれら「正しい権威」のもとに虐げられた人々を救い金持ちとその貪欲を（血を見せずに）罰する英雄が主人公の勧善懲悪譚なのである。物語の最後に、帰還したリチャード王が弟のジョンを罰し、ロビンとマリアンとの結婚を祝福して終わることは言うまでもない。

　ちなみに二〇一六年のディズニー・アニメーション『ズートピア』が上記七三年版『ロビン・フッド』にオマージュを捧げたものであったことにお気づきになられたであろうか。そう、緑のシャツに身を包むキツネ、ニック・ワイルドのことである。ライオンハート（獅子心）とは名ばかりのリトルハート（小心）な市長のもと、ウサギの警官見習いジュディ・ホップスと共に、肉食と草食の間の格差をなくさんと、動物だけのユートピア（ズートピア）を東奔西走する彼こそ、ロビン狐の、そしてルナール狐の末裔なのである。

✠コラム4

女傑如安あるいは聖女ジョウン
――ジャンヌ・ダルクの表象をめぐって

図師宣忠

「如安」という人物を知っているだろうか？　あるいは、「如安達安克」、「若安達亜克」、「蛇陀克」は？――じつはいずれも「ジャンヌ・ダルク」のこと。明治時代にジャンヌが日本に紹介された際、フランス語表記のJeanne d'Arcと英語表記のJoan of Arcが混ざったような「ジョアンダーク」や「ヂャンダーク」といった呼び方に、さまざまに当て字がなされていたのだ。このコラムでは、日本におけるジャンヌ・イメージの源泉を探り、明治時代に遡ってジャンヌ受容の歴史を紐解いてみよう。

英雄伝の中のジャンヌ・ダルク

明治時代のジャンヌ・ダルクの表象（ジャンヌがどのようにイメージされてきたか）については、西洋史家の高山一彦、比較文学者の渡邊洋子や渡辺貴規子らによって研究がなされてきた。それによると、日本に初めてジャンヌが紹介されたのが『西洋英傑傳』（一八六九年）所収の「二編上　佛朗西國女傑如安之傳」であったという。すでに明治二年にはジャンヌが知られていたことになる。

『西洋英傑傳』は、法剌西児《フラセル》という原作者の書物を、作楽戸痴鶯《さくらどちおう》（本名：山内徳三郎、一八四四～一九二四年）が翻訳したものである。本書は、明治時代初期の世界史教育と国語教育に貢献した翻訳啓蒙書の一冊とされ、児童のみならず成人も含む広範な年齢層の読者をもったとされる。近年、渡辺貴規子の調査により、作楽戸痴鶯が参照した原典が突き止められた。原作者はマーガレット・フレイザー・タイトラー（Margaret Fraser Tytler）

というスコットランドの作家（Fraserという綴りをフラセルと読んでいたのだ）。彼女が友人の息子、ジョージ・ロードンのために書いた *Tales of the Great and Brave*（1838）および *Tales of the Great and Brave, second series*（1843）という児童向けの英雄伝が元ネタとのこと（渡辺貴規子「明治時代初期の児童向け読み物におけるジャンヌ・ダルクの表象――『西洋英傑伝』を中心に」『千葉大学教育学部研究紀要』六七、二〇一九年、四二二―四二二頁参照）。

『西洋英傑傳』をこの原典と比較すると、①ジャンヌの誕生と幼少時代、②オルレアンと王太子シャルルを救う決意、③ボードリクール守備隊長との対面、④シノンでの王太子との謁見、⑤オルレアン解放戦、⑥ランス戴冠式、⑦コンピエーニュでの捕縛、⑧牢獄と裁判、⑨火刑に処された最期、という一連の経緯は原典を踏襲して記述されている。その一方で、児童向けに書かれた原典に対して、世界史教育と国語教育を企図した『西洋英傑傳』では追加された情報もあった。翻訳者の作楽戸痴鶯は、原文にはない中世フランス史の史実やジャンヌの個別のエピソードを付加し、より多くの歴史的知識を含む物語に仕上げたのだ。このような『西洋英傑伝』におけるジャンヌ像は「〈愛国心〉の典型」とも評される。

それでは、明治時代の人々はこうしたジャンヌの物語をどのように受け止めていたのだろうか。当時の新聞記事を探ってみるとその辺りの事情が読み取れるかもしれない。そこでジャンヌ・ダルクに触れた記事を探してみると、読売新聞（一八八七年一一月三〇日付）の「西洋偉婦人傳（第八）佛國蛇陀克女の事」が（最）初期の記事のようだ。曰く「佛國の少女蛇陀克の事績は普く諸人の知る如く一少女の身を以て佛國を危急存亡の間に救ひ僅に十九歳にて死したるが故に其一生は甚だ長からずと雖も其名は永く滅せず愛國の志と國に盡したる義とは人々の憐み且つ賞する所なり……」。

フランスを危機から救ったジャンヌ・ダルクの事績は、「如安之傳」が出されてから二〇年近く経ち、広く知られるに至っている。ここでも、愛国の志を持ち、国に尽くす英雄というイメージが読み取れるだろう。

移り変わるジャンヌ像

ところで、ジャンヌ・ダルクの受容（日本にどのように受け入れられたか）については、先に見たような世界史教育や列伝形式で書かれた英雄伝・偉人伝として伝わるものがある一方で、伝記的著作や文学作品の翻訳・翻案というものも数多く知られている。その代表例がドイツのフリードリヒ・フォン・シラーの『オルレアンの少女（*Die Jungfrau von Orleans*）』（一八〇一年）である。この物語は、敵軍将校とジャンヌの悲恋という史実には基づかない創作的プロットが魅力の作品で、アメリカの監督セシル・B・デミルの『ヂャンヌ・ダーク（Joan the Woman）』（一九一六年）も本作を翻案した映画である。

日本では読売新聞別刷（一八九三年六月一二日付）で、内田魯庵が「不知庵」の別号にてシルレル（シラー）の戯曲『オルレアンの女傑』を元にした「如安外傳」を週刊連載し始めた。しかしわずか二カ月余りで断念。一八九三年八月二一日、同紙に「如安外傳中止につき」との記事を掲載し、自分には手に余り「書けば書くだけシルレルの名を汚す様なもの」なので中止する、「讀者諸君願くハ深く咎むる勿れ」と……。結局、シラーの翻訳はそれから一〇年後、藤沢古雪（周次）によって『悲劇オルレアンの少女』（一九〇三年）として刊行された。

ともあれ、日本におけるジャンヌのイメージは、このシラーの『オルレアンの少女』が日本の読者に受容されるにつれて、「愛国の戦士」から「愛に悩む少女」へと変化していったと考えられている。渡邊洋子によると、明治一〇年代から二〇年代にかけてのジャンヌ像は女性の啓蒙を目的とし、「救国の英雄」という形で女性に社会参加のモデルを提供していたのに対し、明治三〇年代以降には、ジャンヌは美しく優しいヒロインとして描かれ始める。そこでは、ジャンヌは求婚されて妻としても申し分のない女性として記述され、家に帰ることなく亡くなってしまったジャンヌは果たして幸福だったのか、家に留まるべきであったのではないかという主張が展開されるのだ（渡邊洋子「明治におけるジャンヌ・ダルク――シラーの『オルレアンの少女』受容をめぐって」『独文学報』一四、一九九八年、一―二〇頁参照）。

作品にはそれぞれの時代の社会背景や理想の人間像が反映されるものである。このようなジャンヌ・ダルク像の保守化というべき現象にも当時の価値観が映し出されているといってよいだろう。スコットランドで書かれた英雄伝やドイツで書かれた戯曲を通じて日本に紹介されたジャンヌ・ダルクのイメージは、史料に基づいた直接的な情報ではなく、間接的に多様な回路を通じて形成されたものであり、明治時代にジャンヌに託して語られた理想の女性像は史実に基づかない創作である。都合のよいふうに改変され、国内向けのプロパガンダという側面も見え隠れする。一五世紀のフランスに生きたジャンヌという歴史上の人物に触れるには幾重にも張り巡らされたフィルターを通り抜ける必要があったのである。

歴史と伝説のはざまのジャンヌ・ダルク

それでは、ここで翻って、私たち自身の認識についても振り返ってみよう。現在の私たちが抱くジャンヌ・イメージの一端にも、ともすると「勇猛なる女傑」あるいは「強く可憐な美少女」という要素が含まれてはいないだろうか。じつはジャンヌ・ダルク本人を見たことがある人が描いた絵は一枚も残されていない。現在に至るまでに描かれてきたジャンヌの図像はそもそも想像に基づくものなのだ。また、ジャンヌが剣をとって勇敢に戦ったというのも史料とは食い違う描写である。だが、これらのイメージは現在に至るまで受け継がれている定番のものとなっている。歴史上の人物について私たちが接する情報は必ずしも史料に基づいたものとは限らない。部分的に史料に立脚したものであったとしても、何らかの脚色はつねになされるものである。それぞれの時代の流行りや理想が反映されたイメージ——それらが人々の歴史認識に影響を与えているというのは、何も明治時代の人たちに限った話ではなく今の私たちにも往々にして当てはまることなのだ。

それでは、どうすればジャンヌ本人に迫ることができるだろうか？　私たちは幸いにもジャンヌ・ダルクに関する重要な史料を日本語訳で読むことができる（第I章、注[22]）。また、加藤玄『ジャンヌ・ダルクと百年戦争——時空をこえて語り継がれる乙女』（山川出版社、二〇二二年）や池上俊一『少女は、なぜフランスを救えたのか——ジャンヌ・ダルクのオルレアン解放』（NHK出版、二〇二三年）など、コンパクトながらバランスのとれた良書を手引きとすることもできる。ジャンヌと彼女を取り巻く状況について、中世ヨーロッパの史料を読み解きあれやこれやと考えてみながらジャンヌ映画を観てみよう。ともすれば「歴史」の話だと思っていた情報にじつはフィルターがかかっていると気づいたとき、私たちは中世映画を新たな観点で愉しむことができるようになっているはずだ。

カール・Th・ドライヤー監督『裁かるるジャンヌ』（一九二八年）やロベール・ブレッソン『ジャンヌ・ダルク裁判』（一九六二年）のようにジャンヌの裁判記録に基づいてジャンヌを描こうとした作品があるのに対して、

先ほど触れたセシル・B・デミル監督『ヂャンヌ・ダーク』（一九一六年）などシラー『オルレアンの乙女』を原作とする映画もある。また、オットー・プレミンジャー監督の『聖女ジャンヌ・ダーク』（一九五七年）はバーナード・ショー『聖女ジョウン』の翻案であるし、ジャン・アヌイ『ヒバリ』を原作としたジャンヌ映画も出されている。このように歴史と伝説のはざまでジャンヌ・イメージは広がりを見せてきたのである。

近年では、シャルル・ペギーの劇作『ジャンヌ・ダルク』と『ジャンヌ・ダルクの愛の秘義』を原作としたブリュノ・デュモン監督の『ジャネット』（二〇一七年）が出色の出来である。ジャネット（ジャンヌの幼少期の呼び名）を演じるのは、当時八歳のリーズ・ルプラ・プリュドム。いきなり歌い、踊り出し、現代のメタル音楽に合わせてヘッドバンギングする少女には度肝を抜かれることだろう。歴史映画として観ることを拒絶するアナクロニズムの極みであるが、神の声を聞いた「ジャンヌ・ダルクとは何か？」を観る者に強烈に突きつける「奇妙奇天烈な破壊的ミュージカル」である。「聖女」とは何者だったのか？　歴史と伝説のはざまに降り立つことで見えてくる「中世」の「真なるもの」――。まさに中世映画の醍醐味を味わえる作品である。

第Ⅱ部

中世映画の読み解き方

第6章　映画の「中の音」と「外の音」

——中世映画と音楽

吉川　文

映画館の暗闇の中で、大きなスクリーンに映し出される、ふだんの生活とはかけ離れた世界。海の底だったり、宇宙空間だったり、そしてもちろん中世ヨーロッパのような遠い時代や場所であっても、目の前に展開するその光景が観る者を引き込む説得力を持つためには、目に入るものだけではなく、聞こえてくる様々な音や音楽が大きな役割を果たしている。特に「音楽」は、無声映画の時代から映像と強く結びつき、そこで語られる物語を支え、観る者の感情に強く働きかける力をもつ。そしておそらく多くの場合、映画に引き込まれた人はそのような音楽に対して無自覚ですらある。ここでは、映画において音楽がどのように作用しているのか、中世の世界の物語に現代の私たちを引き込んでくれる「それらしさ」と音楽との関わりに焦点を当てて考えてみよう。

映画の音楽は、映像との関係性において大きく二つに分けることができる。いわゆる「映画音楽」といった場合、無声映画時代の伴奏音楽のように映像のバックグラウンド・ミュージックとして受けとめられるものがまず思い浮かぶだろう。これは、映画を観る観客に向けられた音楽であって、映画の中で鳴り響いているものではなく、登場人物には聞こえない。映画の雰囲気を作り出し、それぞれの場面が物語の中でどのように位置づけられるものかを雄弁に示しているが、無意識のうちに聞かれていることが多い。その一方、登場人物たちも耳にする映画の「中の音」としても、音楽は重要な役割を果たしている。教会の中で流れる祈りの歌声や、宴席や祝祭の場での楽師たちの演奏、そして戦闘場面で響き渡るラッパの音色は、観る者に対してだけではなく映画の中の人である登場人物たちの耳にも届き、場面を支配する。このような映画の「中の音」と「外の音」は、明確に区分できそうなものだが、実は境界線が曖昧で、その曖昧さが映画の「それらしさ」を効果的に引き出す場合も少なくない。

中世映画において「それらしさ」を作り出す音楽的な要素として、ジョン・ヘインズは「鐘の音、ファンファーレや進軍ラッパ、宴席や宮廷の場面で歌う楽師、聖歌を詠唱する修道士」等を挙げている[1]。確かにこれらの要素は中世を舞台とする様々な映画の中に頻出する。そして、それは映画の「中の音」として場面を彩ると同時に、「外の音」にも溢れ出てくるものとなっている。その扱いには映画によって様々な工夫が凝らされている。本章では一九三八年公開のアメリカ映画『ロビンフッドの冒険（The Adventures of Robin Hood）』（マイケル・カーティス監督）と、二〇〇一年公開のアメリカ映画『ロック・ユー！（A Knight's Tale）』（ブライアン・ヘルゲランド監督・脚本）を取り上げ、音楽の果たす役割を具体的に検証してみよう。

『ロビンフッドの冒険』

獅子心王リチャードの時代、十字軍で不在のリチャードに代わり暴君として振る舞う王弟ジョンに立ち向かう義賊ロビンフッド。この物語は中世映画の定番ともいえるが、中でもアカデミー作品賞にノミネートされたエロール・フリン主演の『ロビンフッドの冒険』は、ハリウッドの黄金期を象徴する作品のひとつである。音楽を担当したエーリヒ・ヴォルフガング・コルンゴルトは、人気作曲家としてハリウッド映画音楽の一時代を築いた人物である。中でもアカデミー作曲賞を受賞した本作は、彼の代表作として映画史に刻まれている[2]。オーケストラの奏でる壮大でロマンに満ちた響きは、ハリウッド映画の典型的な音楽としてイメージされるものであり、一九世紀ロマン派のクラシック音楽やオペラの流れを汲んでいる。

オーストリア出身のコルンゴルトは早熟の天才として知られ、彼に世界的な名声をもたらしたオペラ《死の都（Die Tote Stadt）》が一九二〇年に初演されたとき、彼は弱冠二三歳の青年だった。その後ナチスの台頭と共にユダヤ系のコルンゴルトは活動の場をアメリカに移さざるを得なくなり、映画音楽の世界で高く評価されるようになる。コルンゴルト以外にも、多くの音楽家がこの時期にアメリカに渡り、ハリウッド映画の世界で活躍した者も少なくなかった[3]。当時の映画音楽は、クラシック作品を編曲して利用することも多く、壮麗なオーケストラはハリウッド映画に欠かせないものとなっていた。

コルンゴルトは、オペラに多用される「ライトモティーフ（示導動機）」の手法を映画音楽にも取り込んだ。これは登場人物や物語のキーになるような事物を、特定のテーマ旋律や短いフレーズによって象徴的に表すもので、物語を展開させていく上で効果的に用いられる。ライトモティーフは、まずは映画の「外の音」として作用する。『ロビンフッドの冒険』でも、ロビンのテーマ、ロビンの宿敵ガイ卿のテーマ、恋人マリアンとの愛のテーマなどが場面を彩るが、中でも重要なのはリチャード王のテーマである。映画のタイトルと登場人物や製作者の名が示された後、物語の背景とリチャード王の名が文章で示される冒頭部分に流れるのが、王のテーマである。実際にリチャード王が姿を現すのは映画の後半になってからだが、王の名をロビンや森の仲間たちが口にする度にその旋律が流れる。ロビンが単なる盗賊ではなく、正義のために立ち上がった者であることを担保する存在のひとつが、この公正な王リチャードに対する忠義である。美しく静かだが力強さを併せ持つメロディーは、対立項となる王弟ジョンやガイ卿を象徴する不協和音を多用した響きと対比をなし、映画全体の中でのリチャード王の位置とロビンの活躍とを結び付ける音として、映画を観る者の意識下に働きかける。

映画の「中の音」との関わりを考えた場合、オーケストラの響きそのものは本来、決して中世映画の中の世界で鳴り響くことはできない。しかし、トランペットのファンファーレや宴席での音楽など、中世的な「それらしさ」と重なり合うような音として、映像と「外の音」がリンクすることでそれが場面の「中の音」として機能しているように見える場合もある。映画の冒頭、リチャードが捕虜になったことを布告する役人の背後で太鼓を打ち鳴らす鼓手の動きは、「外の音」であるオーケストラのティンパニの音と一致しているし、王弟ジョンの宴席の場をカメラが切り取っていくとき、笛を吹く楽人がフレームに入ってくると同時にフルートが旋律を奏で始め、「ジョン王子、万歳」の声に合わせ、画面上には姿のない喇叭手のファンファーレが鳴り響く。明らかに「外の音」であった音楽が中にあるはずの音と重なり、両者の境界は非常に曖昧なものになる。

「中の音」と「外の音」の典型的な重なり合いが見られるのが、ロビンとリトル・ジョンの出会いの場面である。丸木橋の上で六尺棒を手に戦う二人の様子を見物しながら、ロビンの連れのウィルはギターン［4］をつま弾いているが、その楽器の音はオーケストラによる「外の音」の中に埋め込まれている（図1）。しかし、優雅な音色はリトル・ジョンの意に染まなかったようで、「もっと景気のいいのを！」という要望に応えてウィルはテンポをあげてギターンを威勢よくかき鳴らす。その音はオーケストラによる背景音楽と一体となって映画を観る者に提示されると同時に、中の登場人物の耳にもはっきりと届いているのである。さらに、六尺棒で打ち合う音は見事にオーケストラの音楽と同期して、戦いを活気溢れたものにする。「外の音」

と「中の音」は一体となって物語世界を支える存在となっている。

『ロビンフッドの冒険』が制作された一九三〇年代には、ルネサンス以前の「古楽」演奏への関心がまだあまり盛んではなかったこともあり、「中の音」であれ「外の音」であれ中世らしさを旋律構造や音色そのものに求めようとする姿勢は、この映画ではそれほど明確には見られない。しかし、古い音楽に対する意識がまったくなかったというわけではない。昔のイングランドの旋律へのリサーチが行われていたことは確かで、一六世紀の舞曲の旋律がマリアンのテーマに垣間見られるし[5]、ロビンと出会った折にリトル・ジョンが口笛で吹いていたのは一三、四世紀頃の史料に由来する歌曲〈夏が来た（Sumer is icumen in）〉の一節である[6]。一二世紀が舞台であることを考えるなら、なお時代錯誤があることは否めないながら、少しでも古い音楽の実体に近づき、それらしさを追求しようとしていた点は注目に値する。

　時代を経ると、音楽そのものにさらに「中世らしさ」を求める方向が顕著になってゆく。それは、物語そのものに歴史的な真正さを求めようとする姿勢と重なる部分もあるかもしれない。『ロビンとマリアン』（一九七六年公開）では、冒頭でロビンと対立し、イングランドに帰ることなく没するリチャードに、公明正大で偉大な偶像化された王の面影を見ることはできない。音楽を担当するジョン・バリー[7]は、ライトモティーフ的にロ

図1　『ロビンフッドの冒険』ギターンをかき鳴らすウィル

ビンとマリアンの愛を象徴する静かで感傷的な旋律を作曲しているのに対し、リチャードには特別のテーマは一切与えず、彼の初登場ですら場面を彩る背景音楽はないまま、疾走する馬の蹄の音だけが響く。王の宴席の場も、二人の楽人が歌と笛を担当するのみのシンプルなもので、「外の音」は一切排して「中の音」としての音楽が控えめに利用される。ここで歌われるのは一四世紀を代表する詩人であり音楽家であるギヨーム・ド・マショーのヴィルレー〈私のためいきは（Se je souspir）〉で、ここでも時代錯誤はなお否定できないが、音楽の演奏スタイルなどは、古楽研究の成果を取り入れたものといえるだろう。

音楽における「中世らしさ」の追求はこの後も続き、実際の中世の響きにさらに近づこうとしてゆく。一九世紀的な大オーケストラによるロマン派的な厚い響きも要所で利用しながら、中世音楽の当時の響きを得ようと古楽器や民族楽器などの音色が効果的に使われた。さらに長調や短調を土台とした馴染みのある音楽構造を外れ、五音音階や多様な旋法の利用によって特徴付けられる、中世的でエキゾチックな響きが画面を彩る。中世の世界を舞台とする映画の多くで、こうした音楽が様々な形で利用されていくことになる［8］。

『ロック・ユー！』

中世の世界を描くにあたり、非常に斬新な音楽的アプローチを行っているのがこの映画である。職人の息子として生まれ、一介の従者に過ぎなかったウィリアムは、自身の運命を変えるべく、身分を偽って馬上槍試合のトーナメントに挑む。詩人チョーサーも加えた仲間たちのサポートを得て数々の試合を勝ち抜き、貴婦人ジョスリンと心を通わせ、身分を暴露される困難にさらされながらも黒太子エドワードに認められて騎士に叙される。最後は卑劣なライバルを見事に打ち倒すという物語で、歴史上の人物や時代背景を十分考証しつつ、その一方で非常に現代的な演出が意図的になされている。その演出を際立たせるのが音楽である。

音楽を担当したカーター・バーウェルによる「外の音」では、ハリウッド映画音楽の流れを汲む大オーケストラの豊かな響きを随所で利用しつつ、中世的な響きをイメージさせる楽器の音色が印象的である。リコーダーやリュートを思わせる音、ジョスリンを追って知らず知らずのうちに馬に騎乗したまま教会に乗り入れてしまったウィリアムの背景で流れる音楽には、教会に入ると同時に聖歌隊を思わせる合唱が加わってくる。旋律の流れも、耳慣れた長調や短調の音階構造ではない、旋法的な響きで構成されており、和声付けを行うときにも三度の耳馴染みのある響きではなく、中世音楽に特徴的な五度を用いたり、バグパイプを思い起こさせるような持続音を効果的に利用する。激しい槍試合では大編成のオーケストラが場面を盛り上げるが、全体として中世音楽の響きを随所に取り入れたものといえる。

しかし、この映画で何よりも印象に残る音楽は一九六九年から一九八〇年までのポップソングだろう。多くの場合、それは「外の音」として登場人物の心情に寄り添うものであるが、時に堂々と「中の音」として用いられる。何よりも強烈な印象を残すのは冒頭、トーナメントの場に集う観客たちが耳にしているクイーンの〈ウィ・ウィル・ロック・ユー〉である（映画の邦題も、A Knight's Tale をそのまま翻訳するのではなく、この曲からとられている）。急死した主人に代わって試合に出場するウィリアムを待ち構える観客たちは、フレディ・マーキュリーの力強い歌声に合わせ、特徴的な「ドッ・ドッ・チャッ」というリズムを手拍子で刻む。最後のエレキギターのフレーズすらも「中の音」として取り込み、本来ファンファーレを吹き鳴らしているはずの喇叭手はギターの弾き終わるタイミングで楽器を下ろし、あたかもギターのフレーズを演奏していたかのようである（図2）。この音楽そのものに中世らしさは微塵もなく、時代錯誤の極みともいえるが、馬上槍試合に熱くなる人々の中に映画を観る者を投げ込み、その興奮を共にさせる役割を果たす上でこの曲は格好の素材となっている。さらに、「いつか大物になってやる、おまえらをあっと言わせてみせる」という歌詞は、まさに主人公ウィリアムの目指すものと完全に重なっている。

トーナメントの優勝者たちが招かれる宴席でも、音楽の利用のあり方は非常に大胆である。踊りなど知らないウィリアムは、恋しいジョスリンと会うために意を決して宴に参加するが、リキテンスタイン卿として故郷ゲルダーランドの踊りを披露せざるを得ない状況に陥る。ジョスリンの機転で無事にステップを示し、いよいよ踊りが始まるときに流れるのは、ジョスリンへの愛のテーマとして作中に何度も現れる旋律を中世の舞曲風にアレンジした曲である。演奏している楽人たちの姿は画面上には現れないが、笛や太鼓、ギターンやレベック[9]のような弦楽器が踊りの伴奏をしている様子を想像することができる。しかし、踊りが次第に速度を増すにつれて音楽は徐々に変化し、デヴィッド・ボウイの歌う〈ゴールデン・イヤーズ〉に移り変わる[10]。踊りのステップも完全に現代的なものになり、ウィリアムとジョスリンは現代の若者と何ら変わらない若い恋人同士として観る者を魅了する。

『ロック・ユー！』では、このほかにもトーナメントに出場するために久しぶりに生まれ故郷ロンドンに戻ったウィリアムたちの凱旋する様子に合わせてシン・リジィの〈ヤツらは町へ〉が流れ、エンドロールでは最初

図2 『ロック・ユー！』ギターの演奏とリンクする喇叭手

に流れた〈ウィ・ウィル・ロック・ユー〉に呼応するかのように、クイーンの〈伝説のチャンピオン〉が歌われる。あわせて一〇曲にのぼるポップソングの多くは「外の音」として聞かれるものだが、時に映画の「中の音」にまで浸透し、映画としての「中世らしさ」を大きく飛び越えて中世世界と今を繋ぐものになる。しかし一方で、これらの七〇年代のポップソングは、映画が作られた二〇〇〇年の段階ではすでに「クラシック」な楽曲であった点は注目される。数百年を隔てた中世の音楽と比較するなら、これらのポップソングは紛れもなく現代の楽曲だが、映画を観る者にとってはある種の「ノスタルジア」を喚起する音楽でもある。中世映画の音楽に見られる特徴をあげたヘインズは、素朴で荒削りなもの、牧歌的な響きといった面にも注意を向けている。その背後には、ある種の懐古趣味や「ノスタルジア」が存在する。現代的であると同時に懐古的でもあるという点で、これらのポップソングには多様な意味が込められていると考えられる。バーウェルが作り出す中世的な「それらしさ」を備えた音楽と共に、絶妙なバランスで要所要所に配されるポップソングは、映画の中に描き出される中世の世界を、ある種のノスタルジアとともに身近に感じさせる効果を発揮するのである。

「中世映画」と「中世音楽」

『ロック・ユー！』でのポップソングの利用には、非常に興味深いものがあるが、これはこの作品に特化した個性的な試みであり、映画史の中ではやはり中世の時代の音楽こそが、中世を舞台とする映画において、「それらしさ」を支えるものとしてまず重視されてきた。『ロビンフッドの冒険』でリトル・ジョンが吹く口笛の調べや、『ロビンとマリアン』の宴席で歌われるマショーの歌曲はその端的な例である。『ロック・ユー！』においても、バーウェルの作る音楽の多くは楽曲構造の面でも、楽器などの音色の面でも中世音楽の響きを強く意識したものである。ただし、「それらしさ」を担保するこれらの音楽も、その時代に本当に響いていた真正な音楽とはいえない。リトル・ジョンの口笛もマショーの歌曲も、舞台となる時代と比較するなら一〇〇年以上も新しい時代錯誤の音楽でしかない。しかし、その時代に歌われ、演奏されていた音楽「そのもの」とは一体何かという根源的な問いに、確実な答えを出すことは残念ながら不可能である。

中世において人々が実際に耳にしていたのはどのような音楽であったのか、古楽の研究においてつねにひとつの目標とされてきた真正さ《オーセンティシティ》に対する答えは、古楽復興の歴史を辿ればわかるように常に変化し続けてきた。リーチ＝ウィルキンソンは古楽の演奏が時代を経る中でいかに変化してきたかをつぶさに検討し、唯一真正な演奏といえるものは存在しえないことを明らかにしている［11］。数百年前にトーナメントの場で、あるいは宴席の場で奏でられていたはずの音楽はその場で消えてしまい、その響きに近づくために利用できる史料は、楽譜にせよ、図像にせよ、当時の音楽を語る言葉にせよ、きわめて限られたものでしかない。様々な材料を駆使し、想像力を働かせながら当時の音を再現しようとする試みには、結局のところ無限の可能性があり、それこそが古楽演奏のひとつの醍醐味でもある。

中世音楽の魅力のひとつとして、リーチ＝ウィルキンソンは中世に対する多岐にわたるビジョン、色彩豊かで、神秘的で、甘美であるとともに粗っぽく、恐怖に満ち、扇情的で残酷で、知的で深遠な姿を提供し、私たちの想像する過去のイメージをより豊かなものにするという点をあげている。それはまさに、中世映画の中で音楽の果たす役割そのものともいえよう。中世映画における「それらしさ」を支えるものとして、中世音楽は「中の音」としても「外の音」としても重要な位置を占めるものであり、その響きは中世のイメージと結び付きながら、中世を描く映画に多様な彩りをもたらすものであり続けることは間違いない。

［1］John Haines, *Music in Films on the Middle Ages: Authenticity vs. Fantasy* (Routledge, 2014).

［2］『ロビンフッドの冒険』よりも前に手がけた『風雲児アドヴァース』（一九三六年公開）の音楽も、アカデミー賞を受賞しているが、この時期映画音楽の賞は作曲者個人に対してではなく、映画制作会社の音楽部に贈られる体をなしていた。このため、コルンゴルトは作曲家としてクレジットされていたが、『風雲児アドヴァース』で音楽の賞を受賞したのはワーナー・ブラザーズ音楽部のレオ・F・フォーブスタインだった。その後、作曲賞と編曲賞が分けられ、最初にオリジナル・スコアの作曲でアカデミー作曲賞を贈られたのが『ロビンフッドの冒険』を手がけたコルンゴルトだった。Ben Winters, "The Composer and the Studio: Korngold and Warner Bros," Mervyn Cooke and Fiona Ford (eds.), *The Cambridge Companion to Film Music* (Cambridge University Press, 2016), p. 54.

［3］他にも『キング・コング』や『風と共に去りぬ』の作曲者マックス・スタイナーや『真昼の決闘』や『ジャイアンツ』を手掛けたディミトリ・ティオムキン、『クォ・ヴァディス』や『ベン・ハー』を担当したミクロス・ロージャ等の作曲家がいる。Kathryn Kalinak, *Film Music: A Very Short Introduction* (Oxford University Press, 2010), p. 62.

［4］ギターン gittern は小型のリュートのような撥弦楽器で、一三世紀頃に用いられていたとみられる。

［5］Ben Winters, *Erich Wolfgang Korngold's The Adventures of Robin Hood* (Scarecrow Press, 2007), pp. 73–75.

［6］リサ・コルトンはこの中世のイングランドの旋律をリトル・ジョンが口笛で奏でることによって、時代性だけではなく、リトル・ジョンが決して高い身分の出ではなく、農民に位置づけられることも示されると指摘している。Lisa Colton, *Angel Song: Medieval English Music in History* (Routledge, 2016), p. 31.

［7］数々の映画音楽を手がけたジョン・バリーは、特に007シリーズの音楽で有名だが、『冬のライオン』（一九六八年公開）や『ダンス・ウィズ・ウルブズ』（一九九〇年公開）でアカデミー作曲賞を受賞している。

［8］たとえば、ジョン・バリーの『冬のライオン』では、大オーケストラとともにラテン語を歌う合唱が印象的で、古いキャロルを思わせるような響きがアクセントとなっている。また、第三回十字軍直前のエルサレムを舞台とする映画『キングダム・オブ・ヘブン』（二〇〇五年公開）で、音楽を担当したハリー・グレッグソン＝ウィリアムズはオーケストラを主体とした音楽の中に中世を意識した響きを持ち込んでいる。それは打楽器をはじめとする様々な楽器、そして歌声の効果的な利用によるものだが、用いられる音階や発声法の違いを活かすことによって、ヨーロッパ的なものとイスラム的なものとの対比も表現されている。

［9］レベック rebec は細長く、背中の部分がやや膨らんだ胴を持つ小型の擦弦楽器で、一三世紀から一六世紀頃に広く用いられた。

［10］当初、この場面では〈ゴールデン・イヤーズ〉ではなく、KC＆ザ・サンシャイン・バンドの〈ゲット・ダウン・トゥナイト〉が用いられる予定だったが、ウィリアムを演じたヒース・レジャーの提案で、この場により相応しいものとして〈ゴールデン・イヤーズ〉が採用された。Brian Helgeland, *The Shooting Script: A Knight's Tale* (Newmarket Press, 2001), p. ix.

［11］Daniel Leech-Wilkinson, *The Modern Invention of Medieval Music: Scholarship, Ideology, Performance* (Cambridge University Press, 2002).

✠コラム5

『ロック・ユー!』の馬と騎士の現実

岡田尚文

さまざまな観点から語ることのできる『ロック・ユー!』(二〇〇一年)だが、ここでは主人公らが興じる馬上槍試合《ジューステイング》で表現されていたような騎士(とその馬)の実際について見てみよう。

誤解を恐れずに言えば、中世の騎士は我々が考えるよりずっと鈍重であった。というのも、彼らが防御力を高めるために鉄の甲冑を身に着けるという道を選択したからで、一〇キログラム未満であった初期の鎖帷子ならまだしも、一五世紀に普及した、頭や全身を鋼板で覆う重甲鎧(プレート・アーマー)などは三〇キログラムもの重さがあった。重くてそう簡単に動けないので、馬に乗るのにも滑車を使って吊り上げていたほどだ。いざ合戦となれば、騎士はもちろんそのほかにも剣や長槍、大盾を携えなければならなかったし、馬にも鎧を付ける場合が多かった(堀米庸三編『中世の森の中で』河出書房文庫、一九九一年参照)。

こういった重武装を支えるために、馬もまた大型化される。『ロック・ユー!』はジェフリー・チョーサーを登場させているところを見ると一四世紀後半のイングランドを舞台にしていると考えられるが、本村凌二によれば、一三世紀から一五世紀のヨーロッパで珍重されたのは主にイタリア半島とイベリア半島産の馬であった(『馬の世界史』講談社現代新書、二〇〇一年)。これらの馬は、体高(地面から肩までの高さ)一七〇から一八〇センチメートル、体重五四〇から六〇〇キログラムもあったという(ちなみに現代のサラブレッドの平均が体高一六〇から一七〇センチメートル、体重四五〇から五〇〇キログラム）。かくて、重い甲冑を着けた騎士と重い馬との組み合わせは、機動力を犠牲にしながらも恐るべき突進力をもつこととなった。

　リン・ホワイトによれば、今日我々が知る意味での「衝突《ショック》」という言葉は、八世紀前半に普及した「あぶみ」が可能にした「騎乗突撃戦闘（mounted shock combat）」という用語から生み出された（『中世の技術と社会変動』内田里美訳、思索社、一九八五年）。これについて、ヴォルフガング・シヴェルブシュが以下のように説明する。

　鞍前（pommel）と鞍尾（cantle）により、前後に対する安定が得られると共に、あぶみが横に対する安定をも保証するようになったので、馬と騎士は一体となって効果的に戦うことができるようになり、それまで考えられなかったほどの衝撃力（violence）を出せるようになった。騎士の手は、今では槍を力まかせに振るのではなく、ただその方向に槍を導くだけとなる。あぶみが、それゆえ人間の力を動物の力に変え、こうして騎士の破壊力を高めた（『鉄道旅行の歴史――19世紀における空間と時間の工業化』加藤二郎訳、一九八二年、一八八―一八九頁）。

　あぶみと鞍の組み合わせ（による上下の揺れと前後の揺れの抑制）がケンタウロスの如く一体化した人馬のもたらす突進力、すなわち「ショック」を余さず対戦相手に伝える。『ロック・ユー！』でかなり忠実に再現される馬上槍試合は、多分に儀礼的で、かつ中央に設けられた柵を挟んで闘われるので、実際の戦闘とは異なり真正面から騎士同士がぶつかることはなかったろうが、それでも槍の先端に集約された力は、鎧に覆われた相手の上半身に相当のショックを与えたはずである。いや、むしろトールキンのハイファンタジーを映画化した『ロード・オブ・ザ・リング』シリーズ（二〇〇一―〇三年）における騎馬戦（騎獣戦？）の描写の方が、ショックの表現としては「リアル」なのかもしれない。あるいはドラゴンという中世のハイブリッド・モンスターとの想像上での闘いに、このショックは活用された（詳しくは岡田尚文「蒸気機関車イメージの変容、あるいはショックの馴致について――ディズニー映画『リラクタント・ドラゴン』［一九四一年］を手掛りに」『学習院大学文学部研究年報』

第六四輯、二〇一七年、一八七―二一五頁を参照のこと）。

さて、話を戻せば、騎士が身に着ける剣や鎧は当然、鉄でできていたが、鉄を精錬して作る鋼鉄は、当時、非常に高価な資材であったので、戦場における騎士の割合は、全体のわずか五分の一に過ぎなかったといわれている。鋼の剣や甲冑など、「自腹」で揃えるのが基本である前近代の戦争においては、領民の富を一手に吸い上げる一部の領主層くらいにしか装備できなかったのだ。とはいえ、現実は厳しい。

ある城主が守備隊を召集する。ところが馬は十五頭しかいない。やせこけた駄馬で、ほとんどが蹄鉄さえも打っていない。一頭に二人ずつのせる。その兵士にしてからが、そのほとんどが、めっかちかびっこなのだ。隊長の服につぎをあてようと、かれらは敵の洗濯場を襲撃に出かける。せっかく分捕った牝牛も、敵の隊長に求められれば、これを丁重に返却してしまう。野原を進む夜行軍の記述には、夜気が香り、夜の静けさがある（ホイジンガ『中世の秋』堀越孝一訳、上、中公文庫、一九七六年、一四一頁）。

ホイジンガによれば、ジャンヌ・ダルクと共に闘った騎士、ジャン・ド・ブイユの活躍を記した物語『ル・ジュバンセル』こそが、一五世紀の現実を伝えているのだという。騎士道の理想、理想の騎士道は、必ずしもこのような現実を反映してはおらず、もっぱら文学的・象徴的次元で語られたものではあった。しかし、中世の戦場にあっては、軍は歩兵ではなく騎士を中心として編成されていたのだし、彼らが単独で英雄的に振る舞うべしとされていたのもまた事実であった。騎士同士の戦いは、ゆえに、あまりにも儀礼的になりすぎて、中世も末期には、軽装の歩兵隊、特に弓兵隊に容易に打ち落とされるようになってしまった。

『ロック・ユー！』で再現されたような「中世の秋」における馬上槍試合は、現実の名残をこそ、伝えるものであった。チョーサーが伝えたのはやはり文学であったというべきか。ヒース・レジャー演じるところのリキテンスタイン侯の周囲には、夜気がわずかに漂っていたようだが。

第7章　『冬のライオン』とロマネスク美術

金沢百枝

中世映画の舞台

中世ヨーロッパを舞台にした歴史映画に建築物の描写は欠かせない。衣装や武器などの小道具とともに、登場人物が闊歩する空間とその装飾は、時代の雰囲気を饒舌に語る。その様式がおろそかでは、脚本や演技がいかにすばらしくとも、興醒めだろう。近年ではCGを用いて映像の合成が容易になり、町を鳥瞰するショットなど、これまでは困難だった表現も製作できるようになったが、現存する中世建築を舞台として利用する映画も少なくない。

ひろく知られてはいないものの、『冬のライオン』はロマネスク建築と美術を効果的に利用している稀有な作例である。そこで本章では、一九六八年、アンソニー・ハーヴェイ監督によって製作された『冬のライオン』において、一一世紀から一二世紀の建築・美術様式であるロマネスク建築や美術がどのように用いられているか、またそれは作品にどのような効果を与えているかについて論じるとともに、それらはこの映像作品の主題とどのように関わっているのか、さらには中世を舞台にした映画、いわゆる「中世映画」をつくる意味についても考えたい。

『冬のライオン』は、一一八三年のクリスマス、シノン城を舞台に、イングランド王ヘンリー二世が后アリエノールや三人の息子たちと繰り広げる愛憎劇で、歴史ものを得意としたアメリカの作家ジェームズ・ゴールドマンの脚本をもとにしている。初演はブロードウェイ。まずは舞台作品として世に現れた。ゴールドマンによる脚本は今では世界中で演じられている人気の脚本だが、公演当初の反応は低調で、ロングランにはならなかった。舞台劇として始まったことによる、シェイクスピア劇を思わせる凝ったせりふや、ほぼ密室における展開などの特徴は、映画の演出にも影響を与えているように思われる。俳優の演技力が重視されたことは、映画化決定後、出演予定の俳優たちが、一九六七年一〇月、ロンドンのヘイマーケット・シアターに一堂に会し、舞台上でリハーサルが行われたことからも見て取れる。

撮影は主にアイルランドのアードモア・スタジオで行われたが、フランスとウェールズでロケを行ったとされる[1]。脚本によるとブロードウェイ版の『冬のライオン』の場面設定は、一幕、二幕ともすべて室内である[2]。「演劇が行われる部屋はすべてシンプルでふんわりとして、清潔で家具やものはできるだけ省いた空間である」と脚本の概要でゴールドマンは述べている[3]。まさに映画製作の際、ロマネスク建築と美術がつけ加えられたのである。以下、映画『冬のライオン』の物語を追いながら、分析可能な範囲で、ロマネスク建築や美術との関わりについて述べてゆきたい。

オープニング

黒い背景にプロダクション名（an AVCO EMBASSY film）が浮かびあがる。文字が消えると、ゆっくりとロマネスク彫刻が暗闇から浮かび上がる。ぎょろりと飛び出した目、逆だった髪や長い髯に縁取られた顔はやや剽軽な印象で、その顔の横にプロデューサーのジョゼフ・E・レヴィンの名前が浮かぶ。次に、うつむき加減の王の顔の彫刻が浮かび、王であるヘンリー二世役のピーター・オトゥールの名が横に配される（図1）。そして冠をいただく女の彫刻とともに、エレオノール役のキャサリン・ヘプバーンの名が続く。映画のタイトルは、人間を貪り食おうと牙を剝く恐ろしげな怪物の彫刻とともに現れる。その他の俳優については、とぼけた顔つきの獅子の彫刻のいる画面に流れる。ここに獅子を使ったのは、映画のタイトルとの連想といえなくもないが、ヘンリー二世の息子リチャードが獅子心王と呼ばれていることも関連しているのかもしれない。やや話が逸れるが、キャスティングも豪華で、ピーター・オトゥールやキャサリン・ヘプバーンのようなベテラン俳優ばかりでなく、リチャード役には若きアンソニー・ホプキンス（本作品で映画デビューを果たした）、フランス王フィリップ役には後にジェームズ・ボンド役も務める美形俳優ティモシー・ダルトンを用いている。

さて、以上、オープニングで用いられるロマネスク彫刻は、他の映画作品でしばしば見られるようなレプリカや中世風に作られたセットではなく、ロケ地南仏で撮影されたと思われる。ロマネスク彫刻をこれほど有効に活用している映画は類例をみない。

暗闇に浮かび上がるロマネスク彫刻が醸し出す剣呑でない雰囲気は、物語の波乱を予感させる。老いた王（冬のライオン）は王位を三人の王子のうち、誰に譲るのか、美しい恋人アレースを誰と結婚させるのか、母が愛する豊かなアキテーヌの領地を誰が相続するのかという問題をめぐって、愛の駆け引きと騙し合いが展開する。

オープニングの彫刻について、監督のアンソニー・ハーヴェイは「アルルのとある私有地の道端で偶然みつけた」と二〇一八年に発売された五〇周年記念版『冬のライオン』に収録されたインタビューで語っているが、これはおそらく記憶違いであろう［4］。これらはすべて、ロケ地として使われたアルル近郊モンマジュール大修道院の西回廊の持送り彫刻である（図2）［5］。脚本のうえではシノン城が舞台だが、城の外観などの撮影には一一四〇年から一一六〇年頃に建てられたモンマジュール修道院と一二世紀末に改築されたウェールズのペンブローク城が使われた［6］。

歴史的背景

冒頭、ヘンリー二世（ゴールドマンの脚本では、五〇歳。以下、登場人物の括弧内に脚本中の年齢を記す）は愛息ジョン（一六歳）に剣の稽古をつけたあと、愛妾アレース（二三歳）と草原で食事をしながら、次のクリスマスの計画

図1　ロマネスク彫刻が使われているオープニング・クレジット

図2　モンマジュール修道院回廊の持送り彫刻、一二世紀

を語る。アレースはフランス王フィリップの異母姉で、ゴールドマンの脚本では「このうえなく美しい。上等の陶器のような姿で、壊れやすく、繊細、純粋で、登場人物のなかで唯一壊れやすい人物」である。パリ攻略の要となる町ヴェクサンと引きかえに、次期国王の后になるという名目で、幼い頃にイングランド宮廷で后アリエノールが育てたが、いつしかヘンリー王の愛妾となった。豊かで広大なフランス南西部の領地アキテーヌの女領主であるアリエノール（六一歳）は、夫に対し謀反を起こしたため、ソールズベリーに幽閉されていた。ヘンリーは、后アリエノールの愛する息子リチャード（後のリチャード獅子心王、二六歳）ではなく、彼が溺愛する末子ジョンに王位を譲り、ヴェクサンの町もアレースも手元に置こうという目論見で、三人の息子と后アリエノール、そしてフランス王フィリップ二世をクリスマスに招待したのだった。実際、ヘンリーは一一七三年の三月に長子ヘンリーとシノン城で過ごし、一一八二年にはノルマンディーのカンで長子ヘンリー、リチャードとジェフリーとクリスマスを過ごしているが、シノン城で家族全員揃ったクリスマス・パーティは実際には開かれなかった。相続問題に関する会談は実際には一一八四年のウィンザー城で行われた。三兄弟に加えて神聖ローマ皇帝ハインリヒ五世の后となった娘マティルダや孫とともに、アリエノールとヘンリーはクリスマスを過ごした[7]。

『冬のライオン』の歴史的蓋然性については、堀米庸三氏のエッセイが詳しいのでここでは繰り返さないが、当時のイングランド王は、相続によってアンジュー伯領、ノルマンディー、ブルターニュ、メーヌ、トゥーレーヌを有し、后アリエノールが相続したアキテーヌ侯領を含めると、フランス王国の半分を有し、「アンジュヴァン帝国」と呼ばれるほどだったことは注記しておきたい[8]。

この帝国を相続するのは誰か。この問題が生じたのは、一一八三年にヘンリーの共同統治者で後継のヘンリー若王が熱病のため亡くなったからである。また一一八〇年、ルイの後を継いでフランス王となったフィリップ・オーギュストは、それまで緩慢に引き伸ばしてきた問題（アレースの結婚か領地の返却か）の解決を迫っていた。また魅力的なアキテーヌの領地は誰のものか。その未来を決めるにあたって女領主アリエノールの存在は必須だった。

堀米氏は、長子が死んだとしても、王位継承者は自動的に次男のリチャードとなるので王位継承をめぐる争いなど起こるべくもないとし、『冬のライオン』についてこう語っている。「それではこの映画のどこに仮構があり、どこに真実があるのか。ひとことでいえばすべてが仮構である、だがにもかかわらずすべての仮構がある内的真実を含んでいる」［9］。「メデューサ」に喩えられる王妃、血に飢えた戦士リチャード、奸計に長けたジェフリー、甘やかされた若者ジョン、美しいアレースとフランス王フィリップが一堂に会するクリスマスは、葛藤と駆け引きの場として設定されたのである。

その伏線となっているのが、オープニング・クレジットで不安を煽るように表現されたロマネスク彫刻なのであろう。またアリエノールの居室に架けられているタペストリーも見逃せない［10］。典拠は確かではないが、クリスマスへの招待を告げる使者とアリエノールが話す場面に映る居室の壁に装飾がある（図3）。一枚のタペストリーには、玉座に王が座り、両脇に聖職者がいて、王の即位の場面が描かれている。別の壁には色褪せたタ

図3　即位の場面（右）と恋愛の場面（左）を表すタペストリーを飾る幽閉中のアリエノールの居室

ペストリーが二枚かけられており、その一枚には庭園で愛を交わす男女が描かれていると思しい［11］。アリエノールが司るアキテーヌ領ポワチエの宮廷にはトゥルバドゥールが集い、宮廷的恋愛の文化が発達したとされている。タペストリーの図像によって、アリエノールの人物像を端的に語っているとも思われるし、この物語が王位継承と愛憎の物語であることをあらかじめ見せているのかもしれない。

城

開放を喜びシノン城へ思いを馳せるアリエノールとともに、場面は平野にそびえる「シノン城」の遠景へと移り変わる。実際には、シノン城ではなく、南仏アルル近郊モンマジュールにあるサン・ピエール大修道院である（図4）。霞んでいるのは、舞台となっている一二世紀にはなかった一四世紀の塔と修道院聖堂の後陣、一八世紀の修道院僧坊を隠すためだろう。周囲の平地から四三メートルほど高い丘の上に建つこのベネディクト会修道院は、かつては船でしか行き来できない沼地のなかの孤島だった［12］。室内のシーンはスタジオでの撮影だそうだが、礼拝時を告げる鐘楼や、廊下など室内描写のあいだに挿入される映像は、まさしくモンマジュールのロマネスク建築内である。ロマネスク聖堂の鐘楼や回廊が臨場感を増している。

図4　モンマジュール修道院遠景（映画中の「シノン城」）

ところで、ゴールドマンが映画のために書き直した脚本には、城についての覚書がある[13]。

『冬のライオン』は特別で変わった類の歴史劇だ。映画においてそのスタイルと意図を明確にするため、舞台となる城の見た目や城での生活は世俗的な意味で現実に即していると同時に、我々が慣れっこになっているいわゆるアーサー王映画とはまったく違うものでなくてはならない。

と、思い入れを語っている。その他にも「王族の暮らしであっても、粗野で荒っぽい」、「城の部屋はスパルタ式で調度品は少ない」、「床は藁で敷きつめられているが、変えるのは時折」、「部屋のなかはおおむね暗く、灯りは煙っぽい松明か蠟燭のみ」、「隙間風で城のなかは凍りつくほど寒い」、「服はほぼ汚れていて、クリスマスの宮廷であってもなにも清潔とは言えない」、「住民でごちゃごちゃしているのはもちろん、犬が何百匹もいる」とし、「これらのことすべて、つまり垢や汚れや寒さ、粗末で荒れた暮らしこそが、この映画の情景に必須なのである」と、お伽噺的な中世描写ではなく、「写実的な」中世の描写を目指す[14]。ゴールドマンの脚本通り、王の居室さえ極寒で、朝、顔を洗う前に、ヘンリーは水桶に張った氷をかち割らなければならない。フランス国王フィリップを迎えるときも、高らかなファンファーレが鳴り、出迎える王と王妃の足元には犬や鶏が駆け回っている[15]。

居室の装飾

美術が映画のプロットや登場人物の性格を反映している可能性については先に述べた通りだが、ヘンリー王の執務室に架けられたタペストリーを見てみよう（図5）［16］。くすんでいるが、騎馬兵の一群であることがかろうじてわかるだろう。この図像源は、九世紀、ザンクト・ガレン修道院で製作された『黄金詩篇』（*Psalterium aureum*, St. Gallen, Stiftsbibliothek, Cod. Sang. 22）の一四一頁の一部に違いない（図6）。先頭の馬に盾ごと踏まれた兵士の脚付きやひとつ頭が飛び出た兜をつけた兵士、馬具や最後尾の兵士の弓矢をひく姿勢などが酷似している。

深読みが過ぎるかもしれないが、これは「わたしの神よ、わたしを敵から助け出し立ち向かう者からはるかに高く置いてください」と始まる詩篇五八（五九）の挿絵である。第一三節では「口をもって犯す過ち、唇の言葉、傲慢の罠に自分の唱える呪いや欺く言葉の罠に彼らが捉えられますように」とある。まさにこの劇中で、激しくかわされる剣のような言葉のやりとりを暗示しているかのようだ。ユダヤ系の家庭に生まれたゴールドマンが「詩篇」に通じていた可能性は高く、たんなる偶然ということはなかろう。

もうひとつ指摘しておきたい映画の小道具がある。宴の後、王妃アリエノールが居室でリチャードと会う場面で、部屋の壁龕に壺が置かれているのである（図7）［17］。全体は鷲のかたちをしており、胴の部分は紫、金の頭と翼をもつ。現在、ルーヴル美術館にある「サン・ドニ修道院長シュジェ

図5
ヘンリー王の居室のタペストリー

図6
『黄金詩篇』
ザンクト・ガレン修道院図書館蔵

ールの鷲」と呼ばれる壺に間違いない（図8）。一二世紀のサン＝ドニ修道院長シュジェールによると、見捨てられていた紀元二世紀の紫大理石の壺に、金メッキを施した銀で鷲の頭部と翼をつけて、キリストの象徴である鷲に仕立てた、典礼用の水差しである［18］。

この典礼用具が王妃の居室にあるのは場違いだが、アリエノールとサン＝ドニ修道院長シュジェールとの間には、以下のような逸話がある。現在、ルーヴル美術館のアポロンの間に「シュジェールの鷲」とともに展示されている「アリエノールの水晶」という器があるのである（図9）。硬い水晶を削って作った容器の上下に金銀を付け足して作った注ぎ口と、底縁部に惜しみなく宝石を埋め込み、細線細工で渦巻きや花などを象った繊細で豪奢な品である。この器はアリエノールの祖父で、トゥルバドゥールとしても知られたアキテーヌ公ギヨーム九世が所蔵していた。アリエノールがそれを受け継ぎ、一一三七年に若きアリエノールがフランス王ルイ七世と結婚後、フランス王ルイに贈り、そして王がシュジェールに贈ったのだろう。底縁部の銘文に「ひとりの花嫁として、アリエノールはこの瓶を王ルイに贈った。ミタドルスが彼女の祖父に、王がわたしに、そしてスゲリウスが聖人に贈った」［19］とある。銘文は、サン・ドニ修道院所蔵になった時点に刻まれたと考えられる。銘文に登場するミタドルスが何者かについては諸説あるが、イベリア半島北東部サラゴサを支配していたムスリムの王と

図7　アリエノールの居室に置かれた壺

図8　「シュジェールの鷲」一二世紀、ルーヴル美術館蔵

もされ、古代末期あるいは初期中世に、ササン朝ペルシャで作られた水晶の壺は、アリエノールの祖父がイベリア半島でイスラム教徒との戦いのさなか、捕虜と交換で受け取った戦利品としてアキテーヌ宮廷にもたらされたというビーチの説が有力に思われる〔20〕。

アリエノールと関連づけられる水晶の壺ではなく、「シュジェールの鷲」をアリエノールの居室に置いたのはなぜか。「写実」や「歴史的事実」よりも、映像としての演出を優先した結果、地味な水晶の壺よりも、華やかで王者の風格がある「シュジェールの鷲」を王妃の私物として選んだのであろうか。

図9　「アリエノールの水晶」一二世紀、ルーヴル美術館蔵

真夜中の結婚式

表向きには、クリスマスを祝うために集まった彼らだが、先に述べたとおり、それぞれには目的があった。フランス王フィリップの目的は、一七年前に交わされた約定の施行を迫ること。つまり、アレースを次期王の后とするのか、そうならないのであれば婚資代わりの領地を返してほしい。ヘンリーは、戦略上の拠点となる領地を返還したくない。かといって、愛人のアレースを手放したくない。そこで形式上、アレースを末息子ジョンと結婚させて約定をうやむやにしようとする魂胆だ。アレースも、次期王

の座を狙うジョンも、ヘンリーの虫のいい考えに反発する。一方、アリエノールは、リチャードを王に推挙しつつ、故郷アキテーヌを取り戻したい。愛妾アレースをヘンリーから引き離したいという下心もある。リチャードは自分が後継者になれない場合には、王妃、フランス王と次男ジェフリーと組んでヘンリーを倒す算段もやむなしと勢い込む。美形のフランス王フィリップの居室に、次から次へと交渉しにやってくる男たちが、タペストリーの背後に隠れる場面は喜劇的だが、これも「居留守を使うときにタペストリーに隠れた」という聖女伝に歴史的前例がある〔21〕。

陰謀が渦巻くなか、アリエノールとヘンリーは契約を交わす。アリエノールの希望通りリチャードを王にし、アリエノールを幽閉状態から解放する代わりに、アリエノールが愛するアキテーヌの所領をジョンに譲るという。その契約をうやむやにされないよう、真夜中にもかかわらず、直ちにリチャードとアレースの挙式の遂行を迫る。結婚式を先延ばしにし、愛人アレースを手放さずにいようというヘンリーの魂胆を見抜いているからである。やけになったヘンリーはダラム司教を大声で呼び出し、みなに城内の礼拝堂に集まるよう命じる。

城の各所から急ぎ集まるようすから、まるで城内に礼拝堂があるかのように見えるが、修道院内の情景ではない〔22〕。扉口の彫刻から近郊タラスコンのサン・ガブリエル聖堂とわかる。この礼拝堂については、映像作品のデータベースであるインターネット・ムービー・データベース（ＩＭＤｂ）のロケーション欄にも言及されていないが、破風には「受胎告知」と「エリザベツご訪問」、扉口上のテュンパヌムには「獅子穴のダニエル」と「アダムとエヴァの堕罪」場面があり、サン・ガブリエル聖堂以外考えられない（図10・11・12）〔23〕。それは堂内の祭壇の形からも裏付けられる。監督のハーヴェイが「偶然に出合った」と語るロマネスク美術は、オープニングで使われているモンマジュール修道院の彫刻ではなく、アルルからタラスコンに行く途中にあるこの小さな礼拝堂だったに違いない。今でも北壁には撮影時にあけられた開口部の痕が残る。モンマジュール修道院は川辺にはないため、船の乗り降りなど川を必要とする場面にはタラスコン城近くの川辺が用いられており、ロケ班はアルルだけでなくタラスコンにも行っていた。

物語に戻ると、リチャードが結婚を拒んだため、結婚式は行われなかった。状況は振り出しに戻り、兄弟が反乱を企て始める。それを知り、自分本位な息子たちに嫌気がさしたヘンリーは、アリエノールとの結婚の無効を申請するためローマ教皇庁へ赴くことを決意する。正式にアレースと結婚し、新たに後継ぎを得るためである。そのため、三兄弟は地下に閉じ込められ、寵姫アレースはやがて生まれくる王子のために三兄弟を殺すようヘンリーに迫るのだが、最後にどんでん返しが起こり、政治的状況は解決しないまま物語は終わる。

10

11

12

図10　サン・ガブリエル聖堂外観
図11　サン・ガブリエル聖堂正面浮き彫り
図12　映画のなかの「礼拝堂」

凝ったせりふ、家族の物語とコメディ

それでは、冬の暗い城、しかも真夜中という閉鎖的な空間を舞台に、家族が互いに腹を探り合い、罵り、傷つけ合うこの物語の核心はいったいどこにあるのだろうか。ゴールドマンが自らを「本来的な喜劇作家だ」と述べている通り、この作品は王位継承をめぐる謀略を描く歴史を扱っているものの、冬の、老いゆくライオンのように、「老いをどのようにむかえるか」、「老いゆくものの愛」や「家族とは何か」など、現代に通じる問題を笑いと皮肉を込めて描いているように思われる。この主題を象徴的に描くため、ゴールドマンは中世ヨーロッパを舞台に選んだのではないだろうか。

ほぼ全編にわたって続く言い争いと緊張も、凝った言い回しや言葉遊びをふんだんに含むせりふの魅力によって支えられている。たとえば「リチャードの婚礼をキリスト再臨の時まで長引かせるに違いない」という母の言葉に対して、ジェフリーは苦笑しながら、

I know. You know I know. I know you know I know, we know that Henry knows and Henry knows we know it. We're a knowledgeable family.
（わかっていますよ。母上もご存知だろうし、母上がわたしがわかっているのを知っているのも、そして父上もおわかりで、さらにわたしたちがわかっているということをご存知でしょう。わたしたちは知り尽くした家族なのです。）

と、舌を嚙みそうなせりふを叩き出す〔24〕。

英語劇の要となる言葉遊びもある。いくつか挙げると、晩餐中のアリエノールのせりふ〈What would you have me do? Give out, give up, give in?〉ではgiveという語の展開でヘンリーが自分を追い込もうとしていることをチクチクと指摘する〔25〕。ヘンリーとの交渉中のフィリップが放つ〈Piss on your peace〉などもpiss（尿）とpeace（平和）で不謹慎な言葉遊びをしている。あるいは、母の居室を嫌々訪《おとな》ったリチャードにアリエノールが退去を命じる場面で、「Departure is a simple act. You put the left foot down and the right.（退去するのは簡単な動作よ。左足を踏んで、次に右足を）」と茶化すせりふも気が利いている〔26〕。あるいは、アリエノールの居室に三兄弟が集まった場面で、弟ジョンを追いかけまわすリチャードが短剣を手にしているのを見たアリエノールは、呆れた目つきで「He has a knife. He always has a knife. We all have knives. This is eighty-three and we are barabarians.（家のなかだっていうのに）短剣を持っている。いつも持ち歩いている。みんなそう。一一八三年だから、みんな野蛮で、短剣なんて当然持っているわけよ」と、現代人のようなアリエノールが顔を出す。

> Oh, my piglets, we're the origins of war. Not history's forces nor the times nor justice nor the lack of it nor causes nor religions nor ideas nor kinds of government nor any other thing. We are the killers; we breed war.
> （ああ、わたしの子豚ちゃんたち。わたしたちこそ戦争の発端。歴史の力でも、正義でも、正義がないことでも、宗教や思想や政府やほかのなにものでもない。わたしたちこそ、殺人者。わたしたちが戦争を生み出す。）

アリエノールは三兄弟を自分に引き寄せて、互いに愛し合うように説くが、「僕たちがこうして抱き合っている間、フィリップはどうしているかな」というジェフリーの指摘で我に返り、彼らは再び駆け引きの世界へ戻ってゆく。

仲の悪い兄弟は、両親にも手厳しい。もとより、三兄弟は打算的なアリエノールを信じていない。リチャードは母が自分を大事にしているのは、自分がアリエノールが大切にするアキテーヌ領の領主だからと思い込んでいる。ジェフリーは幼い頃、母に捨てられたと恨む。ジョンは母を憎むばかりでなく、自分を溺愛する父に向かって、父親失格だと告げる。ヘンリーも、自分の息子たちに不満がある。たとえばジェフリーは「機械のようだ。車輪と歯車でできている。」とヘンリーは言う。それに対してアリエノールは「どんな家族にもそんな子がひとりいるものよ」と諌める。ヘンリーが寵愛したロザムンドの名前がふと浮かび上がると、ふたりは、かつていかに愛し合っていたか、愛の思い出を語り始める。長年連れ添った彼らの愛はときおり激しく燃え上がり、愛するからこそ傷つけ合う。憔悴したアリエノールが放つ「どんな家族にも浮き沈みはあるわ」というせりふは、この物語の核心といえるだろう。王位継承問題は契機にすぎず、じつは機能不全に陥った家族の葛藤、愛するがゆえに傷つけ合う、万人が抱える普遍的な問題がここでは主眼となっているのである。

なぜ中世を舞台にしたのか

どこでボタンをかけちがってしまったのか。老いた夫婦が過去を振り返る。「メデューサのような」アリエノールと、「ストーンヘンジの岩のように堅固な」ヘンリー。ふたりの情熱は、相手を傷つけずにはすまない激しい闘争となって爆発するものの、人生の夕暮れどきにあっても、なお冷めてはいない。彼らは深い孤独を共有しており、真の理解者であることを知っているからだ。タイトルの「冬のライオン」とは、王ヘンリーに他ならない。そのヘンリーをゴールドマンは脚本で以下のように描写している。

ヘンリーは五〇歳。当時の五〇歳といえば老人か死人のはずだが、ヘ、ン、リ、ー、は違う。衰えはほぼない。肉体的にも精神的にも盛んで、人生最後の猛進を楽しんでいる。その盛りは、ある者には死の直前に訪れるのではなく、衰退の直前に訪れるのである〔27〕。

老いた英雄の愛を、ゴールドマンは『ロビンとマリアン』（一九七六年）でも描いている。ショーン・コネリー演じるロビンはリチャード獅子心王と十字軍で闘い、シャーウッドの森に二〇年後に戻って来た。恋人のマリアン（オードリー・ヘプバーン）は修道女になっているが、森のなか、老いたヒーローとヒロインは結ばれる。老いた英雄は再び悪代官を倒そうと立ち上がるが、いつまで戦い続けるのかとマリアンはロビンを諭す。そして最後に彼らはふたりにふさわしい死に方を選ぶ。「ロビン・フッド」という誰もが知っている中世の英雄を用いることによって、効果的に「老い」「人生の引き際」「死」という問題に一石を投じているのである。

『冬のライオン』でも同様である。終盤近くまで、緊張のため胃がよじれるような激しい応酬が続くが、最後にヘンリーとアリエノールの真の関係があらわになる。フランスとの約定を破ってまで愛妾アレースを手放さず、ついには結婚無効まで言い出すヘンリー。不仲な妻をメデューサ、ゴルゴン、ドラゴンなど怪物の名を挙げて罵りながらも、対等に渡り合う好敵手と認め合う。

最終場面、地下室で「すべてを、あなたを、失って二度と取り戻せない。死にたい」と駄々っ子のように泣きながら座り込むアリエノールを抱きながら、「いつかはおまえも死ぬさ」と冗談を言って笑わせる〔28〕。家族仲は拗れ、世継ぎの問題は未解決。ヘンリーに謀反を起こして幽閉されているアリエノール。お互い、愛と信頼はない。裏切られているからこそ、ふたりは仲間なのだ。アリエノールの言葉を借りれば、ふたりは「暗闇のなかで怯える密林の獣」である〔29〕。オープニングで暗闇のなかから浮かびあがるロマネスクの怪物を想起させるせりふである。

密室的な空間で成立する緊張感あるドラマに風穴を開けて「外の世界」を導入するのが、映画におけるロマネスク建築の役割だとすると、舞台では幕が下りて終わったであろう最終場面が、映画では川辺での乗船シーンに変更されている。それまでの閉塞感ある場面と打って変わって、開放感に溢れる。再び幽閉されるために出発するというのに、二人の表情は明るく、次の「闘い」のことを楽しげに話す。船が岸を離れると、ヘンリーは「You know, I hope we never die.（ふたりが永遠に死なないとよいと願うよ）」と屈託ないようすで叫ぶ。大笑いしながら、力一杯手を振るヘンリーを川辺に残して、ローヌ川対岸のボーケール城を背景に、アリエノールの乗る船は遠ざかってゆく（図13）〔30〕。

図13
乗船するアリエノール
ローヌ川の向こうにボーケール城の廃墟が見える。

[1] MOVIE-LOCATIONS.com http://movie-locations.com/movies/l/Lion-In-Winter.php

[2] 食堂と地下室以外は、アレース、アリエノール、フィリップ、ヘンリーの居室が舞台である。

[3] Goldman, J., *The Lion in Winter*, New York (Random House), 1983, synopsis, without page number.

[4] *The Lion in Winter*, DVD, 2018.

[5] von Stockhausen, H-A., *Die Romanischen Kreuzgänge der Provence: II. Teil: Die Plastik*, Marburger Jahrbuch für Kunstwissenschaft, 8/9. Bd. (1936), pp. 89–171, esp. p.101, Marburg, 1932 ; Rouquette, J., *Provence romane*, vol. 1, La Pierre-qui-Vire, La Pierre-qui-Vire (Zodiaque), 1974, p.125.

[6] MOVIE-LOCATIONS.com http://movie-locations.com/movies/l/Lion-In-Winter.php

[7] Owen, D.D.R., *Eleanor of Aquitaine; Queen and Legend*. Oxford (Blackwell), 1993, pp. 220–221.

[8] 堀米庸三『歴史家のひとり旅』新潮社、一九七一年、二二四―二三九頁。このエッセイの存在を教えてくださった大黒俊二先生に感謝いたします。

[9] 堀米、前掲書、二三四頁。

[10]『冬のライオン』（二〇〇二年版）一〇：二六。

[11]『冬のライオン』（二〇〇二年版）一〇：三〇。

[12] Rouquette, *op.cit.*, pp. 358–369.

[13] 映画用の脚本 Goldman, J., *The Lion in Winte, the Second Script for a Screenplay* はウェブサイト Screenplays for you からダウンロードした(https://sfy.ru/script/the_lion_in_winter_1968)。冒頭に一〇月一一日と日付があることから、映画製作のためのリハーサルが行われた一九六七年に書かれたものと思われる。

[14] 映画用脚本 pp. i-ii.

[15]『冬のライオン』（二〇〇二年版）二一：〇九。

[16]『冬のライオン』（二〇〇二年版）一六：〇四。

[17]『冬のライオン』（二〇〇二年版）三三：一〇。

[18] Heckscher, W.S., Relics of Pagan Antiquity in Mediaeval Settings, *Journal of the Warburg Institute*, 1 (1938), pp. 204–220.

[19] 'Hoc vas sponsa dedt aanor regi Ludovico; Mitadolus avo, mihi rex, Santisque Sugerus,' from Panofsky, E. (ed. and trans.), *Abbot Suger on the Abbey Church of St.-Denis and its Art Treasures*, Princeton (Princeton University Press), 1978, pp. 78–79.

[20] Beech, G.T., The Eleanor of Aquitaine Vase, William IX of Aquitaine, and Muslim Spain, *Gesta*, 32(1993), pp. 3–10.

[21] Talbot, C.H., *The Life of Christina of Markyate. A Twelfth Century Recluse*, Oxford (Oxford University Press), 1959, p.53.

[22]『冬のライオン』（二〇〇二年版）五五：一五。

[23] Rouquette, J., *op.cit.*, pl. 61.

[24] Goldman, J., *The Lion in Winter, the Second Script for a Screenplay*, 1967, p.36.

[25] Goldman, *op.cit.*, p.29.

[26] Goldman, *op.cit.*, p.31.

[27] Goldman, *op.cit.*, p.3.

[28]『冬のライオン』（二〇〇二年版）二：一〇。

[29] Goldman, *op.cit.*, p.110.

[30] シノン城はロワール川の支流ビエンヌ川のほとりにあるが、城のロケ地モンマジュール修道院は川辺ではないため、アリエノールが船で到着する場面と出立の場面は、南仏タラスコン付近のローヌ川の風景が使われたことが、ボーケール城のシルエットからわかる。

✠コラム6

『ロビンとマリアン』以降のロビン・フッド映画

岡田尚文

ここでは、一九七六年の『ロビンとマリアン』以降のロビン・フッド映画の状況について、ハリウッド製のそれを中心に見ておくこととしよう。実は、この後、一部のテレビ作品やハリウッド以外の海外作品を除いてロビン・フッド映画はほとんど作られなくなる。つまり、一九八〇年代はロビンにとって不遇の時代だったのである。

古の英雄がようやく息を吹き返したのは一九九一年のこと。かつてフリン＝ロビンを世に送り出したワーナー・ブラザーズがハリウッド・スター、ケヴィン・コスナーを主役に立て『ロビン・フッド』（ケヴィン・レイノルズ監督）を大々的に公開したのである。爾来、現在に至るまで、数こそ多くないものの様々な映画会社から様々なロビン像がコンスタントに提供され続けている。

とはいえ、これらロビンたちはコネリー＝ロビンの性格を多かれ少なかれ受け継いでいるように見える。たとえば三〇代半ばでロビンを演じたケヴィン・コスナーは元貴族ではあり、身軽さをもまったく持ち合わせていないわけではない。しかし彼が身に着ける衣装は茶色を基調にしており、大団円において挙行される結婚式を彩るのは五月の新緑ならぬ落ち葉である（図1）。ラッセル・クロウが（コネリー同様に）四〇代半ばでタイトル・ロールを演じた二〇一〇年の『ロビン・フッド』に至っては、ロビンはその実、貴族を詐称する弓兵、黒ずんだ衣装をまとう太った中年男に過ぎない。二〇一八年に公開された『フッド：ザ・ビギニング』で元貴族であるロビンを演じたタロン・エガートンは二〇代と若くはあり、

ある程度身軽ではあったが、その彼にしてもフェアバンクスやフリンのようなメリハリのある上下運動を見せることは少なく（スクリーンのアスペクト比は二・三九：一）、まとう衣装の緑も大分くすんでいる。

リチャード獅子心王の描写にしてもそうだ。コスナー版は大団円でショーン・コネリーその人を取って付けたかのごとくリチャード獅子心として登場させるが（図1）、ここでコネリー＝リチャードは目の肥えた観客に対する映画史的目配せのために（わざわざノン・クレジットで）駆り出されているだけであって、ほとんど何の正義も理想も体現していない。クロウ版では、リチャード王が『ロビンとマリアン』同様、例の「史実」に従って、冒頭で首に矢を受けて命を落としてしまう（図2）。『フッド：ザ・ビギニング』（二〇一八年）（図3）や『ロビン・フッド　ザ・ビギニング』（二〇一八年）にはもはや善を体現するリチャード王どころか、悪しき王弟ジョンさえ登場しない。

結果として、一九九〇年代以降のロビン・フッド映画の勧善懲悪譚としての性格は弱まり、その分、多様な価値観が作品を彩ることにもなる。コスナー＝ロビンは「現代の視点に立って」、「愚かな十字軍」を反省しつつモーガン・フリーマンが扮するところのムスリム（ムーア人）と友好的な関係を築き（村上由見子『ハリウッド100年のアラブ――魔法のランプからテロリストまで』朝日選書、二〇〇七年を参照）、またノッティンガムの代官を打倒するために、かつ十字軍遠征中に代官から没収された領地を取り戻すために共闘する。エガートン＝ロビンとジェイミー・フォックス扮するムスリム（アラブ人のジョン）の関係もこれとほぼ同様である。あるいはクロウ＝ロビンが闘うのはジョン王に取り入るフランス軍のスパイとの「内戦」だ。

要するにこの時期の作品においても、リチャード王という善を体現し敵対する勢力を悪と規定する登場人物、ロビンの後ろ盾がほとんど不在なのである。ノルマン対サクソンといった単純な対立関係をもそこにはまったく見出せなくなっている。代わりに、この三作がそうであるように、宗教や正義、善悪のなんたるかを見失い疲弊した十字軍帰還兵（場合によっては脱走兵）としてのロビンの性格がより強められている（岡田尚文「ロビン・フッド映画再考――歴史と映画のあわいに」『学習院高等科紀要』二〇一二年、一二九―一四〇頁）。もちろん、このような設定や描写の背景には湾岸戦争（とそのトラウマをかかえた復員兵）の影が投げかけられている。二〇〇一年以降はさらにそこへ「九・一一」（アメリカ同時多発テロ事件）の影が加わった。とりわけ『フッド：ザ・ビギニング』前半でサラセン人を追う十字軍は、銃を弓に持ち替えているだけで、対テロ戦争における特殊部隊そのものである。

　このように、最近のロビン・フッド映画では、作中でカトリックとムスリムの対立関係が前景化され、それと同時に両勢力間での和平が模索されている。村上が指摘するように、確かにこれは過去にさかのぼって歴史を「正しくやり直す」ためのハリウッドの試みなのだろう（村上、前掲書）。仮にそのような歴史修正主義の誹りを免れる作品があったとして、そのときロビンは、西洋社会に対するゲリラどころかテロリストとしての風貌をまとっているにちがいないのである。

上から
図1　『ロビン・フッド』（1991年）でロビンに扮するK・コスナー（左）とリチャード王役で客演するS・コネリー（中央）。
図2　『ロビン・フッド』（2010年）冒頭で首に矢を受けて死ぬリチャード王。
図3　『フッド：ザ・ビギニング』日本公開時のポスター。T・エガートンのロビン（手前）とJ・フォックスのジョン。

第8章　秘められたモチーフ

——ガイ・リッチー監督の『キング・アーサー』

小路邦子

新たなるアーサー王映画

二〇一七年六月に日本公開されたガイ・リッチー監督の『キング・アーサー』(*King Arthur: The Legend of the Sword*) は、アクション満載、緩急の効いたショットによりいかにもリッチー節の味わいのある作品で、新たなるアーサー王伝説を目指した映画である。全六部作になる予定で、その第一部として製作された本作は、アーサー王ものの映画の中で、初めてヴォーティガンという人物をアーサーに敵対する悪役として登場させた点が目を引く[1]。しかし、ヴォーティガンはリッチー監督が創り出した人物ではない。アーサー王伝説成立以前から年代記に登場してくる人物なのである。この映画は主に一二世紀の『ブリタニア列王史』(*Historia Regum Britanniae*) と一五世紀のマロリーによる『アーサー王の死』を下敷きに、現代的な風味を加えていると思われる。まずは、ヴォーティガンについて見てみよう。

中世の年代記に描かれたヴォーティガン

一一三六年頃に『ブリタニア列王史』というブリテン島の歴代の王の事績をラテン語で著したジェフリー・オブ・モンマスは、その書のおよそ三分の一をアーサーの一代記に費やした。そこにヴォーティガン（ラテン語名ウォルティギルヌス）が登場する。しかし、そもそもヴォーティガンとは固有名詞ではなく、「宗主」「上王」を意味する肩書きないしは通称であったものが固有名詞として使われるようになったものである。表1に挙げたように、さまざまな年代記が、サクソン人の侵入の直接的な原因を作った人物として彼について言及している。

表1　ヴォーティガンの登場する年代記

時代	年代記作者	年代記	名称
六世紀半ば	ギルダス	『ブリタニアの破壊と征服について』	卓越した支配者
七三一年	ベーダ	『アングル人の教会史』	ヴォーティガン
九世紀前半	ネンニウス（編纂）	『ブリトン人の歴史』	ヴォーティガン
九世紀末	不詳	『アングロ・サクソン年代記』	ブリトン人の王
一一三六年ごろ	ジェフリー・オブ・モンマス	『ブリタニア列王史』	ヴォーティガン

紀元前一世紀にカエサルの来寇を受けたブリテン島は、紀元後一世紀にはローマの属州として軍事的な統治を受けた。その後ピクト人・スコット人の侵入が続く。また、サクソン人は、ほぼ全島にわたって破壊を行った。そして、ついに四一〇年、皇帝ホノリウスはブリテン島から手を引いた。

ベーダによると、ヴォーティガンはピクト人らとの戦いの援軍としてサクソン人を招いた。ところが、彼らはヴォーティガンに対して蜂起し、五世紀末までにブリテン島の東部は奪われてしまった。こうして、the land of Angles から England という名称が生まれたのである。

その後、一時サクソン人はブリテン島から大陸に引き上げる。その間に、残ったブリトン人たちはアウレリウス・アンブロシウスのもとで蹶起《けっき》し、勝利を収めた。アンブロシウスは、後世しばしばウェールズの伝説で「首長エムリス」(Emrys Wledig) として称えられている。このアンブロシウスは、ネンニウス編纂の『ブリトン人の歴史』(*Historia Brittonum*) にマーリンのモデルとして登場する。

一二世紀の『ブリタニア列王史』では、アンブロシウスはコンスタンティン王の次男アウレリウス・アンブロシウスとなる。ブリトン人たちはこのコンスタンティンのもとに集結し、彼を王に選んだ。王がピクト人に刺殺された後、人々はアンブロシウス派とその弟のウーサー・ペンドラゴン派とに分かれて争った。その間に、ヴォーティガンが登場する。王冠を狙っていた彼は、僧になっていたコンスタンティンの長男コンスタンスを還俗させ、傀儡《かいらい》の王とする。その後彼を暗殺させ、自ら戴冠して王となる。

しかし、ヴォーティガンは、自分が王位を簒奪《さんだつ》したコンスタンティンの遺児たちを恐れて、ウェールズに逃げ込み、スノウドンで塔を建てようとした。しかし、何度も塔は崩れてしまい建たないので賢者に諮《はか》ったところ、父親のいない子を探し出し、その血を塔の土台に撒くとよい、という進言を受け、見つけ出したのが夢魔 (incubus) を父とする幼いマーリン (ラテン語でメルリヌス) であった。マーリンは、塔の地下深くに潜む紅白二頭のドラゴンが戦うので塔が崩れてしまうことを明らかにし（図1）、赤いドラゴンはブリテン島のブリトン人を、白いドラゴンは侵入者のゲルマン人（アングル人、サクソン人）を表していることを明らかにする。二頭のドラゴンは戦い始め、初めは白が優勢だったが、最後は赤いドラゴンの勝利で終わる。ウェールズの象徴の赤いドラゴンは、ネンニウス［2］にもあるこの挿話に由来する（図2）。

その後マーリンは予言を行い、コンスタンティンの息子たちの復讐から逃げよ、と述べ、サクソン人を招いたことがヴォーティガンの死をもたらすと告げた。こうして、避難していた大陸から成人して戻ってきた

1

2

図1
『セント・オルバンズ年代記』
少年アンブロシウス・メルリヌスとウォルティギルヌス王
（ロンドン、ランベス宮殿図書館 MS 6 folio 48v、一五世紀）

図2
ウェールズ旗

アンブロシウスに追われたヴォーティガンは、籠っていた塔に火を放たれ塔もろとも焼けてしまった（図3）。

アウレリウス・アンブロシウスは王となり、マーリンを招く。王はサクソン人に毒殺され、弟のウーサー・ペンドラゴンが後を継いだ。しかし、彼もまた後にサクソン人に毒殺されてしまう。その後を継いだのが、ウーサー・ペンドラゴンの息子アーサーであった。

図3
砦と共に焼かれるヴォーティガン
（大英図書館 Roya 20A II f.3）

ヴァイキング

ウーサー・ペンドラゴンは映画の中では「イングランド王」と呼ばれている。だが、本来は the land of Angles の意の'Engla land'から England という名称が生まれたのだから、アングル人やサクソン人などのゲルマンと敵対しているブリトン人の王が「イングランド王」と呼ばれているのはおかしいのである。しかも、その都とされるキャメロットは、まさに中世のヴォーティガンが逃げ込んだウェールズ（ブリトン人の地）の山中にあるように見える。

同様に、アーサーが仲間に「お前の英語はおかしい」というせりふ自体もおかしい。英語＝ゲルマン語なのだ。しかし、この映画はアーサーのモデルとなる人物が活躍したと思われる五、六世紀よりも後の八世紀頃に時代設定されているようだ。となると、古英語が成立しつつある時代なので、ロンデニウムに暮らすアーサーたちは英語を話していたとしても不自然ではないし、それぞれに微妙に違っていたかもしれない。

映画では、ヴォーティガンがヴァイキング、つまりゲルマン人と裏で繫がっていた。これはまさしく、年代記で彼がサクソン人たちと手を組んだことの反映であろう。しかし、当時「ヴァイキング」という呼称は用いられてはいない。デーン人・ジュート人と呼ばれていた。

さて、映画には、成人したアーサーが、このヴァイキングの長、その名もグレイ・ベアード（灰色髭）の髭を切り取る場面がある。アーサー王物語の中には、アーサー王の髭をコートに付けるからよこせ、と敵対者が求めてくる話がいくつかある。髭を切ることは、相手の権威を損なうことである。アーサーがヴァイキングの長の髭を切ったのは、まさにこの髭を求めるエピソードを思い起こさせる。ここでは、アーサーの育ての親である娼婦をひどく痛めつけたことへの制裁であった。

映画のヴォーティガン

中世のヴォーティガンの歴史的な背景および人物関係が、映画『キング・アーサー』ではかなり変わっている。まず冒頭でいきなり現れる「大魔術師モードレッド」の名前には驚く。モードレッドとは、アーサー王の甥にして近親相姦の息子であり、アーサー王を裏切って王位を簒奪した者として知られている人物である。映画では、ヴォーティガンと手を結びウーサー王を倒そうと、九〇メートルもある巨大な象を操りウーサーのキャメロット城に攻めて来るが、逆に彼に討ち果たされてしまう。この巨象の背に兵たちが乗った櫓を載せて攻めてくる様は、『指輪物語』を映画化した『ロード・オブ・ザ・リング』の敵襲を連想させるが、

4

5

図4
アレクサンドル大王の戦い
ヴァスク・ド・ルセーヌ
『アレクサンドル大王の事績』
（フランス国立図書館 Français 22547 f. 219r、一五世紀）

図5
中世の戦象
（大英図書館 Har ey 3244 f.39、一三世紀）

また中世の写本に描かれたアレクサンドル大王の戦い（図4）や、ハンニバルの戦いなども想起される（図5）。

ヴォーティガンは父によって「メイジ」と呼ばれる魔術師のもとに送られ、モードレッドと共に魔術を学ばされた。その意図については触れられていないが、父としてはウーサーの補佐をヴォーティガンにさせたかったのではないだろうか。ちょうど、中世の年代記や物語で、魔術師マーリンがヴォーティガン、アンブロシウス、ウーサー、アーサーと四代の王に仕えてブレーンとなったように。だが、その魔術を駆使して、ヴォーティガンは兄を補佐するどころか、王位を簒奪しようとする。

ヴォーティガンは、愛する自分の妻を犠牲にして、三人の水の魔女セイレーンから力を得る。このセイレーンたちは、下半身がイカの触手となっている。一般に欧米ではタコが悪魔の生物とされるが、ここではイカである。どちらも、欧米の人には悪魔的な連想が働くのだろう。さらに彼は、アーサーとの最後の決戦のために、涙を流しながら愛娘までをもセイレーンに捧げて、いっそうの力を手に入れる。

エクスカリバー

アーサー王の物語とその宝剣エクスカリバーとは切っても切れない関係にあり、本作でもそれは登場する。原題は *King Arthur: Legend of the Sword* で、「剣の伝説」という副題があり、剣が中心になることが明らかである[3]。映画の中の回想場面によると、メイジの長《おさ》をヴォーティガンとモードレッドが倒したとのことである。その際、メイジの長の杖を今は所在不明となっているマーリンが鍛えて、湖の貴婦人（字幕では「湖の淑女」）the Lady of the Lake を通じてウーサーに与えた剣がエクスカリバーであった。その刀身にはルーン文字らしきものが刻まれている。また、後にアーサーの剣をメイジが火で強化しているらしい場面もある[4]。

ウーサーがモードレッドを倒した後、ヴォーティガンはいよいよ自分の野望を実現させにかかる。ウーサーは戦っている間、信頼の証として弟のヴォーティガンに王冠を預けていたのだが、彼はそれを自分の頭に載せたいのである。そこで、ウーサーと妃のイグレーン、息子のアーサーを亡き者にせんとする。そして、兄の剣エクスカリバーも手に入れようとする。

エクスカリバーとは、石に刺さった剣、あるいは湖の貴婦人からアーサー王がもらう剣として知られるが、アーサー王の一代記を著したジェフリー・オブ・モンマスの『ブリタニア列王史』には石に刺さった剣は登場しない。アーサー王はウーサーの嫡子として王宮で育ち、その後継者としての地位には何も問題がなかったので、彼の王としての正統性を証する必要はなかったからである。

一二〇〇年頃フランスのロベール・ド・ボロンの『メルラン』で石に刺さった剣が初めて登場する。しかし、これには名前はない。さらに一二一五―三五年頃に膨大な散文アーサー王物語の大系《サイクル》が作られ、その中の『メルラン物語』という作品にはっきりと、石から抜いた剣は「エスカリボール」つまりエクスカリバーであると述べられており、アーサーしか抜くことができない。

一般に知られているアーサー王物語では、アーサーはクリスマスに教会の前に忽然と現れた石と金床《かなとこ》に突き刺さった剣を抜いて王位を手に入れるが、その剣を折ってしまい、マーリンに連れられて湖に行き、そこで湖から突き出た手に握られたエクスカリバーを手に入れる。この映画ではそれらのモチーフが、順序が逆になって父と子とに分けられている。

ヴォーティガンの裏切りで妃を殺され窮地に陥ったウーサーは、幼いアーサーを小舟で逃し、自らはエクスカリバーを弟に渡すまいと宙に放った。するとその剣は蹲《うずくま》って石と化したウーサーの背に突き刺さり、そのまま水中に没してしまった。そして、アーサーが成人し、ヴォーティガンの暴政が酷くなると水が引き、姿を現した（図6）。

図6
「石から玉座へ」
‘Stone’と‘Throne’で脚韻を踏んだコピー。石と化したウーサーとその上のアーサーが同じ姿勢をとっている。アーサーの手中のエクスカリバーはわずかに光を放っている。

マロリーでは、「この剣を石と金床から抜いた者は、全イングランドの生まれついての正統なる王なり」と剣に金文字で記されていた。映画のエクスカリバーには、ルーン文字らしきものが刀身に刻印されているが、よく見ることができないので、何と記されているのかはわからないが、同様の趣旨か護符ではないだろうか。

映画では、アーサーが石に刺さった剣の柄に触れると、とてつもないエネルギーが流れ込み、その衝撃に耐えられず彼は剣を抜くと気絶してしまう。この剣はウーサーの直系の者にしか力を与えない。ヴォーティガンが触れたとしても、剣はエネルギーを与えはしない。しかし、アーサーがいなくなれば自分のものにできるとヴォーティガンは思っている。

ウーサーの直系の者として、エクスカリバーはアーサーを受け入れているが、アーサー自身は剣を受け入れることがなかなかできない。エクスカリバーの力を自分のものとできず、剣に操られる。ヴォーティガンに捕らえられて民衆の前に引き摺り出され、首を刎ねられそうになっても、反乱組織に救出されても、エクスカリバーを取ろうとはしない。マーリンに遣わされて来たメイジと呼ばれる動物を操る力を持つ名も無き女魔法使いはアーサーに「剣はあなたを受け入れているのに、あなたは剣を受け入れていない」と言う。

しかし、アーサーはこの剣があると周りの人たちを不幸にしてしまうと思い、湖に放り込んで駆け去る。もちろんこの場面は、アーサー王の瀕死の場面の後で、ベディヴィア（マロリーによる。フランスの流布本『アーサーの死』ではジルフレ）がエクスカリバーを水に放ると、水から伸びてきた腕がそれをつかんで、水の中に引っ込んでいく有名な場面を、状況を変えて用いている。しかし、映画では、駆け去ったアーサーは湖の貴婦人に水中に引き込まれて、過去を見せられ、エクスカリバーは炎に包まれる。おそらく、この場面はアーサーが実際に水に入ったというよりも、彼の精神が経験したことなのだろうが、これでようやくアーサーはエクスカリバーを受け入れる覚悟ができた。そして、剣を使いこなそうとする。

ロンディニウムでヴォーティガンの配下に襲われたとき、アーサーはエクスカリバーを手に一人で多数を相手に戦って倒すが、この場面はネンニウスの『ブリトン人の歴史』に述べられた、アーサーの一二の戦いの最後、ベイドン山の戦いで一人で九六〇人を一度に倒した、という記述を彷彿とさせる[5]。ちなみに、この場面でネンニウスはアーサーを王ではなく、'dux bellorum'「戦闘司令官」と呼んでいる。

アーサーが最後にヴォーティガンの塔に乗り込んで行き、エクスカリバーを塔の基礎部分の石にあてがうと、エクスカリバーが光を放ち、その光は塔を伝って上に上っていった。一三世紀のフランスの物語ではアーサー王がエクスカリバーを抜き放つと、松明を「二本」、一五世紀のマロリーでは「三〇本」灯したような明るさを放つと記されている。つまり、エクスカリバーには雷や太陽の属性がある。この光の力が、映画では塔を破壊するのに一役買っている。もしも塔が完成した暁には、ヴォーティガンはとてつもない力を持ってしまうのだった。

しかし、塔は炎に包まれ崩壊し、ヴォーティガンの野望も潰え去り、彼自身も塔と共に火に包まれる[6]。まさしく『ブリタニア列王史』にあったマーリンの予言の通りである。

救世主アーサー

ヴォーティガンによって民衆の前に引き摺り出されて首を刎ねられそうになるアーサーに、ヴォーティガンの手下マーシアが 'Behold your born king!'「お前たちの生まれついての王を見よ！」と言う。この言葉は、ピラトの前に引き出されたキリストについてユダヤ人たちにかけられる言葉 'Behold your king!'「見よ、これがあなた方の王だ」(ヨハネ一九章一四節)に通じるものである。つまりここでは、アーサー＝救世主、ヴォーティガン＝ピラトという図式が成立している。

また、独裁的な王として人々の前に立つヴォーティガンに対して、民衆は'Hail King Vortigern!'「ヴォーティガン王、万歳」と声を上げ、彼は右手を上げる、まさにヒットラーへの歓呼とその敬礼にそっくりである。一方のアーサーの場合は、人々は'Long Live the King!'(文字通りには、「王が長命でありますように」)と声を上げ、アーサーはエクスカリバーを振り上げる。どちらも日本語にしてしまうと「王さま、万歳」の意味になってしまうが、このように、国民の王への歓呼の声だけでも、その王の特質が見て取れる。

蛇／ドラゴン

ヴォーティガンが塔を建てようとしても、紅白のドラゴンの戦いのせいで壊れてしまって建たない、という挿話は映画では描かれない。代わりに登場するのが巨大な蛇である。中世において、蛇とドラゴンは同じであった。よって、ここで大蛇が塔を襲い破壊していったことは、ドラゴンによる塔の破壊が形を変えて描かれたといえる。またこの際、アーサーは前もってメイジから数時間だけ効く蛇の毒を与えられ、大蛇に襲われないようにされた。

巨大蛇が現れる前に別の蛇に気づいたヴォーティガンがエクスカリバーを振るってその首を切ると、刃が石の柱に食い込んで抜けなくなってしまう。しかし、アーサーはそれをあっさりと抜いてしまった。ここでも石の中からエクスカリバーを抜けるのはアーサーだけなのだ。また、柱に食い込んで誰にも抜けない剣を抜くというエピソードは、『ヴォルスンガ・サガ』でオーディンが室内の大樹に突き刺した剣をシグムンドが抜いた話を思い起こさせる。蛇の血を浴びたヴォーティガンは、ドラゴンの血を浴びて不死の力を得た『ニーベルンゲンの歌』のジークフリートとは異なり、不死の力を得ることはない。

なお、ウーサーの鎧の胸の上部には、金のドラゴンが付いている。ウーサー・ペンドラゴンの名を示しているのであろう。「ペンドラゴン」pendragon とは、「ドラゴンの長」、「ドラゴンの頭」の意なので、その血を引くアーサーは当然ながらドラゴン／蛇との関わりを持つであろう。これに対して、ヴォーティガンの鎧にはクワガタがあしらわれている。

貴種流離譚／謎の美少年

アーサーは父ウーサーによって小舟で逃がされた。そのまま川を下ってロンディニウムにたどり着き、売春婦たちに拾われて育てられた。ロンディニウムとはローマ時代のロンドンの名称である。その名残として背景には崩れかけた円形闘技場が見えている。

この「舟で流されていく子ども」というモチーフは、世界中の民話などに見られる「貴種流離譚」であるが、アーサー王物語ではこのモチーフを特に the Fair Unknown「謎の美少年」と呼んでいる。高貴な生まれの若者が、自分の身元を知らぬままに様々な冒険を重ねて、自分の身元を知るという話である。一二世紀末―一三世紀フランスのルノー・ド・ボジューによる作品 *Li Biaus Descouneüs* からその名称を取ったモチーフである。アーサー自身も、一三世紀以降の物語では、生まれるとすぐに里子に出され、他家で育っている。

また、「水に流される子ども」のモチーフも、旧約聖書のモーゼをはじめ、聖グレゴリウス、ギリシア神話のテセウス、そしてアーサー王物語ではガウェインやモードレッドの挿話に見られる[7]。アーサー王は若い頃、そうとは知らずに父親違いの姉との間にもうけたモードレッドを亡き者にしようと、嬰児や幼児を集めて船に乗せ、海に流してしまう。船は難破するが、モードレッド一人だけが助かり、漁師に拾われて育ち、後に王宮に連れて来られた。ガウェインも、ラテン語の作品『ガウェインの成長記』(*De ortu Waluuanii nepotis Arturi*) やフランス語の断片的な物語『ガウェインの幼年時代』(*Les Enfances Gauvain*) では、両親の結婚前に生まれたために海に流されて拾われ、ローマ教皇の下で教育を受け[8]、さまざまな冒険を重ねてブリテンに戻って来て、両親を知る。

映画と中世の物語とでは、船で子を流した目的が、表2のように対照的なものになっている。

表2　水に流される子

	子を流す者	目　的
映画	ウーサー	息子アーサーの命を守るため
中世の物語	アーサー	不義の子モードレッドを殺すため

幼いときに親と別れたアーサーは、ほとんどそのことを忘れていたが、メイジによりダークランドでさまざまな訓練を受けることにより、それまで訳もわからずにエクスカリバーに見せられてきた過去の記憶が蘇り、ヴォーティガンと戦う意思を固めた。おそらくこれも精神的な訓練と思われる。これは、T・H・ホワイトの『永遠の王』第一部「石に刺さった剣」を下敷きにしたディズニーの『王様の剣』で、ワートがマー

リンによって変身させられてさまざまな訓練を受けることに対応するだろう。

円卓の騎士

アーサー王物語といえば、これも欠かせないのが円卓の騎士である。しかし、スラム育ちのアーサーにはそんな高貴な仲間はいない。代わりに、スラムの仲間がいた。そして、父ウーサーの忠実な側近だったが、今は反逆組織のリーダーであるベドヴィアがいる。ベドヴィアはアーサー王物語の当初から、アーサー王の執事ケイと並んで登場している人物である。この映画ではケイは登場しないが、代わりに面白い顔ぶれが揃っている。

中国から来た格闘術の達人で、スラム街で道場を開いているジョージ。この名は当然ながら、東方のトルコ出身でドラゴン退治で有名な聖ゲオルグ（ジョージ）を思い出させる。彼は、イングランドの守護聖人でもある。さらに、聖杯探求の主人公の名であるパーシヴァルに、トリスタンもいる。共に反逆組織の一員として、アーサーをヴォーティガンの下から救い出した。その他には、反逆組織の弓の達人で、何度捕まっても抜け出すグースファット・ビル（ウィリアム）とルビオ。アーサーの幼馴染みのウェット・スティック。

映画の終盤で円卓を作らせたアーサーは、これらの仲間を騎士に叙任させる。しかし、円卓はまだ四分の一ほど未完成なのか、完全には丸くなっていない。そして、アーサーの騎士団も。円卓は、現在でも国際会議で用いられるが、席に上下を設けないという働きをする。アーサーがこれを作らせたのもそのような意図があった。

アーサーは仲間に続いて、最後に自分も騎士に叙任してくれるようにサー・ウィリアムに頼む。しかし、このときウィリアムは「サー・アーサー」ではなくいきなり「アーサー王」と呼びかける。一五世紀のマロリーにおいて、アーサーは王たる前にまずは騎士であったのと対照的である。

✠

ガイ・リッチーはヴォーティガンというもともとはアーサーとは血縁関係のない人物をアーサーの叔父に設定し、近親者による王位簒奪という本来はモードレッドの行った行為を移し替えた。おそらく、冒頭で大魔術師モードレッドを殺してしまったのは、この設定を生かすためであろう。しかも、権力を手にするためなら、愛する妻子をも泣きながらでも殺してしまうという、歪んだエゴを持つ人物にしたのだ。

以上見てきたように、この映画では、中世以来のモチーフをさまざまな形で一見それとはわからない形で取り入れながら、それらを生かしてこの作品を作り上げているのである。

［1］本章では煩雑を避けるために、英語名の「ヴォーティガン」「アーサー」で統一する。

［2］ネンニウスでは、アンブロシウスの父はローマの執政官であることが、彼の口から明かされる。

［3］日本でも初めは「聖剣無双」という副題がついていたのだが、ゲーム会社からのクレームがついて、『キング・アーサー』という題だけになった。

［4］中世の物語で、石から抜いた剣を折ったアーサーが水を経由して新たに強い剣を手に入れることは、石から取り出して鍛えただけの鉄剣では脆く、新たに焼きを入れて水に漬けることで強化された鋼の剣になったと解することができる。メイジがエクスカリバーを火に入れて手入れをしている場面は、それを思わせる。

［5］ここでアーサーを襲うヴォーティガンの配下は、黒ずくめで仮面を着け、まるでザック・スナイダー監督の『３００〈スリーハンドレッド〉』のペルシア側の不死軍団にそっくりであるし、『ロード・オブ・ザ・リング』の顔の見えない黒の乗り手を連想させる。

［6］この場面も『ロード・オブ・ザ・リング』でモルドールの塔が崩れ、サウロンの王国が滅びたことを連想させる。

［7］小路邦子「モードレッド懐胎をめぐって――『メルラン』、『続メルラン』、マロリー」『人文研紀要』第四九号（中央大学人文科学研究所、二〇〇三年）、二九九―三二〇頁。

［8］ガウェインがローマで教育を受けたということは、『ブリタニア列王史』にも記され、伝統的に受け継がれていく。

✠コラム7

中世映画小噺

小路邦子

「ロマンス」というと、今ではもっぱら恋愛についていうが、この言葉の本来の意味は「ロマンス語で書かれた（主として騎士の）物語」である。つまり、ラテン語が崩れてできた言葉、主にフランス語で書かれた物語のことをいった。そして、騎士の物語には貴婦人との恋愛（宮廷風恋愛）がよく描かれたので、この言葉は近代になってから現在のような意味を持つようになった。

さて、その騎士の物語には、よく貴婦人が意中の騎士に自分の袖を渡すという場面が出てくる。なぜ袖を渡せるのか不思議に思うことはないだろうか。実は、中世の衣服の袖は胴には縫い付けられておらず、着るたびに紐で結んだり縫い付けていたのである。そのため、恋しい人に自分の形見として袖を渡すということができたのだ。貰った騎士はその袖を兜や腕などに結びつけて馬上槍試合などを行った。

『ロック・ユー！』

『ロック・ユー！』の原題は *A Knight's Tale*「騎士の物語」という。単純なタイトルに思えるが、じつはこの原題には意味がある。それは、この映画にチョーサーが登場することと深いつながりがある。チョーサーといえば『カンタベリー物語』と歴史の教科書にも載っている。その中に'A Knight's Tale'「騎士の物語」という、〈騎士が語る物語〉がある。つまり、これに引っ掛けているわけなのだが、この映画のタイトルの妙は同じタイトルでも、これは〈とある騎士についての物語〉だということである。しかも、映画の時代設定は、チョーサーが何をしていたのか不明の数年間の時期に設定されている。一三六〇年三月の王室記録には、ジェフリー・チョーサーがフランスで捕虜となり、身代金一六ポンドという当時としては相当の大金が国庫から支払われたとある。その後一三六一―六七年六月二〇日までの七年間は、その記録が空白となっていて、どこで何をしていたのか不明なのである。実はその頃チョーサーはこんなことをしていて、後にその経験を『カンタベリー物語』に昇華させたのだよ、という洒落た設定がこの原題には込められているのだ。映画では、チョーサーは「物書き」writer と名乗り、すでに初期の作品『公爵夫人の書』（*The Book of Duchess*）（一三六九年頃）を仕上げているので、実際にはこの消息不明の時期とは若干ずれるのだが。

『ロック・ユー！』で主人公のウィリアムは、ウルリッヒ・フォン・リヒテンシュタイン（英語読みはリキテンスタイン）と名乗るが、これは実在の槍の名手として名高い人物の名である。一二二二年にオーストリア大公レオポルドの娘の結婚式に際して、二五〇人の小姓と共に刀礼を受けて騎士になった。領主に直接奉仕するミニステリアーレであり、ミンネジンガー（愛の詩人）としても有名だった。中世のマネッセ写本にその姿が描かれている。この映画でウィリアムが槍の名手として試合に勝ち続けるのは、まさにこの騎士にその名を負っているゆえなのである。なお、本作にはエドワード黒太子が登場するが、チョーサーが詩を作っていたのは、この黒太子の父エドワード三世の宮廷であった。

また、ウィリアムが持つ盾に描かれた三羽の鷹の紋章は、現在のリヒテンシュタインの紋章 coat of arms に描かれた鷲から取ったと思われる。

ジョスリンはウィリアムに、無様な戦いをすることを求める。断りはしたものの、やはり彼は愛のために言われたとおりにしてしまう。次いで優勝を求められるとそのとおりにする。今の感覚ではどうしてこんな無茶苦茶な要求をされても従ってしまうのか、と不思議に思えるかもしれないが、これが「宮廷風恋愛」の奥義なのだ。（ジョスリンは人妻ではないが）貴婦人と若い騎士との単なる関係なのではない。愛する貴婦人の要求には、騎士は唯々諾々と従う奉仕者でなくてはならない。忠誠の誓いを捧げることで、封建的な主従関係の男女が逆転しているのである。そして、それによって騎士は礼節やさまざまな価値を身につけていく。

このエピソードの典拠は一二世紀のアーサー王物語、クレティアン・ド・トロワの『ランスロまたは荷車の騎士』で、ランスロット（フランス語ではランスロ）がグェネヴィア王妃の同様の要求に従ったことにある。それを裏付けるように、ジョスリンが夜ウィリアムのテントに忍んでいくのを見かけたチョーサーは、「グェネヴィアがランスロットの許へやって来た」（'Genevere comes to Lancelot.'）と呟く。

また、映画に登場する黒太子エドワードは、イングランド王エドワード三世の皇太子である。エドワード三世は、アーサー王物語を真似て「円卓」という名の馬上槍試合を行ったことでも知られている。つまり、現実がフィクションを模倣したのだ。

さらに、ウィリアムが奉公に出された騎士サー・エクターの名は、赤子のアーサーがマーリンによって託された養父の名と同じである。

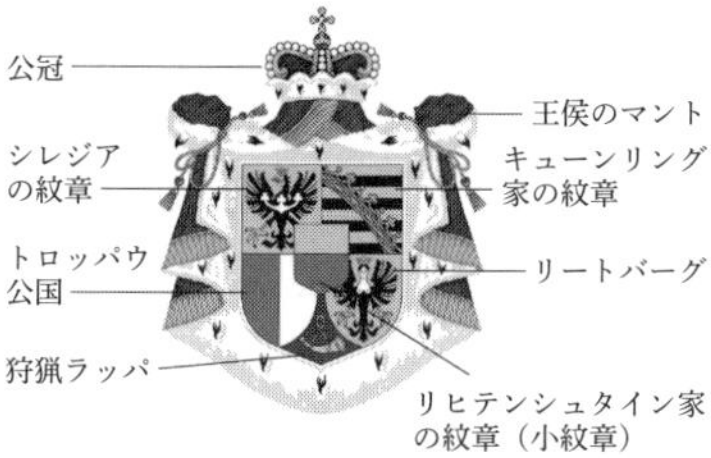

上から
図1　マネッセ写本 the Codex Manesse 237r
図2　リヒテンシュタインの1961年発行の切手
図3　1957年に導入されたリヒテンシュタイン公国の紋章

『ハリー・ポッター』

ハリー・ポッターが初めて魔法学校ホグワーツに行き、グリフィンドール寮に入るときの合言葉は、「カプト・ドラコニス」Caput Draconis である。これはラテン語で、英語にするとpen dragon となる。つまり「ドラゴンの頭」とか「ドラゴンの長」という意味だが、アーサー王物語に馴染みがある人はすぐに「ウーサー・ペンドラゴン」（Uther Pendragon）、中世読みだと「ウーゼル（ウーサー）・ペンドラゴン」を思い浮かべるのではないだろうか。そう、アーサー王の父の名前である。この作品には、マーリン勲章をはじめとして人名などアーサー王物語の要素がたくさんあるが、このようにちょっと見にはわからない要素もいろいろと隠れている。

『ハリー・ポッター』シリーズでハリーの学校には数人の中世の幽霊が出てくるが、その中に「首なしニック」という首の皮一枚だけくっついた幽霊がいる。実はこの幽霊、一四世紀の作者不詳のアーサー王物語の傑作『サー・ガウェインと緑の騎士』（*Sir Gawain and the Green Knight*）（以下 SGGK）と関係があると思われる。それは、この幽霊が「ニック」（Nick）という名だからである。SGGK は、元日にアーサー王の宮廷に乗り込んできた全身緑の騎士が首斬りゲームを申し込み、ガウェインがそれに応ずるという物語である。そのお返しに、一年後の元日にガウェインは同じく首を差し出さなくてはならない。その際、彼は首の皮一枚だけ切られた。この切り傷を英語ではnick という。つまり、首の皮一枚だけ切られnick の付いたガウェインに対し、首なしニックは首の皮一枚だけが胴体につながっているという、裏返しの関係になっているのだ。

生まれてすぐに他家で育てられ、ある年齢になって初めて自分の身元を知る。誰にも抜けない剣を抜き、魔法使いの後見人がいたが後にその人を失い、その後騎士団を結成する。

さて、誰のことだろうか。実はハリーのことを書いたのだが、アーサー王にも同じく当てはまる。アーサー王物語では、正体不明の若者が数々の手柄を立てた後に、実は高貴な生まれだったとわかる貴種流離譚のモチーフを「謎の美少年」（The Fair Unknown）と呼んでいる。このモチーフは同名のフランス語の作品 *Le Bel Inconnu* から来ている。アーサー王物語の中には、このモチーフに当てはまる者がアーサーの他にも、モードレッド、ガレス、ランスロット、トリスタン等々何人も出てくるが、ハリーもその系列に属している。

これ以外にも多くのアーサーもの作品にみられる物語のモチーフがあり、ハリー・ポッターはアーサーものの作品とみることができるのである。

第9章　映画にみる戦闘シーンと西洋中世武術

ジェイ・ノイズ（小宮真樹子 訳）

西洋中世武術と映画

鎧をつけた騎士たちが、大勢で剣を振るって戦う。そうした中世の戦闘シーンは、長きにわたり西洋映画の目玉だった。こうした戦闘描写は『デュエリスト／決闘者』のような歴史ものや『スター・ウォーズ』といったファンタジー大作でも繰り広げられている。こういった映画の批評においてよく取り上げられる議題として、どれだけ「現実的な」戦闘描写か、というものがある。本章では史実に基づく西洋中世武術と、映画における戦闘描写の違いを論じ、それぞれの目的と制限、そしてそこから生じる違いを踏まえたうえで、映画がこれらの問題をどう扱っているかを吟味する。

西洋中世武術とは過去の技術、鎧、武器を用いたものを指すが、本章では中世とルネサンス様式の、特にドイツ流派を中心とする。当然ながら、西洋中世武術における目的と制限の多くが現代のものにもあてはまる。しかし、特に鎧をつけた戦闘においては、大きな違いがある。

戦闘における重要な概念

この先の議論を理解してもらうために、いくつかの概念をここに定義しておく。

足さばき

ステップ――前に出した足を先へ進めてから、後ろの足を動かす移動
パス――「徒歩」による移動。前に進む際は、後ろに置いていた足をもう一方の足よりも前へ動かす
スロープ・パス――直線から外れた移動、または敵の攻撃直線から離れる移動

戦闘距離（本章では「射程範囲（距離）」を以下のように区分しておく）

範囲外（アウトレンジ）――パス一歩で武器を振るっても、攻撃を当てられない距離
長距離（ロングレンジ）――パス一歩で武器を振るえば、攻撃を当てられる距離
中距離（ミドルレンジ）――ステップ一歩で武器を振るえば、攻撃を当てられる距離
近距離（クロスレンジ）――移動しなくても、武器を振るえば攻撃を当てられる距離
接触（レスリングレンジ）――格闘できる範囲。ターゲットに手が届く距離

戦闘のサイクル

ドイツの古フェンシング流派は、戦闘開始から決着まで繰り返される一連の行動を三つの段階に分けてい

る。これらは武器や鎧の有無、戦闘に参加している人数にかかわらず、すべての戦いにあてはまるものである。

ツーフェヒテン——範囲外から敵を見極め、最初の攻撃を組み立て、それを実行するまでの段階

クリーグ——最初の攻撃で戦闘が終わらなかった場合、この段階へと移行する。状況により中距離、近距離、接触での戦いになる。本能と訓練に基づいて行動を取ることが求められる段階

アプツーグ——自分にとって不利、逆境だと感じている段階。それゆえ、身の安全を確保しながら退却し、距離を置いてサイクルをやり直す。容易な行為と思うかもしれないが、この段階が始まったと理解し、安全に後退するのは至難の業である。新兵は不利になっても戦場に留まったり、あるいは無防備に撤退してしまう場合が多い

戦闘の目的

過去現代を問わず、ほぼすべての戦闘において、降伏や退却をせずに生き延びることが最も重要な目的である。自身の命を顧みない捨て身の攻撃が必要とされた時代もあったが、ほとんどの戦士たちは生き残るために鍛錬を重ねている。戦士個人の観点からはもちろんのこと、指揮の観点からみても、軍団の戦士たちが生存するのは望ましいことである。理由は以下の通りである。

個人の士気——指揮官も人間であり、部下が生き延びることを望むのが普通である

集団の士気——大きな損失は、軍団の士気を低下させる

戦略的目的——訓練を受けた戦士を失うと、以後の目標達成が困難になる

経済的理由――訓練には時間と資金が必要であるため、実のところ、戦士が生き延びたほうが安上がりなのである

多くの人は戦いの真の目的を敵の殺害と考えがちだが、それは「降伏や退却することなく生き延びる」ための副産物に過ぎない。大抵の場合、撤退も投降もせずに死線を生き延びる最良の方法は、敵を倒すことである。そして一対一の戦闘で敵を倒すのに最も容易な方法は（大体の状況下で、特に中世の場合は）殺傷により戦闘不能に陥れるか、力量を示すことで退却させることである。

撤退や降参することなく生き延びるためには、いくつかの重要なポイントがある。

A　戦士を危険にさらさない行動が望ましい

たとえば、両者ともに準備万端の状態で、戦士XがYの胴体に攻撃を仕掛けたら、XもYから攻撃される（おそらく頭上を狙われる）可能性があるため、最善の策とは言いがたい。

B　戦士は、できるだけ効率よく戦いを終わらせるために行動せねばならない

そのためには、以下を心がける必要がある。

・負傷を目的とするべからず

怪我をさせて勝つこともできるが、リスクを伴う。足を攻撃しようとして、そのせいで相手に頭を狙われることになっては、逆効果である。痛みに強い耐性を持つ者もいるため、反撃されずに相手を負傷させたとしても、戦いは続く可能性がある。このように、負傷を目的とする戦いはリスクを高め、ひいては最終目標の達成を困難にする。それゆえ、

・なるべく早く、戦いを終わらせるべし
　戦いが長引くほど不確定な要素が介入し、想定外の事態を引き起こす可能性が高まる。疲労、偶然の怪我、状況の変化（敵の援軍の到着など）も考慮に入れねばならない。特に大勢での戦いにおいては、戦闘後の疲労を看過できない。戦士を弱らせ、その後の戦いにおいて、十分に身を守れなくさせるからだ。

・体力を温存する動きを使うべし
　大仰で激しい身振りはエネルギーと時間を無駄にし、敵にイニシアチブを奪われることになる。

無知がゆえ、それとも駆け引きとしてか、あえて戦士がこれらのルールを破ることもある。敵を上回るスタミナがあるので、長期戦のほうが有利になると考える場合もあるだろう。また自分は十分に素早い、あるいは敵の注意が逸れているから下腿への攻撃が有効だと思うこともあるかもしれない。しかし、ほとんどの戦いは先ほどの要素に従っている。

戦闘において、戦士が考えなければならない要因を下記の通りに示しておく。

一対一の戦いか、集団戦か？
　↓
一対一の場合
　↓
距離——いかなる戦いにおいても、自分の戦闘範囲と相手の範囲を理解すること体勢――無理に体を伸ばすことなく、重心の安定した、すぐに動ける状態を保つこと。攻撃も防御も安全に行うために、自分と敵の範囲を効率的に判断する

敵について知り得る情報――

武器：どれだけの長さか？　どういった特徴か（攻撃をしてくる部分はどこか、片刃か両刃か）？どう扱われているか？

習慣：敵の攻撃に癖がないか（取っ組み合いのため突進してくるのか、待ち伏せをしているのか）

テル：ポーカーにおいて、考えや意図を明かしてしまう動きのこと。剣術においても、攻撃する前に体を弾ませたり、剣を振るう前にやや持ち上げてしまう者がいる

体型：鍛えられているか、痩せているか、太っているか

守り：鎧や他の防具

敵の構えと体全体の焦点：防御の構え、攻撃の構え、肉体的・あるいは精神的な焦点。体の配置が敵に焦点を当てていないか（尻が横を向いている、ひざが内側に曲がっているなどの場合は焦点が絞れておらず、手練れではない証拠である）。戦士の注意が逸れているか、あるいは集中しているか

相手の個人的な状態――スピード、スタミナ、腕力

集中――戦士の精神状態。やみくもに武器を振るうのではなく、周囲へ注意しながら敵へ攻撃することを目指す。ターゲットを見つけ、正確に攻撃しなければならない。だが同時に、猪突猛進になるあまり、相手の反撃を見落とさないように

鎧を身につけた戦闘と身につけていない戦闘

後で詳しく述べるが、映画において鎧を着用している場合とそうでない場合を区別することは稀である。鎧はただの風変わりな衣装として、心理や戦法に影響を及ぼさない扱いを受けている。だが、これらの描写は事実と大きく反している。

鎧を身につけていない戦い

鎧を身につけていない場合、格闘（窒息、脱臼、目つぶしなど）のほか、武器による三種類の攻撃（ドライヴンダー）が可能である。

打撃――武器の刃、柄頭、つばを用いての攻撃

切断――刃の押し引きによって斬る。大半の西洋刀剣においては、四種類の切断方法がある。長刃を押す／引く方法と、短刃を押す／引く方法である

突き／刺突――切っ先を使っての攻撃。最小の労力で最大のダメージを与え、一気に戦いを終わらせる可能性が高い。そのため、西洋武術に関する古文書でもっとも推奨されている

鎧を身につけていない戦いにおいては、二つの要素が鍵となる。まず何より、最初の攻撃で戦いが終わる可能性が比較的高いこと。次に、近距離戦を長時間行うと、ダブルヒット（戦士が両方とも、同時に行動不能になる傷を負う）の可能性が高いこと。

それゆえ、中世西洋武術の多くの流派では、鎧をつけずに戦う場合、なるべく早く戦いを終結させること、そして相手の武器をコントロールし、反撃されぬ形で攻撃を加えることを重視している。ドイツ様式のフェンシングでは、「バインド」のテクニックを重視している。バインドとは自分の武器と相手の武器が接触している状態であり、お互いの動きが牽制される。バインドを用いない流派もあるが、ドイツのリヒテナウアー様式では剣術の一環と見なされ、それを駆使した多くのテクニックが存在する。敵の刃をコントロールすることができ、負傷の危険を減らせるからである。

ヴィンデン――自分の刃を、敵の刃（の切っ先や「弱い」部分［1］）に滑らせるテクニック。剣の刃を切り替える場合もある。こうすることで、有利な角度を維持し、ターゲットに照準を合わせたまま攻撃ができる。

アプネーメン――刃で攻撃するのに敵が「硬すぎる」場合（つまり、攻撃する側から見て右をあまりにも強固に「バインド」している場合）、相手の刃の上を移動させることで、敵の刃と反対側に自分の切っ先を向けることができる。

ツッケン――アプネーメンと似た状況だが、攻撃する側の「弱い」部分が相手の「強い」部分［2］を向いている。このような場合、剣士は照準を合わせたまま柄を上げて剣を引き戻し、相手の剣の反対側を突くことができる。

ドゥルヒラウフェン――バインド状態のときに前進してきた敵に用いるレスリングのテクニック。相手を投げとばす。

鎧を身につけた戦い

鎧を身につけた戦いも同じ要素を含むが、以下の制限が戦局を大きく変える可能性がある。

A 視覚とスタミナへの制限

多くの人はこの制限を最初に考慮するだろう。だが、後述のものと比べると、ずっと影響は少ない。大半の騎士は兜の小さな隙間からでも十分に視界を確保することができたし、面の開いているオープンフェイスの兜を選ぶ者たちもいた。スタミナに関しては、騎士たちは運動選手のような鍛錬を積んでいた。鎧を身につけたまま何時間も動き、走り、戦う必要があったためである。いずれにせよ、動きにくさについては一考の余地がある。

B 攻撃方法の制限

防具によって、攻撃の種類は限られてくる。軽量鎧（羊毛を詰めたギャンベソン等）であっても、切りつける攻撃を軽減できたため、相手を負傷させるにはより強く攻撃せねばならない。一四、一五世紀に騎士たちが全身を鎧で覆うようになって以来、力を込めた打撃であっても、怪我を負わせにくくなった。一騎討ちにおいて、武器を振るう攻撃方法を選択した騎士は、（例外もあったが）相手を倒すのにより多く攻撃せねばならなかったが、相手の防備が薄い箇所（手、のど、わきの下、股間）に対して突きを繰り出す方法を選択した場合、より早く戦闘を終わらせられる確率が上がった。

C 効果的な戦闘範囲の制限（そして接近戦へ）

上述の「攻撃方法の制限」に関連するが、鎧を身につけた騎士は大抵、敵のすぐ傍まで近寄る。鎧を身につけない戦闘ではヒット&アウェーの戦いとなるが、鎧をまとっている場合はそれが難しく、お互いに弱点を攻撃できる位置について、全力で攻撃せねばならない。弱い攻撃はほぼ間違いなく、徒労に終わる。打撃の場合は切断や突きとは異なり、前腕のような弱点を狙われないかぎり、強いものを受けても平気である。それゆえ一対一での鎧をまとった戦いは（槍や、棒状の武器を使っていても）頻繁に、地面での取っ組み合いになる。騎士たちは顔、股間、のどといった部分を何度もダガーで突いて戦うのだ。

演技としての戦闘

演技としての戦闘は、鎧の有無にかかわらず、西洋中世武術と目的がまったく異なる。
・戦闘シーンによって、物語を支える。また、登場人物の感情や個性を伝える場を作る。
・俳優たちの安全を確保しつつ、上記の目的を果たさねばならない。特に舞台においては、上演期間中に何度も繰り返さねばならない。俳優の負傷を全力で阻止することが鍵となる。

上述の理由から、演技としての戦闘は武術とほぼ真逆のものになる。実際の戦いでは自己を守り、敵を倒し、領土を奪うことが目標であるが、演技としての戦闘では、二人の役者が協力し、もっともらしい光景を生み出すのだ。それゆえ、芝居における戦いはどうしても、真実と瓜二つのものにはできない。本物らしく作ることはできても、特に舞台においては、実際の戦闘どおりにはいかないのだ。

一方、映画における戦闘は、もっと融通が利く。カメラの角度、BGM、特殊効果、編集、デジタル効果により、さらに本物らしい感触を作り出せるからだ。演技を何度も繰り返す必要がないため、危険なシーンに挑戦する等、より多くのリスクをとったり、ひとつの場面のためにじっくり訓練を重ねることも可能である。だが、それでも実際の戦闘のようにはいかない。映画には以下のような制限があるからである。

A 本物らしさは、必ずしも史実と一致しない

良い光景を作り出そうとしても、史実を踏襲した戦闘が観客に望む印象を与えないこともある。実際の戦いでは技術が巧みに駆使され、門外漢の観客にはなかなか理解できないからである。あまりに素早く技を使われると、観客には何が起こったのか分からない可能性がある。実際の戦いでは、敵に手の内を晒すのは好ましくない。一方、映画監督は大抵の場合、観客を置き去りにしたくない。結果、俳優たちは事前にヒントとなる動きをする——剣をゆっくりと後ろに引き戻して打撃に備えたり、筋肉を張りつめさせたりして、観客に重要なポイントを示すのである。

同様に、俳優たちは実際の戦いよりもオーバーな、はっきりとしたポーズをとる。演劇における剣士については「両脇を見せねばならない」というジョークがある。強さと自信を示すため、堂々とふんぞり返ってみせる必要があるのだ。

集団戦でも、同様の問題がある。実際の戦闘では、すべての行動が同時に起こる。しかし映画監督は、戦いの「流れ」が分かりやすくなるような展開を作る必要がある。

最後の理由として、戦いのスピードが挙げられる。映画における戦闘シーンは何分も続く。俳優たちは何度も切り結ぶことによって戦いを長引かせる。しかし実際に戦うと——特に、鎧を身につけていない場合は——非常に早く決着がつくことがある。

B　俳優たちは演技をしたい

舞台でも映画でも、視界の悪さや息切れを口実にして兜を脱ぐお約束の展開があるが、これは顔を見せて感情を伝えるためだ。似たような理由で、役者たちが戦闘中に立ち止まり、語りだすこともある。これは戦いを先へ進めるための手段なのである。

C　俳優たちは、鎧を着用しての戦闘訓練を受けていない

単純に大半が甲冑に慣れていないのである。これらの問題はたいていプラスチックやアルミといった「偽」の素材で作られた鎧をまとうことで解決される。結果として、彼らは史実と異なるスピードと身軽さで動くことが可能になる。

D　鎧を身につけている相手に対しても、役者たちはそうでないかのように戦う

これはおそらく、鎧を着用した戦闘に関する研究が再燃してから二〇年ほどしか経っておらず、まだあまり知られていないからであると推測される。それゆえ、しばしば騎士たちは距離を置いたうえで、剣を振り回して戦う。そのうえ、鎧をまとっている相手に対して鎧を着ていない場合と同じ攻撃を加える。そして敵の俳優は、鎧すら傷つけないような打撃を受けて死ぬのだ。

映画における戦いの描写例

例1　最悪の例

『デス・ストーカー／誓いの剣』（一九八八年）アルフォンソ・コロナ監督

この映画のことを覚えているのは、剣技に興味のある人間くらいだろう。戦闘シーンはあまりに酷く、伝説になっている。中世西洋武術としても、映画における演技としてもレベルが低い。ここまで酷いと、もうお笑いの領域である。

戦闘において、二人の俳優が不必要に歩き回り、せっかくの攻撃のチャンスを生かそうとしないまま、ぎこちなく剣を扱う。距離も近すぎる。さらには振り付けのタイミングを間違えて、合図の前に攻撃を始める始末。役者たちは部屋中をうろうろするが、その動きがまったく戦闘に関係していない。剣術家にとっても俳優にとっても、噴飯ものである。

例2　鎧をまとった、演技としての戦闘

『マクベス』（一九七一年）ロマン・ポランスキー監督

ポランスキー監督の『マクベス』は映画であるが、クライマックスの戦闘の大半が演劇のスタイルで、ほとんど編集のないロングカットで撮影された。綿密に動きが決められているうえ、安全を重視した振り付けなので（とはいえ、このシーンの撮影のため、俳優二人は何度も怪我をしただろうと思うのだが）、誇張した印象を与えてしまっている。演者は焦点を定めて攻撃しているが、意図的に鎧への攻撃を逸らそうとはし

ていない。鎧への攻撃はその防御力の高さを示すと同時に、演者たちの危険を最小限に留めたうえでのアクションを可能にしている。

いずれにせよ、これは優れた作品である。戦闘シーンは雄々しく、迫真性が伝わってくる。戦士たちは何度も地面に倒れ、立ち上がり、取っ組み合う。鎧がしっかりと騎士たちの身を護っていることを示したうえで、とどめの一撃は弱点である脇に加えられるのだ。

例3　映画における、鎧をまとわないフェンシング

『ロブ・ロイ　ロマンに生きた男』（一九九五年）マイケル・ケイトン・ジョーンズ監督

中世を舞台とする映画ではないが（一八世紀のスコットランドが舞台である）、クライマックスに素晴らしい決闘シーンがある。俳優の演技力だけでなく、剣さばきも達者である。物語を盛り上げるためにフェンシングに長い尺が取られているが、編集のおかげで注意を削がれないまま、戦いの細部が伝わってくる。剣士たちがどのように一緒に動き、どのように距離を取るかも興味深い。多くの決闘シーンでは、至近距離で強打するだけだが、この戦いは剣士が互いの範囲の内外へ移動する。熟練の格闘家であっても、違和感をおぼえる点はまずないだろう。

例4　アニメ映画における戦闘

『ベルセルク　黄金時代編Ⅰ　覇王の卵』（二〇一二年）窪岡俊之監督

この映画のワンシーンには非常に思い入れがある。橋における戦闘の動きを、筆者が担当したのだ。使われたテクニックや、現実味のある映画表現にするために妥協せねばならなかった点について、関係者として

お話ししよう。

この場面では、主人公のガッツが五人を相手にする。振付担当としては、あまり現実離れせずに複数を相手にする戦闘シーンを作らねばならなかった。また西洋中世剣術の実践者として、可能な限り多くの本物のテクニックを組み込みたかった。

多くの映画では、一対五の戦いにおいて、敵は順番を待つことになる。最初の振り付けでは、ガッツが有利な位置を確保することで、敵を近寄らせない形だった。だが最終版で、これは上手くいかないと気が付いた。たとえば、敵の接近を防ぐために、槍の片側へ動いている描写が伝わりにくかった。もっと分かりやすくすることもできたが、この場面では何より、ガッツを引き立たせねばならない。その結果、二人の敵が背後から攻撃の機会を窺う形になった。代わりにガッツがひとりの敵を使い、他の者たちを近寄れないようにしようとしていることを伝えたのである。

この戦闘において、一回だけ鎧への攻撃（突き）が貫通するが、残りの攻撃は喉や股間といった弱点へ向けられている。戦闘において、ガッツは柄頭で殴り、蹴り、摑みかかり、ハーフソード（剣の刃を握り、槍のように使う方法）で戦う。筆者は当初、ツヴェルクハウ（剣の裏刃を使った、高い位置での水平な構え）を用いようとしたが、これを描くのは難しかった。なお、これらはすべてドイツの古剣術におけるテクニックである。ドラマチックかつ分かりやすいものにするため妥協した部分もあるが、この場面の完成度をとても誇らしく思っている。

✠

西洋中世武術と、現代の演技としての戦いはまったく異なっている。これはこの二つの技術が異なる目的を持っているため、当然のことである。俳優による戦いは架空の光景を作り出すためのものであり、登場人物の感情を伝え、物語を支えながら、見事に達成されるものである。西洋中世武術家の中には、映画における剣術シーンが好きかどうか尋ねられた際、批判的に答える者もいるだろう。だが私はそれに同意しない。両者の違いを知るのは興味深いことであり、映画の戦闘はエンターテインメントである。我々武術家も時にはくつろいで、ポップコーンを食べつつショーを楽しめばよいのである。

［1］「剣の刃の中心より切っ先（＝ポイント）寄りの部分」。ジェイ＝エリック＝ノイズ・円山夢久『ビジュアル版 中世騎士の武器術』（新紀元社、二〇二〇年）、一八三頁。

［2］「剣の刃の中心より手前側の部分」。同書、一八三頁。

✠コラム8

中世ヨーロッパ再現体験

繻　鳳花

アニメやテレビゲームの影響で、中世ファンタジーの世界観に興味を持つ人は今も多い。賑やかな酒場でほろ酔いになりながら酒を酌み交わす人々、放浪の旅をしつつ、焚き火を囲み過去の想いを吐露する冒険者、華やかなドレスに身を包んだ、一国の王女……。最近はＣＧなどの発達もあり「あたかもその光景が中世ヨーロッパの時代そのままである」と思う人が少なくないのは、こちらが知りうる限り事実である。

主宰を務めるコストマリー事務局では、中世西欧時代再現・西洋ファンタジー体験プログラムなどのイベント企画・運営を行っており、中世ヨーロッパの歴史に埋もれた民俗生活と比較しながら中世を理解し、共に知識を高めることを活動の大きなポイントにしている。

人は「体験すること」によって、書物や口伝、現代であればインターネットやＳＮＳで得た知識と同じなのか、異なるのかをある程度判断することができる。

たとえば、しばしば開催する「蜜ロウキャンドルを灯した古楽ライブ」は、会場の照明を落とし、かつて中世ヨーロッパの修道院などで使われた蜜ロウキャンドルだけを灯して、半分暗闇の中で当時の楽師が奏でたであろう宮廷音楽を演奏するというものである。

揺らめく暖色の炎は、鮮やかな色の世界を橙色に染め上げ、テーブルの上に出された料理の色も奪っていく。また、演奏する楽師も当時の絵画を参考にした上で「観客から見えない、高い位置」に設置することにより、「音を聴く」ことだけに専念することができる（図1・2）。

「中世ヨーロッパの再現料理」も、現代の食材を用いて供することがあるが、「一〇〇パーセント完全再現」という表記は絶対にできない。なぜなら、品種改良などの影響で五〇〇年前と現代の食材事情は、明らかに異なるからである。完全に再現することは不可能に近いが、近づけて再現することは現代でも十分可能である（図3）。

もちろん、中世ヨーロッパの本家である欧州にはたくさんの中世歴史祭りが夏を中心に開催されているが、中世ファンタジーが多ジャンルに広まる日本でも、このような再現活動を行うことが今後少なからず必要ではないかと考えている。

古の人々が培ってきた生活の体験を少しでも感じ取る機会。日本でも「中世ヨーロッパの再現はできる」という事実を、これからも広めていければ本望である。

上から
図1　中世の食卓の明かりを再現した様子
図2　古楽器の練習（野外音楽祭）
図3　15世紀頃，南欧の「王様のソテー（羊肉のスパイス焼き）」

第10章　「羊皮紙」の神秘
――『薔薇の名前』写字室からの随想

八木健治

中世ヨーロッパ、およびその世界観をテーマとした映画やゲームでの「定番アイテム」を思い浮かべていただきたい。聖なる剣、魔法の杖に賢者の石――さまざまなものが挙げられるだろう。中でも、決して目立ちはしないが中世やファンタジー、冒険ものの映画には必ずといってよいほど登場するアイテムに「羊皮紙」がある。その響きは、多くの人にとって神秘や魔法を想起させ、宝の地図や海図など、未知なるものへの憧れを掻き立てる。

筆者はもともと羊皮紙の制作に携わっていたが、現在は主に羊皮紙の輸入販売を行っている。主な用途として挙げられるのは、絵画などの作品づくり、学校や博物館での教材、そしてなんと「魔術」だ。護符は羊皮紙に書くと効果が上がるらしい（ちなみに筆者はその真偽を証明するすべを持たない）。単なる紙にすぎないが、どこか妖しさと神秘性を醸し出すモノ。羊皮紙が人々にファンタジーを感じさせる理由の一端を、「中世を忠実に描写している」といわれる映画『薔薇の名前』（一九八六年）から紐解いていきたい。

まず、「羊皮紙」とは何かを簡単に説明することからはじめよう。その上で、映画一般におけるステレオタイプ的な羊皮紙の描写と『薔薇の名前』のリアリズムを対比する。その中から演出的な要素をあぶり出し、なぜそのような演出に至ったのかを考察する。『薔薇の名前』が表現する猟奇性・神秘性・二面性などと重ね合わせて推察することで、羊皮紙というアイテムに込められた意味を考えてみたい。

羊皮紙とは

羊皮紙は字のごとく、動物の皮からできている（図1）。漢字では「羊の皮の紙」と書くが、原料となる動物は羊に限らず、山羊や仔牛も使われる。紀元前二世紀頃に小アジアのペルガモンで生まれたとされ、以来欧州を中心に一九世紀頃まで約二〇〇〇年ものあいだ実用品として用いられてきた。

作り方を簡単に説明すると、肉を食べるために剝いだ動物の皮（原皮）（図2）を、まずはよく洗浄する（ちなみに、羊皮紙づくりのためだけに屠畜することはない）。剝いだばかりの原皮には毛が生えているだけでなく、ありとあらゆるゴミや汚物が付いている――牧場の土、ワラ、餌、虫、糞、そして凝固した血液。原皮を洗浄しはじめると、その水が血で紅く染まってゆくのが生々しい。十分洗浄をしておかないと、後工程で汚物が腐敗し、皮を溶かし、悪臭を放つ。筆者も一度洗浄に手抜きをした結果、この惨状

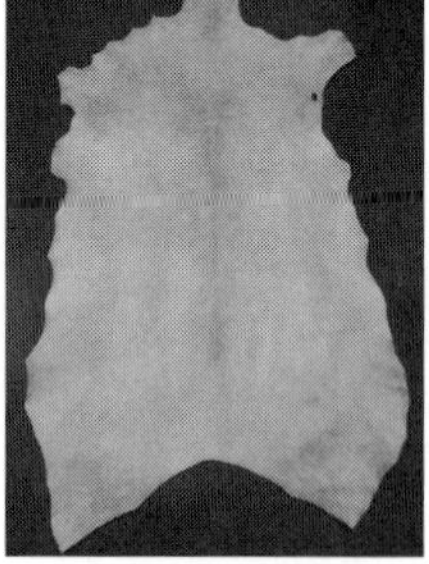

図1　羊皮紙（筆者制作）

図2　原皮

を体験した。まさに「死臭」そのものといってもよいほどの激臭であった。洗浄後、消石灰を水に重量比で一〇パーセントほど入れてpH一二ほどのアルカリ性溶液を作り、原皮を約一週間浸けておく。アルカリ成分で表皮が分解されて（つまり腐る）毛穴が開き、指で押すだけで簡単に脱毛できるようになる（図3）。腐敗した表皮と脂、残留汚物の混じったエキスがすべて羊毛に染み込んでいるため、ここがニオイのピークである。あえて表現すると、「肥溜めに酢を入れたよう」とでもいえようか。排泄物のどんよりとしたニオイにツーンとした刺激臭が混じる（洗浄を徹底的に行えば和らぐ）。脱毛と同時に、付着している肉や脂肪をナイフで除去してゆく。

その後、原皮の周囲をヒモで縛って木枠に張り付け、極限まで引き伸ばす（図4）。全体的に八〇キロほどの張力をかけ、本来動物の体に沿って丸みを帯びている皮を強制的に平らにする。その皮を半円形のナイフで削って薄く平滑にし、乾燥させてから軽石で磨いて表面を整える。この研磨工程では皮の削り粉が舞い、自分も含め周囲は真っ白になる。粉を吸い込むと健康にもよくない。最後に、白亜の粉を擦り込んだり、白い塗料を塗ったりして、ここまでに至る苦労を微塵も悟らせないような「化粧」をする。

汚物と羊毛、脂と削り粉にまみれて行う工程を経て、毛に覆われて脂ぎった動物の皮が、約一カ月かけてようやく薄い「紙」となる（図5）。そこ

図3　脱毛

図4　木枠に張って伸ばす

から採れるのはせいぜいＡ４サイズ六枚程度。制作に携わってきた筆者としてはこう思う――「どこにファンタジーの要素があるのか」と。

映画の中の羊皮紙

羊皮紙を販売する中で、映像（映画・テレビ・写真・ゲーム）や舞台関係者からの注文も少なくない。筆者自身が小道具制作まで行うこともある。ほぼ例外なく、典型的な羊皮紙のイメージに近づけるべく、「茶色っぽくてムラがあり、古ぼけた感じのもの」を希望される。しかし、本物の羊皮紙は大半のイメージと異なり、白くてそれほどムラがない。もともとは動物の肌。最初から古ぼけた肌の動物はいないだろう。古い羊皮紙文書でも、案外白くてきれいなものも多い。ただし、映画で白いきれいな羊皮紙を使うと、見た目は普通の紙と変わらないので伝わらない。「ほら、羊皮紙だよ」ということがわかるような、何らかの工夫が必要となるのだ。

日本国内のプロダクションは、古く見せる加工はすれども本物の羊皮紙を使用するケースが多いようだが、海外の映画を見ると、本物の羊皮紙を使っている作品は案外少ないように思う。どうも普通の紙を「羊皮紙風」に加工している印象がぬぐえない。『ロビン・フッド』（一九九一年）で映し出されるのは、インスタントコーヒーで染めたかのような紙である（図６）。

図５　完成してカットした羊皮紙

そんな中、『薔薇の名前』に登場する羊皮紙は、映画的な脚色が必要最小限までそぎ落とされ、リアリティにあふれている。ここからは、『薔薇の名前』の場面を精査し、同作の羊皮紙とその登場場面が、どこまで現実に即したもので、どこからが脚色と思われるかを区分してみる。そこから想起し得ることを基に、羊皮紙というアイテムが持つ神秘的なイメージの源を推察してみよう。

【『薔薇の名前』あらすじ】

一三二七年、北イタリアのベネディクト会修道院にフランシスコ会の修道士バスカヴィルのウィリアム（ショーン・コネリー）と見習いのアドソ（クリスチャン・スレーター）がやってくる。そこで耳にしたのは、写本絵師の謎の死。その後も修道士たちが次々と奇怪な死を遂げる。ウィリアムは真相解明のため遺体を観察したり、聞き取りを基に推理したりした結果、修道院の蔵書に関する重大な謎に迫ることとなる。

現実に即した羊皮紙の描写

映画の舞台となる修道院は、当時ヨーロッパ最大級の蔵書を誇る図書館

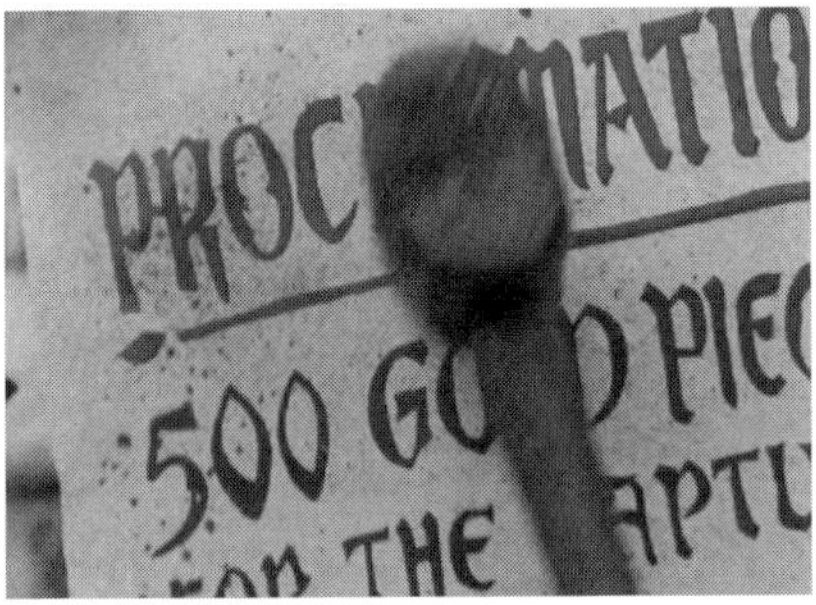

図6　『ロビン・フッド』の「羊皮紙」

7

8

9

図7　写字室に置かれた羊皮紙
図8　羊皮紙の毛穴
図9　写本をめくるウィリアムとアドソ

を擁し、写本制作も盛んな場所という設定だ。修道院の写字室は、現代の本作りの現場とはまるで異なる別世界。羊皮紙に羽ペンで一文字一文字書き写し、金で装飾し、ラピスラズリなど天然顔料を卵白で溶いて彩色してゆく。

写字室の筆写台に載せてある羊皮紙の色は、典型的なイメージとは異なり、ほぼ純白に近い。作りたての羊皮紙の色そのものである。「羊皮紙っぽく」見せるために色ムラを付けたりもしていない。通常、毛が生えていた面（毛側）はクリーム色で、肉が付着していた面（肉側）は純白である。映画の写字室では、羊皮紙の肉側を上にして置いてあるものとみられる（図7）。

また、図書館における写本のクローズアップカットを見ると、クリーム色で毛穴が写っている（図8）。毛穴の存在は、羊皮紙と普通の紙を隔てる最大の特徴ともいえよう。特に脇腹だった箇所には毛穴が目立つ。

厚みや音もリアルだ。映画では、主人公のウィリアムとアドソが写本をめくる場面がある（図9）。映像からは、しっかりとした厚さと硬さが見て取れる。紙とプラスチックの中間的な羊皮紙の質感そのものだ。ページをめくると聞こえるのは、「ペラペラ」というよりも「カタカタ」といった硬質な音。これも実際の中世写本をめくると聞こえる音である。

脚色と思われる描写

ただし、写字室の光景をよく見ると、実際に写本制作をする上で「これではやりにくいのでは？」と思う描写も無きにしも非ずだ。控え目に言うのは、中世当時の状況は現場ごとに異なるだろうし、今となっては誰も断定できないから。

その限界を踏まえた上で、あえていくつか指摘をしてみよう。まず、筆写台にある羊皮紙の形がいびつなことが挙げられる。これは作られたばかりの羊皮紙の形、つまり、動物が背骨を中心として手足を広げた形なのだ。「羊のひらき」とでもいえようか。

中世写本において、修道院の写字室や、一般の写本制作工房の様子を描いた細密画は少なくないが、動物の形のままの羊皮紙に筆写している例は筆者が知る限りでは見当たらない。いずれもすでに長方形に切断した状態

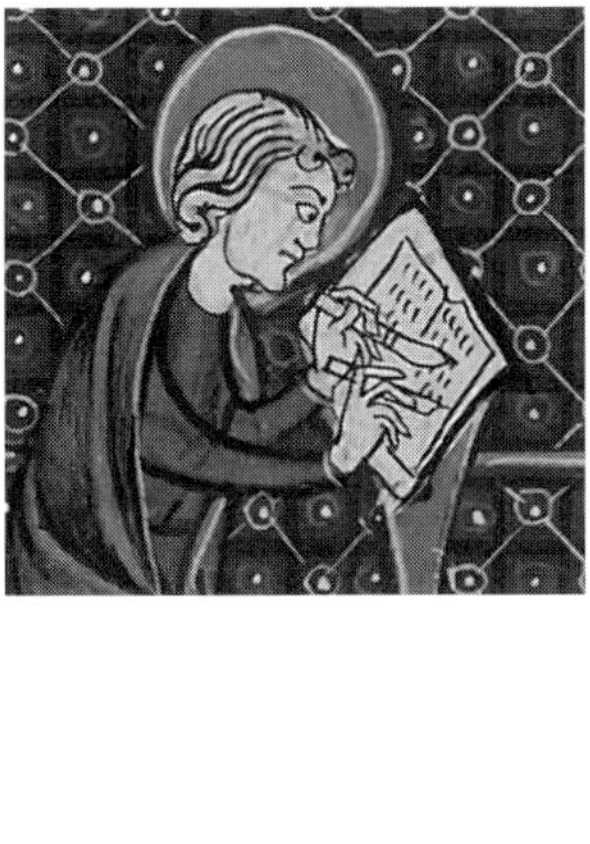

図10　中世写本に描かれた写字生の様子

の羊皮紙に筆写している（図10）。

写本制作において多くの場合、羊皮紙は書かれる前に裁断される。文字を筆写する前に罫線を引くのだが、その際羊皮紙を複数枚重ねた状態で、千枚通しのような道具を使って両端に孔を空ける。すると、下に重ねた羊皮紙にも同じ位置に印が付く。両端の孔を定規でつないで線を引くことで、全ページ同じ位置、同じ幅で罫線が引けるという仕組みだ。長方形に切りそろえてあれば容易だが、サイズも形も異なる動物の形のままでは困難だろう。

筆写する際も、動物の形のままだと不都合が生じる。羊皮紙は湿度変化に敏感に反応して、うねる。強制的に伸して平らにされた皮が、あたかも元の動物の形に戻ろうと喘いでいるかのように。長方形に切った状態であれば抑えておくのは比較的容易だが、形がいびつだとうねりの制御が利かない。背骨部分は変化が少なく、腹部は伸び縮みが激しい。身体各部の伸縮度合いの違いにより、予測できない波打ちが起こる（図11）。波打つ表面に安定した文字を書くことは難しい。

筆写台への羊皮紙の設置方法も、実際に写本制作をする上で違和感を覚える。羊皮紙は筆写台に対して縦方向に置かれているが、横向きにしたほうが明らかに机にフィットする（図7、図11）。縦置きだと、机からはみ出している上下部分に折り目が付いて使えなくなりもったいない。また、図12

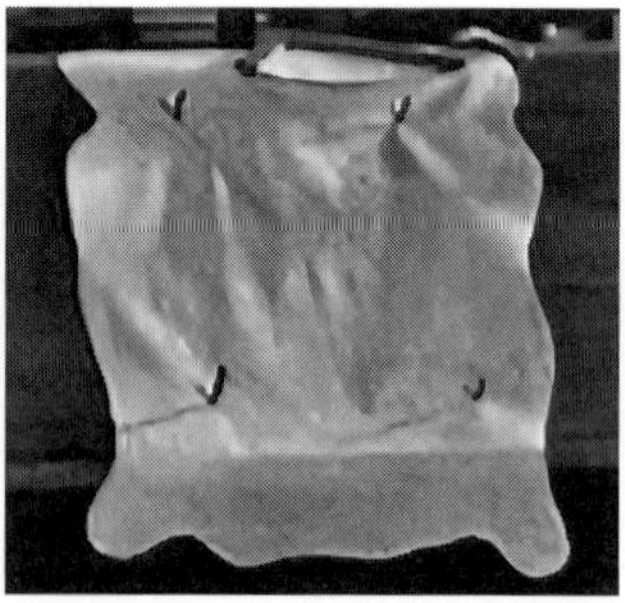
図11　筆写台に置かれた羊皮紙の波打ち

を見ると、縦置きされた羊皮紙全面を一ページとしているが、これだと半分に折って製本ができない。製本には左右見開き二ページ分が必要なのだ。そのためには羊皮紙を横置きにしたほうが都合がよい。映画で動物の形をした羊皮紙を縦置きで見せているのには、演出上の意図が感じられる。さらに映画では、筆写台に羊皮紙の四隅を杭のようなもので「串刺し」して固定してあるが（図11、図12）、一般的には筆写台の上から鉛などの重りをヒモで吊るし、文鎮のようにして羊皮紙を抑える。写字生はペンを進める中で、羊皮紙を自分の書きやすい位置や角度に随時調整する必要があるためだ。杭で固定してしまうと、現実的には書きにくい。また、中世写本の細密画でも杭で固定する方法を描写したものは見当たらない。

以上のような理由から、映画で見られるような羊皮紙の形や写字室の様子は、中世の現実世界をそのまま描写したものではないだろうと推測できる。ただし、もちろんこのような方法で写本制作を行っていたところがなかったと断言はできない。また、それが意図した演出であったのか、想像による補完であったのかも映画製作当事者に聞かない限り検証のしようがない。製作関係者からの直接的な情報を得ることはほぼ不可能であることから、ここからは事実の追求というよりも、筆者独自の視点から考察を綴ってみよう。

図12　映画で制作途中の写本の様子

写字室における秘儀

羊皮紙を動物の形のまま使った理由としてすぐに思い浮かぶのは、普通の紙ではなく「羊皮紙」であることを強調するためである。他の中世映画では茶色っぽくして雰囲気を出しているが、当時は新しいはずの羊皮紙が古めかしくては滑稽だ。では真っ白な長方形にしたらどうか。それでは羊皮紙であることが観客にまったく伝わらない。最も無理のない表現方法として、動物の形そのままを活かしたものと考えられる。縦方向に設置することで、動物の姿がわかりやすい。

また、単なる「モノ」と化す前の、動物の身体の形を留めた状態を見せることで、多分に肉感的、あるいは猟奇的でもあるこの修道院の妖しげな雰囲気ともマッチする。映画では、血なまぐさい描写が随所に見られる――修道院内での豚の屠畜（図13）、その生々しい血液、自分を鞭で痛めつける修道士の体、血まみれの牛の心臓、そして次々に死を遂げる修道士たちの遺体。

そのような陰鬱とした修道院に華やぎをもたらしているのは、煌びやかな彩飾写本。しかしその制作現場の演出には、この修道院と同じ猟奇性を匂わせている。「動物の形を留めた羊皮紙」――それは殺されて皮を剝がれ、

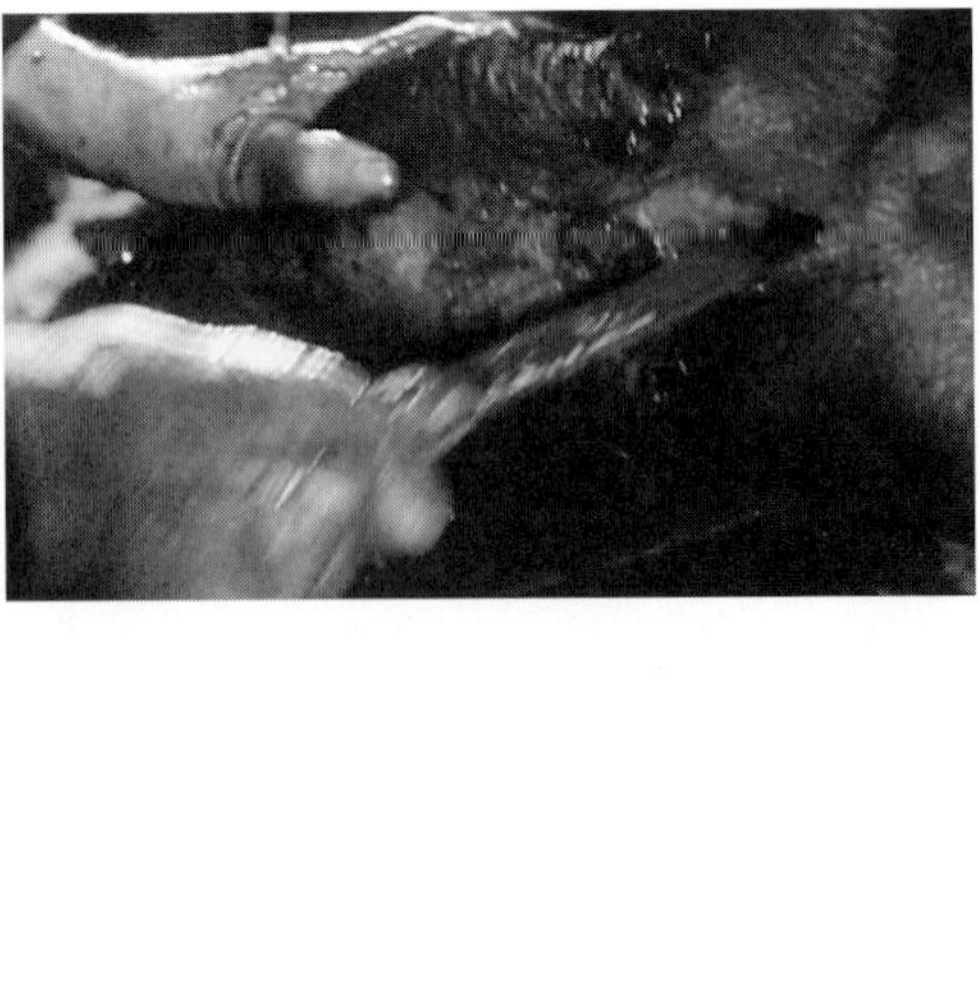

図13　修道院での豚の屠畜場面

さらに木枠の上で極限まで引き伸ばされた羊の苦悶する姿そのもの。その苦痛に追い打ちをかけるように、筆写台の上で四肢に容赦なく杭が打ち付けられる。かつて命あった生き物にとって、あまりにも悲惨な末路ではないだろうか。

しかし、その儀式を終えた羊の死骸は、筆写台という祭壇の上でこの世のものとは思えない至高の美を誇る彩飾写本として生まれ変わる。死臭を放って滅びゆくべき羊の死骸は、神の言葉を宿す宝物に変貌し、肉体が息絶えた後もとこしえに、人々に崇められ存在し続ける。まるで十字架に杭打たれた見る影もない「神の子羊」が、眩い姿で復活を遂げたように（図14）。

一度は滅んだ肉体を、神の言葉を宿すものとして復活させる「写本づくり」という行為――『薔薇の名前』の羊皮紙の姿は、映画の舞台における残虐性と同時に、写字室で静寂の中執り行われる秘儀的な営みを感じさせる。

映し出されている羊皮紙の姿は、いわゆる中世の「現実」ではないかもしれないが、単なる現実の再現を超えた迫真的なメッセージを伝えるものではないだろうか。

図14　神秘の子羊（一四三二年ファン・エイク兄弟作）

✠

動物は羊皮紙になることで、少なくともその一部は、数百年、数千年も存在し得ることとなる。ある意味、「永遠の命」を得たともいえよう。それはもはや草をはむ一匹の動物ではなく、人間を諭し信仰に導く、あるいは宝のありかや未知の大地に到達するための鍵を持つメッセンジャーとしての役割を果たすのだ。

死を超越して、永遠なる別の存在へと昇華した中世の紙「羊皮紙」。永遠の命こそ究極のファンタジー。羊皮紙というモノ自体が秘めたストーリーこそが、私たちに神秘性を感じさせるのかもしれない。

✠コラム9

羊皮紙豆知識

八木健治

羊皮紙を熱するとどうなるか

『薔薇の名前』では、主人公ウィリアムが羊皮紙を蠟燭の炎であぶると、見えない文字が浮かび上がり、こう呟く――「あぶり出しだ」(図1)。これは実際に羊皮紙でできるのだろうか。

筆者は、映画のように羊皮紙の切れ端にレモンの搾り汁で文字を書き、蠟燭の火であぶり出しを試みた。すると、文字が現れるどころか羊皮紙が熱で収縮し、激しくカールして焦げた(図2)。あぶり出されたのは、焼鳥屋のような香ばしいニオイ。皮をあぶったのだから当然といえば当然だ。

羊皮紙は非常に熱に弱い。六〇度以上になるとコラーゲン線維が崩壊に向かう。この実験結果に基づくと、映画の場面は普通の紙を使った演出ではないかということが推測できる。

また、羊皮紙を燃やしてメラメラと炎が立ち上るシーンがあるが(図3)、この場面も普通の紙を使っているように思える。羊皮紙は脂をほとんど除去してある上、紙と異なり線維間の空気含有量が少ないため、炎を上げて燃えるということもない。縮んで焼鳥屋のニオイを放って終わりである。

ちなみに、最後の場面で修道院の図書館が火災で燃え盛るシーンがあるが、この火力は羊皮紙自体ではなく、当時の製本で使われていた木の表紙や、机などが燃えたことによるものと考えればさほど違和感はないだろう。

写本の顔料とその毒性

中世写本に使われる、この世のものとは思えない美を生み出す絵具は、人間をこの世から消し去ることのできる毒を持つものもある。

白に使われる鉛白や朱色の鉛丹は鉛中毒を引き起こす。赤の辰砂は水銀からなっており、神経系等をむしばむ水銀中毒の危険がある。そして黄色い顔料で、黄金を表現するために古くから用いられてきたオーピメントの主成分はヒ素である（図4）。多臓器不全などを引き起こし、最終的に死に至らしめる。

映画では、「キリスト教にとって笑いは悪だ」と固く信じているホルヘ長老が、喜劇の有用性を説いた写本のページにヒ素を塗る。その本を盗み見ようとする者が指を舐めてページをめくるごとに毒素が身体を侵し、死に至るように仕掛けたのだ。黄金を表し得る物質が、人を殺める毒となる。

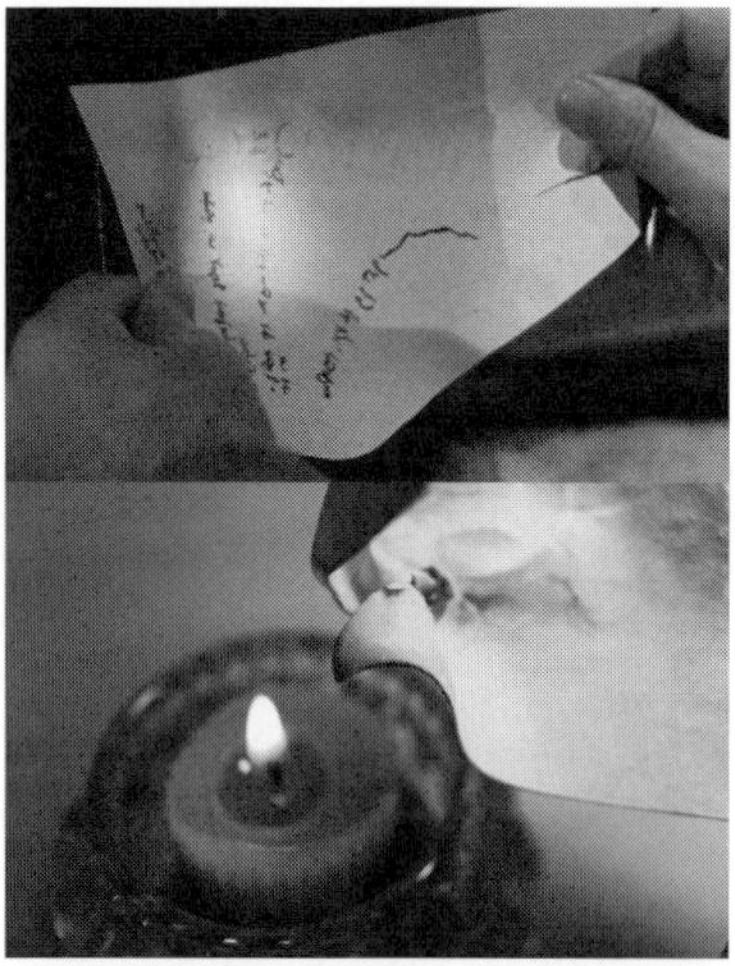

上から
図1･2　羊皮紙の文字をあぶり出す場面
　　　羊皮紙でのあぶり出し実験
図3　炎を上げて燃える「羊皮紙」の場面
図4　オーピメント（ヒ素）の原石と顔料：漫画のようなドクロマークつき

映画では「写本に仕込まれた毒」としてドラマチックに描かれているが、実際に写本の絵具は、言うなれば「煌びやかな毒」。羊皮紙を極彩色に飾り立てる写本づくりは、「死んだ羊に毒を盛る行為」ともいえよう。

現代でも、海外の図書館などに行けば、中世の彩飾写本に素手で触れられる機会はある。ページをめくる際には、くれぐれも指を舐めたりしないように。映画のように死に至るまでのことはないだろうが、図書館員からは毒をたっぷり浴びさせられるだろう。

〈中世映画〉をもっと愉しむための文献リスト

ここでは魅惑の〈中世映画〉に迫るためにオススメの本を紹介する。各章で取り上げた文献と合わせてアクセスしてみてほしい。史実とフィクションの間に〈中世映画〉の魅力を探る、はじめの一歩を踏み出してみよう。

【中世の世界に分け入る】


ジョン・H・アーノルド（図師宣忠・赤江雄一訳）『中世史とは何か』岩波書店、二〇二二年。

フランソワ・イシェ（蔵持不三也訳）『絵解き　中世のヨーロッパ』原書房、二〇〇三年。

ジョルジュ・デュビィ（池田健二・杉崎泰一郎訳）『ヨーロッパの中世――芸術と社会』藤原書店、一九九五年。

ロバート・バートレット（樺山紘一監訳）『図解　ヨーロッパ中世文化誌百科（上・下）』原書房、二〇〇八年。

ウィンストン・ブラック（大貫俊夫監訳）『中世ヨーロッパ――ファクトとフィクション』平凡社、二〇二一年。

ジャック・ル・ゴフ（橘明美訳）『絵解き　ヨーロッパ中世の夢（イマジネール）』原書房、二〇〇七年。

池上俊一・河原温編『［シリーズ］ヨーロッパの中世』（全八巻）岩波書店、二〇〇八―一〇年。

河原温・堀越宏一編『放送大学大学院教材　西洋中世史』放送大学教育振興会、二〇二一年。

神崎忠昭『ヨーロッパの中世』慶應義塾大学出版会、二〇一五年。

木俣元一・小池寿子『中世Ⅱ――ロマネスクとゴシックの宇宙』（西洋美術の歴史三）中央公論新社、二〇一七年。

服部良久・南川高志・山辺規子編『大学で学ぶ西洋史［古代・中世］』ミネルヴァ書房、二〇〇六年。

堀越宏一・甚野尚志編『一五のテーマで学ぶ中世ヨーロッパ史』ミネルヴァ書房、二〇一三年。

【中世研究と中世の「再現」】

チャントリー・ウェストウェル（伊藤はるみ訳）『大英図書館豪華写本で見るヨーロッパ中世の神話伝説の世界――アーサー王からユニコーン、トリスタンとイゾルデまで』原書房、二〇二二年。

ハンネレ・クレメッティラー（龍和子訳）『［図説］食材と調理からたどる中世ヨーロッパの食生活――王侯貴族から庶民にいたる食の世界、再現レシピを添えて』原書房、二〇二三年。

リチャード・L・クロッカー（吉川文訳）『グレゴリオ聖歌の世界』音楽之友社、二〇〇六年。

フィリス・ジェスティス（大間知知子訳）『［ヴィジュアル版］中世の騎士――武器と甲冑・騎士道・戦闘技術』原書房、二〇二一年。

ケイト・スティーヴンソン（大槻敦子訳）『中世ヨーロッパ「勇者」の日常生活――日々の冒険からドラゴンとの「戦い」まで』原書房、二〇二三年。

アルド・A・セッティア（白幡俊介訳）『戦場の中世史――中世ヨーロッパの戦争観』八坂書店、二〇一九年。

マーティン・J・ドアティ（日暮雅通監訳）『［図説］中世ヨーロッパ――武器・防具・戦術百科（普及版）』原書房、二〇二三年。

ジェイ・エリック・ノイズ／円山夢久『［ビジュアル版］中世騎士の武器術』新紀元社、二〇二〇年。

チャールズ・フィリップス（大橋竜太監修、井上廣美訳）『［ヴィジュアル版］中世ヨーロッパ城郭・築城歴史百科』原書房、二〇二二年。

ハインリヒ・プレティヒャ（平尾浩三訳）『中世への旅――騎士と城』白水社、二〇一〇年。

クリス・マクナブ（岡本千晶訳）『［ヴィジュアル版］中世ヨーロッパ攻城戦歴史百科』原書房、二〇二二年。

秋山聰『聖遺物崇敬の心性史――西洋中世の聖性と造形』（講談社選書メチエ）講談社、二〇〇九年（講談社学術文庫、二〇一八年）。

池上俊一『［図説］騎士の世界（新装版）』（ふくろうの本）河出書房新社、二〇二三年。

伊藤盡『指輪物語――エルフ語を読む』青春出版社、二〇〇四年。

尾形希和子『教会の怪物たち――ロマネスクの図像学』（講談社選書メチエ）講談社、二〇一三年。

岡本広毅・小宮真樹子編『いかにしてアーサー王は日本で受容されサブカルチャー界に君臨したか――変容する中世騎士道物

語』みずき書林、二〇一九年。

金澤正剛『中世音楽の精神史――グレゴリオ聖歌からルネサンス音楽へ』（河出文庫）河出書房新社、二〇一五年。

金沢百枝『ロマネスク美術革命』新潮社、二〇一五年。

金沢百枝『キリスト教美術をたのしむ――旧約聖書篇』新潮社、二〇二四年。

河原温監修『ファンタジー好きのための中世ヨーロッパへの誘い』宝島社、二〇二三年。

繻鳳花（コストマリー事務局）『中世ヨーロッパのレシピ』新紀元社、二〇一八年。

図師宣忠『エーコ『薔薇の名前』――迷宮をめぐる〈はてしない物語〉』慶應義塾大学出版会、二〇二一年。

徳井淑子『中世ヨーロッパの色彩世界』（講談社学術文庫）講談社、二〇二三年。

藤崎衛『ローマ教皇は、なぜ特別な存在なのか――カノッサの屈辱』（世界史のリテラシー）ＮＨＫ出版、二〇二三年。

皆川達夫『中世・ルネサンスの音楽』（講談社学術文庫）講談社、二〇〇九年。

八木健治『羊皮紙のすべて』青土社、二〇二一年。

八木健治『羊皮紙の世界――薄皮が秘める分厚い歴史と物語』岩波書店、二〇二一年。


【〈中世映画〉三大ジャンル――ジャンヌとロビンとアーサー】

ジョーゼフ・キャンベル（斎藤伸治訳）『聖杯の神話――アーサー王神話の魔法と謎』人文書院、二〇二三年。

アンヌ・ベルトゥロ（松村剛監修、村上伸子訳）『アーサー王伝説』（「知の再発見」双書）創元社、一九九七年。

レジーヌ・ペルヌー（塚本哲也監修、遠藤ゆかり訳）『奇跡の少女ジャンヌ・ダルク』（「知の再発見」双書）創元社、二〇〇二年。

J・C・ホウルト（有光秀行訳）『ロビン・フッド――中世のアウトロー』みすず書房、一九九四年。

コレット・ボーヌ（阿河雄二郎ほか訳）『幻想のジャンヌ・ダルク――中世の想像力と社会』昭和堂、二〇一四年。

アンドレア・ホプキンズ（山本史郎訳）『［図説］アーサー王物語（普及版）』原書房、二〇二〇年。

青山吉信『アーサー伝説――歴史とロマンスの交錯』岩波書店、一九八五年。

池上俊一『少女は、なぜフランスを救えたのか――ジャンヌ・ダルクのオルレアン解放』（世界史のリテラシー）ＮＨＫ出版、二〇二三年。

上田耕造『［図説］ジャンヌ・ダルク――フランスに生涯をささげた少女』（ふくろうの本）河出書房新社、二〇一六年。

上野美子『ロビン・フッド物語』（岩波新書）岩波書店、一九九八年。

加藤玄『ジャンヌ・ダルクと百年戦争――時空をこえて語り継がれる乙女』（世界史リブレット人）山川出版社、二〇二二年。

高山一彦『ジャンヌ・ダルク――歴史を生き続ける「聖女」』（岩波新書）岩波書店、二〇〇五年。

髙宮利行『アーサー王伝説万華鏡』中央公論社、一九九五年。

遠山茂樹『ロビン・フッドの森――中世イギリス森林史への誘い』刀水書房、二〇二二年。


【〈中世映画〉のイメージの源泉】


ダンテ・アリギエリ（原基晶訳）『神曲（地獄篇）』（講談社学術文庫）講談社、二〇一四年。

ウンベルト・エーコ（河島英昭訳）『薔薇の名前』（上・下巻）東京創元社、一九九〇年。

バーナード・ショー「聖女ジョウン」『バーナード・ショー名作集』鳴海四郎ほか訳、白水社、二〇一二年。

シルレル（佐藤通次訳）『オルレアンの少女』岩波書店、一九九二年。

ウォルター・スコット（中野好夫訳）『アイヴァンホー』河出書房、一九六六年。

チョーサー（桝井迪夫訳）『［完訳］カンタベリー物語（上・中・下）』（岩波文庫）岩波書店、一九九五年。

マーク・トウェイン（大久保博訳）『アーサー王宮廷のヤンキー』（角川文庫）KADOKAWA、二〇〇九年。

J・R・R・トールキン（瀬田貞二訳）『ホビットの冒険』岩波書店、一九八三年。

J・R・R・トールキン（瀬田貞二・田中明子訳）『指輪物語』（全七巻）評論社、二〇二二―二三年。

ハワード・パイル（三辺律子訳）『ロビン・フッドの愉快な冒険』（光文社古典新訳文庫）光文社、二〇一九年。

トマス・ブルフィンチ（大久保博訳）『［新訳］アーサー王物語』（角川文庫）KADOKAWA、一九九三年。

ボッカッチョ（平川祐弘訳）『デカメロン（上・中・下）』（河出文庫）河出書房新社、二〇一七年。

トマス・マロリー（厨川圭子・厨川文夫訳）『アーサー王の死』（ちくま文庫：中世文学集　1）筑摩書房、一九八六年。

ユゴー（辻昶・松下和則訳）『ノートル＝ダム・ド・パリ（上・下）』（岩波文庫）岩波書店、二〇一六年。

忍足欣四郎訳『［中世イギリス英雄叙事詩］ベーオウルフ』（岩波文庫）岩波書店、一九九〇年。

【〈中世映画〉を探究するために】

Aberth, John, *A Knight at the Movies: Medieval History on Film* (New York, 2003).

Bernau, Anke, and Bettina Bildhauer (eds.), *Medieval Film* (Manchester, 2009).

Bildhauer, Bettina, *Filming the Middle Ages* (London, 2011).

Driver, Martha W., and Sid Ray (eds.), *The Medieval Hero on Screen: Representations from Beowulf to Buffy* (Jefferson, NC, and London, 2004).

Elliott, Andrew B. R., *Remaking the Middle Ages: The Methods of Cinema and History in Portraying the Medieval World* (Jefferson, NC, and London, 2011).

Finke, Laurie A., and Martin B. Shichtman, *Cinematic Illuminations: The Middle Ages on Film* (Baltimore, MD, 2010).

Haines, John, *Music in Films on the Middle Ages: Authenticity vs. Fantasy* (Routledge, 2014).

Harty, Kevin J., *The Reel Middle Ages: American, Western and Eastern European, Middle Eastern and Asian films about Medieval Europe* (Jefferson, NC, 1999).

Harty, Kevin J. (ed.), *Medieval Women on Film: Essays on Gender, Cinema and History* (North Carolina, 2020).

Haydock, Nickolas, *Movie Medievalism: The Imaginary Middle Ages* (Jefferson, NC, 2008).

Le Moyen Âge vu par le cinéma européen (Les Cahiers de Conques, no. 3), Centre Européen d'Art et de Civilisation Médiévale, 2001.

Sturtevant, Paul B., *The Middle Ages in Popular Imagination: Memory, Film and Medievalism* (I. B. Tauris, 2018).

Treacey, Mia E. M., *Reframing the Past: History, Film and Television* (New York, 2016).

あとがき

映画は、いまここではないどこかに、「遠い昔、はるかかなたの銀河系」にも「中つ国」にも、一瞬にして私たちを連れて行ってくれる。「未来へと戻る」なんてことも可能だ。この映画という愛すべきメディアは、その黎明期より「中世」と長らく手を携えてきた。写真が動き出し、サイレントからトーキーへと移り変わり、テクニカラーでの彩色がなされ、スペクタクル映画はやがてＣＧで製作されるようになり、現在に至るまで――これらいずれの局面においても「中世」は映画のなかで描かれ続けてきた。私たちは映画を通じて「中世」という金色の野に降り立つことができるのだ。

一般に「中世」はどのようにイメージされているだろうか。欧米において「中世」なる語は、残忍性や拷問、暴力の代名詞としてしばしば用いられてきた。クエンティン・タランティーノ監督の映画『パルプ・フィクション』（一九九四年）で、ギャングのボスであるマーセルス・ウォレスが発した「I'ma get medieval on your ass」という言葉は、いかにもその復讐が暴力的なものになろうことを想起させるではないか。暴力に満ち溢れ、陰謀が渦巻き、迷信に染まり、狂信的なまでの信仰心に縁どられた血まみれの「暗黒の中世」――。実際、「中世映画」においても、たしかに戦闘での殺戮、暗く不潔な地下牢、残虐な拷問など「野蛮な中世」を象徴するシーンに事欠かない。

一方、日本ではどうだろうか。大学の授業で学生たちに「中世」のイメージを問うてみると、意外なほど

「薄暗さ」とは結びつかない。ここ一〇年ほどブームになっている異世界転生などの小説・漫画やアニメで描かれる「中世風」の世界に馴染んでいるからだろうか。「暗黒の中世」の対極にあるかのような「明るい中世」――。J・R・R・トールキンの『指輪物語』(一九五四~五五年)を淵源としつつ、「ドラゴンクエスト」のようなRPGの世界を取り込んで独自の発展を見せてきた日本のファンタジー作品群は、今や二次創作を超えて、N次創作として増殖し続けているようにも見える。

それでは、映画で描かれてきた「中世」にはどのような特徴が見出せるだろうか。本書は、西洋中世学に携わるメンバーがこうした観点に立って「中世映画」をさまざまな切り口から読み解こうとしたものである。歴史・文学・美術・音楽などの各専門分野からの「読み」は、互いに響き合い、中世世界の陰影を浮かび上がらせる。本書は、現実の「中世」と映像のなかの「中世」との距離感を摑んでみることで、「中世映画」を存分に愉しむだけでなく、映画を通じて「中世」をじっくり味わってみようという試みでもある。

本書のもとになったのは、西洋中世学会第九回大会(首都大学東京〔当時〕、二〇一七年六月三日・四日)でのシンポジウム「映像化される中世――語り継がれる史実とフィクション」である。この企画の発案者である大黒俊二先生からシンポジウムのコーディネーターを打診されたのが二〇一六年四月のこと。それから大黒先生と松本涼さんに世話人としてご協力いただきながら、報告者との検討会を重ねて準備を進め、シンポジウムの開催を果たした。シンポジウム当日には連動企画として、羊皮紙工房の八木健治さん、キャッスル・ティンタジェルのジェイ・ノイズさんのご協力のもと、「羊皮紙展示×甲冑展示」も実現し、ここに学会の会場に騎士が闊歩するという時空を超えたシーンが現出した。中世の食文化に造詣が深い繻鳳花さん(コストマリー事務局)にもお手伝いいただいた。西洋中世学会の大会準備委員長だった金沢百枝さんには全般にわたって最初から最後までお世話になった。これらの方々にも、シンポジウム・メンバーに加えて本書にご寄稿いただいた。中世学会に集ったみなさんと一緒に「中世映画」を愉しむ本を世に送り出すことができたことは望外の喜びである。

とはいえ、じつはここに至るまでの道のりは決して平坦なものではなかった。とある出版社で本企画の刊行を受け入れていただき二〇一九年時点で校正作業に入っていたものの、翌年以降コロナ禍を遠因とする諸事情が重なって、ほぼ再校まで終わった段階でペンディングとなってしまった。さらに不運は重なり、その出版社での刊行自体が取り止めとなり、出版社を変更せざるを得ない異例の事態となった。そんななか、校正段階のデータを引き継いで刊行するという難題を引き受けていただいたのがミネルヴァ書房だった。編集者の岡崎麻優子さんにはそれまでの組版を活かしつつ、新たなまなざしをもって丁寧に作業を進めていただいた。おかげさまで素敵な本が仕上がった。心からの感謝を申し上げる。

紆余曲折を経て随分と回り道をしてしまったが、「中世映画」を考える機運は着実に高まりを見せている。この間、執筆陣の書籍も相次いで刊行された。巻末の「〈中世映画〉をもっと愉しむための文献リスト」に紹介しているので、ぜひ併せて手に取っていただければと思う。本書には「映画×中世」を愉しむコツが詰まっている。これまでに観た「中世映画」を思い出しながら本書を読み進めるのもよし、本書を片手に新たに「中世映画」の扉を開くもよし。「中世」の息吹を感じながら、「中世映画」の魅惑の世界を深く味わっていただければと願っている。

二〇二四年九月

図師宣忠

人名索引

[あ　行]

[か　行]

[さ　行]

[た　行]

[な・は　行]

[ま　行]

[や・ら・わ　行]

事項索引

［さ　行］

［ま　行］

［や　行］

［ら・わ　行］

図版出典一覧

カバー図版

Wikimedia Commons

第1章

図1　Wikimedia Commons
図2　『ジャンヌ・ダルク』(1900年)
図3　『裁かるるジャンヌ』(1928年)
図4　『ジャンヌ・ダルク裁判』(1962年)
図5　(右) Wikimedia Commons, (左)『ジャンヌ・ダルク』(1900年)

第2章

図1　『ヒューゴの不思議な発明』(2011年)
図2　上野美子『ロビン・フッド伝説』研究社出版, 1988年, 332, 333頁
図3　『ロビン・フッド』(1922年)
図4　『ロビンフッドの冒険』(1938年)
図5　『ロビンとマリアン』(1976年)
図6　『ロビン・フッド』(1922年)
図7　『ロビン・フッド』(1922年)
図8　『ロビンフッドの冒険』(1938年)
図9　『ロビンとマリアン』(1976年)
図10　『ロビンフッドの冒険』(1938年)
図11　『ロビンフッドの冒険』(1938年)
図12　『ロビンフッドの冒険』(1938年)
図13　『ロビンとマリアン』(1976年)
図14　『ロビンとマリアン』(1976年)
図15　『ロビンとマリアン』(1976年)

第3章

図1　『ロード・オブ・ザ・リング 二つの塔』(2002年)

図2-5　Olaus Magnus, *Historia de gentibus septentrionalibus* (Roma, 1555), 203, 205, 207, 208

図6-8　『ロード・オブ・ザ・リング 王の帰還』(2003年)

図9・10　Olaus Magnus, 220, 222

図11-13　Chris Smith, *The Lord of the Rings: Weapons and Warfare: An Illustrated Guide to the Battles, Armies and Armor of Middle-Earth* (Boston: Houghton Mifflin, 2003), 128, 129, 163

図14-17　Smith, 62-65, 126

図18　Smith, 111

図19　ヨークシャー博物館蔵

図20　グスタヴィアヌム博物館（ウプサラ大学）蔵

図21　『ロード・オブ・ザ・リング』(2001年)

図22　シェフィールド博物館蔵。

図23　Guildford, Surrey (Underwood撮影)

図24　Smith, 55

図25　Lindisfarne Priory (筆者撮影)

図26-28　Daniel Falconer, *The Hobbit: An Unexpected Journey, Chronicles: Art and Design* (London: HarperCollins, 2012), 41, 45, 69

図29　Daniel Falcone, *The Hobbit: The Battle of the Five Armies, Chronicles: The Art of War* (London: HarperCollins, 2015), 76

図30　王立武具博物館（リーズ）所蔵

図31　エルフの短刀（筆者蔵）

第4章

図1　『モンティ・パイソン・アンド・ホーリー・グレイル』(1975年)

図2　モーガン図書館&美術館，MS M 696, f. 16r

図3　モーガン図書館&美術館，MS M 116, f. 147v

図4　大英図書館，MS Royal 19 C VIII, f. 18v

図5　モーガン図書館&美術館，MS M 8, f. 273v

図6　『モンティ・パイソン・アンド・ホーリー・グレイル』(1975年)

図7　ウォルターズ美術館 37.1188

図8　カタルーニャ美術館 015966-000
図9　パーカー図書館，MS 002 III, f. 281v
図10　大英図書館，MS Royal 2 A XXII, f. 14r
図11　ケンブリッジ大学デジタル図書館，MS Dd. 4.17, f. 3v
図12 『モンティ・パイソン・アンド・ホーリー・グレイル』(1975年)
図13 『モンティ・パイソン・アンド・ホーリー・グレイル』(1975年)
図14 『モンティ・パイソン・アンド・ホーリー・グレイル』(1975年)
図15　イェール大学図書館，Beinecke MS 404, f. 134r

第5章
図1 『教皇ヨハンナ』(1972年)(ドイツ語版のジャケット)
図2 『教皇だったかもしれない女』(2009年)(1972年の作品のオリジナル版)
図3 『女教皇』(2009年)
図4 『女教皇ヨハンナ』(2017年)

第6章
図1 『ロビンフッドの冒険』(1938年)
図2 『ロック・ユー！』(2001年)

第7章
図1 『冬のライオン』(1968年)
図2　筆者撮影
図3 『冬のライオン』(1968年)
図4 『冬のライオン』(1968年)
図5 『冬のライオン』(1968年)
図6　Psalterium aureum, St. Gallen, Stiftsbibliothek, Cod. Sang. 22, 141
図7 『冬のライオン』(1968年)
図8　ルーヴル美術館蔵
図9　ルーヴル美術館蔵
図10　筆者撮影
図11　筆者撮影
図12 『冬のライオン』(1968年)
図13 『冬のライオン』(1968年)

第8章

図1　ロンドン，ランベス宮殿図書館，MS 6 folio48v，15世紀
図2　Wikimedia Commons
図3　大英図書館，Royal 20A II f. 3
図4　フランス国立図書館，Français 22547 f. 219r，15世紀
図5　大英図書館，Harley 3244 f. 39，13世紀
図6　『キング・アーサー』（2017年）のコピー

第10章

図1　筆者撮影
図2　筆者撮影
図3　筆者撮影
図4　筆者撮影
図5　筆者撮影
図6　『ロビン・フッド』（1991年）
図7　『薔薇の名前』（1986年）
図8　『薔薇の名前』（1986年）
図9　『薔薇の名前』（1986年）
図10　Durham Cathedral Library MS. A.II.3 Bible f279v
図11　『薔薇の名前』（1986年）
図12　『薔薇の名前』（1986年）
図13　『薔薇の名前』（1986年）
図14　Wikimedia Commons

コラム3

図1　『ロビン・フッド』（1973年）
図2　『ズートピア』（2016年）

コラム6

図1　『ロビン・フッド』（1991年）
図2　『ロビン・フッド』（2010年）
図3　*IMDb*：https://www.imdb.com/

コラム7

図1　The Codex Manesse 237r.

図2　Wikimedia Commons

図3　https://allerliechtenstein.weebly.com/symbols-and-landmarks.html

コラム8

図1　筆者撮影

図2　筆者撮影

図3　筆者撮影

コラム9

図1　『薔薇の名前』(1986年)

図2　筆者撮影

図3　『薔薇の名前』(1986年)

図4　筆者撮影

〈中世映画〉リスト

ここでは主な〈中世映画〉を紹介する。ケヴィン・J・ハーティーの中世映画リストをベースとして用い，IMDb 等の情報も踏まえて近年の作品も盛り込んだ。なお，〈中世映画〉三大ジャンルのジャンヌ・ダルク，ロビン・フッド，アーサー王は独立したリストとして作成した。

（1）ジャンヌ・ダルク映画（作成：図師宣忠）

製作年	原題	邦題	監督	主演	製作国	備考
1898	Exécution de Jeanne d'Arc		ジョルジュ・アト		フランス	リュミエール社の作品。50秒の短編映画。最初期のジャンヌ映画
1900	Jeanne d'Arc		ジョルジュ・メリエス	ジャンヌ・カルヴィエール	フランス	スター・フィルム社の作品。10分の短編映画。最初期のジャンヌ映画
1909	La vie de Jeanne d'Arc		アルベール・カペラーニ	レオンティン・マサール	フランス	パテ社の作品，短編映画
1909	La vita di Giovanna d'Arco		マリオ・カゼリニ	マリア・ガスペリーニ	イタリア	シラー『オルレアンの乙女』（戯曲）の翻案。短編映画
1913	Giovanna d'Arco		ウバルド・マリア・デル・コレ	マリア・ジャコビーニ	イタリア	ジャンヌ映画として最初の長編作品

1916	Joan the woman	ヂャン・ダーク	セシル・B・デミル	ジェラルディン・ファラー	アメリカ	シラー『オルレアンの乙女』の翻案。第一次世界大戦に従軍しているイギリス人兵士が戦地の塹壕の中で，ジャンヌ物語の長い夢を見る
1927	Saint Joan		ウィジー・R・ニューマン	シビル・ソーンダイク	アメリカ	バーナード・ショー『聖女ジョウン』(戯曲）の翻案。短編映画
1928	La Passion de Jeanne d'Arc	裁かるるジャンヌ	カール・Th・ドライヤー	ルネ・ファルコネッティ	フランス	時代考証はジャンヌの裁判記録を編纂したピエール・シャンピオン。サイレント映画の金字塔的作品
1929	La merveilleuse vie de Jeanne d'Arc	ジャンヌ・ダルクの驚異の一生	マルク・ド・ガスティン	シモーヌ・ジュヌヴォワ	フランス・ドイツ	シモーヌ・ジュヌヴォワは 17 歳でジャンヌを演じる
1935	Das Mädchen Johanna		グスタフ・ウチツキ	アンゲラ・ザロカー	ドイツ	ナチスのイデオロギーに彩られたジャンヌ像
1948	Joan of Arc	ジャンヌ・ダーク	ヴィクター・フレミング	イングリッド・バーグマン	アメリカ	マクスウェル・アンダーソン『ロレーヌのジョウン』(戯曲）の翻案
1952	Joan of Arc		アルバート・マクリーリー	サラ・チャーチル	アメリカ	テレビ映画
1954	Giovanna d'Arco al rogo	火刑台上のジャンヌ・ダルク	ロベルト・ロッセリーニ	イングリッド・バーグマン	フランス・イタリア	ポール・クローデル，アルチュール・オネゲルのオラトリオ（聖譚曲）を独創的に映像化。イングリッド・バーグマン 2 本目のジャンヌ役
1956	Jehanne		ロベール・アンリコ		フランス	短編映画
1957	Saint Joan	聖女ジャンヌ・ダーク	オットー・プレミンジャー	ジーン・セバーグ	アメリカ	バーナード・ショー『聖女ジョウン』の翻案。ジーン・セバーグは 18 歳でジャンヌを演じる

1957	The Lark		ジョージ・シェーファー	ジュリー・ハリス	アメリカ	テレビ映画。ジャン・アヌイ『ヒバリ』の翻案
1960	Jeanne d'Arc auf dem Scheiterhaufen		グスタフ・ルドルフ・ゼルナー	マーゴット・トルーガー	ドイツ	テレビ映画。ポール・クローデル，アルチュール・オネゲルのオラトリオの映像化
1961	Jeanne au Vitrail		クロード・アントワン		フランス	短編映画
1962	Le Procès de Jeanne d'Arc	ジャンヌ・ダルク裁判	ロベール・ブレッソン	フロランス・デュレ	フランス	ジャンヌの裁判記録に基づき，投獄から尋問，火刑に至る過程を再現し，ジャンヌの苦悩と葛藤を描く
1966	Der Fall Jeanne d'Arc		ポール・バーホーベン	カトリーン・シュミット	ドイツ	テレビ映画
1967	Saint Joan		ジョージ・シェーファー	ジュヌヴィエーヴ・ビュジョルド	アメリカ	テレビ映画。バーナード・ショー『聖女ジョウン』の翻案
1968	St. Joan		ワリス・フセイン	ジャネット・サズマン	イギリス	テレビ映画。バーナード・ショー『聖女ジョウン』の翻案
1978	Heilige Jeanne (Sacred Joan)		ジョン・ヴァン・デ・レスト	ジョシーヌ・ヴァン・ダルサム	オランダ	テレビ映画
1990	Giovanna d'Arco		ヴェルナー・ヘルツォーク	スーザン・ダン	イタリア	ヴェルディのオペラ。シラー『オルレアンの乙女』の翻案
1990	Jeanne d'Ark: Visjon Gjennom Eld		モルテン・トムテ	ユーニ・ダール	ノルウェー	テレビ映画
1993	Jeanne d'Arc au Bûcher		実相寺昭雄	マルト・ケラー	日本	テレビ映画。ポール・クローデル，アルチュール・オネゲルのオラトリオの映像化

1994	Jeanne la Pucelle - Les batailles/Les prisons	ジャンヌ・ダルク 愛と自由の天使／薔薇の十字架	ジャック・リヴェット	サンドリーヌ・ボネール	フランス	ジャンヌの生涯を前後編の2部に分けた壮大な抒情詩
1999	The Messenger: The Story of Joan of Arc	ジャンヌ・ダルク	リュック・ベッソン	ミラ・ジョボヴィッチ	フランス・アメリカ	ミラ・ジョボヴィッチ版のジャンヌ・ダルク。迫力のある戦闘シーンが見どころ
1999	Joan of Arc	ヴァージン・ブレイド ジャンヌ・ダルクの真実	クリスチャン・デュゲイ	リーリー・ソビエスキー	カナダ	テレビ・ミニシリーズ
2011	Jeanne captive		フィリップ・ラモス	クレマンス・ポエジー	フランス	『ハリー・ポッターと炎のゴブレット』フラー・デラクール役のクレマンス・ポエジーがジャンヌを演じる
2017	Jeannette, l'enfance de Jeanne d'Arc	ジャネット	ブリュノ・デュモン	リーズ・ルプラ・プリュドム，ジャンヌ・ヴォワザン	フランス	シャルル・ペギー『ジャンヌ・ダルク』『ジャンヌ・ダルクの愛の秘儀』の翻案。ジャンヌの幼少期を演じるリーズ・ルプラ・プリュドムは撮影当時8歳。これまでのジャンヌ映画と一線を画する破壊的なミュージカル映画
2019	Jeanne	ジャンヌ	ブリュノ・デュモン	リーズ・ルプラ・プリュドム	フランス	ジャネット（2017）の続編。ジャンヌ役としては最年少の主役が大人たちに対峙する異端審問の心理活劇は見もの

（2）ロビン・フッド映画（作成：岡田尚文）

製作年	原題	邦題	監督	主演	製作国	備考
1908	Robin and His Merry Men		パーシー・ストウ		アメリカ	
1908	Robin Hood		(不明)		アメリカ	
1912	Robin Hood		エチエンヌ・アルノー，ハーバート・ブラシェ	ロバート・フレイザー	アメリカ・イギリス	30分の短編
1912	Robin Hood Outlawed		チャールズ・レイモンド	A. ブライアン・プラント	アメリカ	
1913	In the Days of Robin Hood		F・マーティン・ソーントン	H・エイガー・ライオンス	イギリス	ハワード・パイルの小説からの影響
1913	Ivanhoe		ハーバート・ブレノン	キング・バゴット	イギリス	
1913	Robin Hood		セオドア・マーストン	ウィリアム・ラッセル	アメリカ	
1913	Robin Hood		(不明)			
1919	My Lady Robin Hood		ジェイ・ハント	テキサス・ガイナン	アメリカ	女盗賊主演の短編西部劇
1922	Robin Hood	ロビン・フッド	アラン・ドワン	D・フェアバンクス	アメリカ	アスペクト比1.33：1
1923	Robin Hood Junior		クラレンス・ブリッカー		アメリカ	
1924	Robin Hood's Men		ジェラルド・エイムズ		イギリス	

1924	ロビンフットの夢		金森万象	高木新平	日本	フェアバンクス版の影響下に作られた日本製ロビン・フッド映画
1925	Lady Robinhood		ラルフ・インス	クリフォード・ハワード	アメリカ	現代劇
1932	The Merry Men of Sherwood		ウィトゲイ・R・ニューマン	ジョン・トンプソン	イギリス	
1934	Robin Hood Jr.		アブ・アイワークス	（声）エレノア・スチュワート	アメリカ	MGM 配給の短編アニメ
1936	Robin Hood of El Dorado	ロビン・フッドの復讐	ウィリアム・A・ウェルマン	ワーナー・バクスター	アメリカ	MGM 製；19 世紀メキシコで西部劇
1938	The Adventures of Robin Hood	ロビンフッドの冒険	マイケル・カーティス，ウィリアム・キーリー	エロール・フリン	アメリカ	アスペクト比 1.37：1
1939	Robin Hood Makes Good		チャック・ジョーンズ	(声) メル・ブランク	アメリカ	ウサギのロビン；短編アニメ
1941	Robin Hood of the Pecos		J・ケイン	ロイ・ロジャース	アメリカ	リパブリック製西部劇
1941	The Chinese Robin Hood		呉文超		中国	
1942	Red River Robin Hood		レスリー・セランダー	ティム・ホルト	アメリカ	RKO 製西部劇
1943	Robin Hood of the Range		ウィリアム・バーク	チャールズ・スターレット	アメリカ	コロンビア製西部劇

1946	The Bandit of Sherwood Forest	戦うロビン・フッド	ジョージ・シャーマン，ヘンリー・レヴィン	コーネル・ワイルド	アメリカ	
1946	Lady Robinhood		R. N. ヴァイディア	フィアレス・ナディア	インド	
1947	Robin Hood of Monterey		クリスティー・カバンヌ	ギルバート・ローランド	アメリカ	モノグラム製西部劇
1947	Robin Hood of Texas		レスリー・セランダー	ジーン・オートリー	アメリカ	リパブリック製西部劇
1948	The Prince of Thieves	伝説の英雄ロビン・フッド	ハワード・ブレザートン	ジョン・ホール	アメリカ	A・デュマ原作。コロンビア社製
1949	Rabbit Hood		チャック・ジョーンズ，ルーニー・テューンズ	メル・ブランク	アメリカ	
1950	Rogues of Sherwood Forest	剣侠ロビン	ゴードン・ダグラス	ジョン・デレク	アメリカ	
1950	Trail of Robin Hood		ウィリアム・ウィットニー	ロイ・ロジャース	アメリカ	リパブリック製ミュージカル西部劇
1951	Tales of Robin Hood		ジェームズ・ティンリング	ロバート・クラーク	アメリカ	R&L プロダクションズ製
1952	Ivanhoe	黒騎士	リチャード・ソープ	ロバート・テイラー	アメリカ	ウォルター・スコット『アイヴァンホー』原作
1952	The Story of Robin Hood and His Merrie Men	ロビン・フッド	ケン・アナキン	リチャード・トッド	アメリカ	RKO ディズニー社製実写作品

1954	Men of Sherwood Forest	ロビン・フッド物語	ヴァル・ゲスト	ドン・テイラー	イギリス	ハマー社製
1958	Robin Hood-winked		ジョセフ・バーベラ，ウィリアム・ハンナ	（声）ルシール・ブリス	アメリカ	トムとジェリー版ロビン・フッド
1958	Robin Hood Daffy		チャック・ジョーンズ	(声) メル・ブランク	アメリカ	ルーニー・テューンズ
1958	Son of Robin Hood	ロビン・フッドの息子	ジョージ・シャーマン	デヴィッド・ヘディソン	イギリス	ロビン・フッドの息子は実は娘だった
1960	Robin Hood e i pirati		ジョルジオ・シモネッリ	レックス・バーカー	イタリア	
1960	Sword of Sherwood Forest	シャーウッドの剣	テレンス・フィッシャー	リチャード・グリーン	イギリス	ハマー社製
1962	Robin Hoody Woody		ポール・J・スミス	(声) ドーズ・バトラー	アメリカ	短編アニメーション
1962	Il trionfo di Robin Hood		ウンベルト・レンツィ	ドン・バーネット	イタリア	アイヴァンホーも登場
1964	Mr. Mangoo in Sherwood Forest		エイブ・レヴィトウ	(声) ジム・バッカス	アメリカ	アニメーション
1964	Robin and the Seven Hood	七人の愚連隊	ゴードン・ダグラス	フランク・シナトラ	アメリカ	ギャング・ミュージカル・パロディ
1965	Adventures of Robin Hood and Bandits		B・J・パテル	パルヴィーン・チョウダリー	インド	
1965	Titong Robinhood		エルミニオ・バウティスタ	チキート	フィリピン	

1967	A Challenge for Robin Hood	ロビン・フッドの逆襲	C・M・ペニントン＝リチャーズ	バリー・インガム	イギリス	ハマー社製
1968	The Legend of Robin Hood		アラン・ハンドレイ	ダグラス・フェアバンクス Jr.	アメリカ	
1969	The Ribald Tales of Robin Hood	陰獣の森	リチャード・カンター，エルウィン・C・ディートリッヒ	ラルフ・ジェンキンス	アメリカ・西ドイツ	エロティック・コメディ・アドベンチャー
1969	Wolfshead the Legend of Robin Hood	新ロビン・フッド物語	ジョン・ハフ	デヴィッド・ウォーベック	イギリス	
1970	Il Magnifico Robin Hood		ロベルト・ビアンキ・モンテロ	ジョージ・マーティン	イタリア・スペイン	
1970	Robin Hood, el arquero invencible		ホセ・ルイス・メリノ	カルロス・クイニー	スペイン・イタリア	
1971	L'Arciere di fuoco	炎の戦士ロビン・フッド	ジョルジオ・フェローニ	ジュリアーノ・ジェンマ	イタリア・フランス・スペイン	
1971	The Legend of Robin Hood		ゾラン・ジャンジク	(声) ティム・エリオット	オーストラリア	アニメーション
1973	Robin Hood	ロビン・フッド	ウォルフガング・ライザーマン	(声) ロジャー・ミラー	アメリカ	ディズニー社製アニメーション

1975	Robin Hood: frecce, fagioli e karate		トニオ・リッチ	セルジオ・ソアーニ	イタリア	
1975	Robin Hood, Junior		マット・マッカーシー，ジョン・ブラック	トニー・エイトキン	イギリス	
1975	Robin Hood nunca muere		フランシスコ・ベルムント	チャーリー・ブラヴォー	スペイン	
1976	Robin and Marian	ロビンとマリアン	リチャード・レスター	ショーン・コネリー	アメリカ	アスペクト比1.85：1
1977	Robin Hood's Arrows		セルゲイ・タラソフ	ボリス・フメリニツキー	ソ連	
1981	Time Bandits	バンデットQ	テリー・ギリアム	クレイグ・ワーノック	アメリカ	時空を超えてあちこち旅する少年がシャーウッドの森へ
1982	Ivanhoe	アイバンホー	ダグラス・キャムフィールド	アンソニー・アンドリュース	イギリス・アメリカ	テレビドラマ
1984	Robin Hood and the Sorcerer		イアン・シャープ	ウェイン・マイケルズ	イギリス	テレビドラマ
1984	The Zany Adventures of Robin Hood		レイ・オースティン	ジョージ・シーガル	アメリカ	コメディ映画
1988	Aaj Ka Robin Hood		タパン・シンハ	アニル・チャタルジー	インド	
1991	Robin Hood: Prince of Thieves	ロビン・フッド	ケヴィン・レイノルズ	ケヴィン・コスナー	アメリカ	

1991	Robin Hood	ロビン・フッド	ジョン・アーヴィン	パトリック・バーギン	アメリカ	歴史家のJ・C・ホウルトが歴史監修
1991	The Rocketeer	ロケッティア	ジョー・ジョンストン	ビリー・キャンベル	アメリカ	E・フリン版ロビン・フッドに言及するコミック原作のアドベンチャー（1930年代ハリウッドを舞台に）
1991	Robin Hood: Prince of Thieves	ロビン・フッド	ケヴィン・レイノルズ	ケヴィン・コスナー	アメリカ	ショーン・コネリー客演（リチャード獅子心王），アスペクト比1.85：1。魔女，ムーア人の登場
1993	Robin Hood: Men in Tights	ロビン・フッド キング・オブ・タイツ	メル・ブルックス	ケイリー・エルウィス	アメリカ	パロディ
1994	Robin Hood: Prince of Sher-wood		ジェームズ・ハンター	ジェイソン・ブレイリー	アメリカ	
1995	Young Ivanhoe	ロード・トゥ・ザ・ナイト アイヴァンホーの聖なる剣	ラルフ・トーマス	ステイシー・キーチ	イギリス・フランス・カナダ	
1995	Young Ivanhoe	ロード・トゥ・ザ・ナイト アイヴァンホーの聖なる剣	R・L・トーマス	ステイシー・キーチ	イタリア・フランス・カナダ	テレビ映画
1996	Robin of Locksley	ロビン・フッド 学園参上	マイケル・ケネディ	サラ・チョーク	アメリカ	学園ドラマ（現代のアメリカを舞台に）
1997	Ivanhoe	アイバンホー	スチュアート・オーム	スティーヴン・ウェディントン	イギリス	テレビドラマ
2001	Princess of Thieves	レジェンド・オブ・アロー ロビン・フッドの娘	ピーター・ヒューイット	キーラ・ナイトレイ	イギリス・アメリカ	

2003	Robin's Hood		サラ・ミルマン	Clody Cates	アメリカ	現代劇
2006	Rob-B-Hood	プロジェクト BB	ベニー・チャン	ジャッキー・チェン	香港	現代アクション映画。ロビンはソーシャルワーカー
2009	Beyond Sherwood Forest	ロビン・フッドの戦い	P・デルイーズ	ロビン・ダン	カナダ	テレビ映画，CG ドラゴンの登場
2009	Robin Hood: Prince of Thieves		ジョシー	ジョイ・バドラニ	インド	
2010	Robin Hood	ロビン・フッド	リドリー・スコット	ラッセル・クロウ	アメリカ	マックス・フォン・シドー助演，アスペクト比2.35：1
2012	Tom and Jerry: Robin Hood and His Merry Mouse	トムとジェリー ロビン・フッド	スパイク・ブラント，トニー・セルヴォーン	（声）ジェイミー・バンバー	アメリカ	トムとジェリー版ロビン・フッド
2012	Robin Hood: Ghosts of Sherwood	ロビン・フッド 秘密の森	オリヴァー・クレケル	マーティン・ソーン	アメリカ・ドイツ	トム・サヴィーニ客演，ゾンビ映画
2013	Robin Hood	バンク・イリュージョン	マーティン・シュライアー	ケン・デュケン	ドイツ	ドイツに舞台を置き換えた現代劇
2016	Robinhood Ke Pote		プラディープ・シンロール	ラジャット・バルメチャ	インド	
2018	Robin Hood	フッド ザ・ビギニング	オットー・バサースト	タロン・エガートン	アメリカ	リトル・ジョン役にジェイミー・フォックス
2018	Robin Hood: The Rebellion	ロビン・フッド ザ・ビギニング	ニコラス・ウィンター	ベン・フリーマン	イギリス	

（3）アーサー王映画（作成：小路邦子・小宮真樹子）

製作年	原題	邦題	監督	主演	製作国	備考
1921	A Connecticut Yankee in King Arthur's Court		エメット・J・フリン	ハリー・マイヤーズ	アメリカ	サイレント映画，白黒
1931	A Connecticut Yankee	愉快な武士道	デヴィッド・バトラー	ウィル・ロジャーズ	アメリカ	ラジオのセールスマンである主人公が，アーサー王宮廷にタイムスリップする物語
1943	L'Éternel Retour	悲恋	ジャン・ドラノワ	ジャン・マレー	フランス	原題はニーチェの「永劫回帰」。トリスタン伝説を現在に置き換える
1949	Adventures of Sir Galahad		スペンサー・ゴードン・ベネット	ジョージ・リーヴス	アメリカ	「スーパーマン」を演じる前のジョージ・リーヴスが主人公のガラハッド役
1949	A Connecticut Yankee in King Arthur's Court	夢の宮廷	ウィリアム・テイラー（テイ）・ガーネット	ビング・クロスビー	アメリカ	
1953	Knights of the Round Table	円卓の騎士	リチャード・ソープ	ロバート・テイラー	アメリカ	ハリウッドでは，道ならぬ恋はご法度。MGM 製
1954	Prince Valiant	炎と剣	ヘンリー・ハサウェイ	ロバート・ワーグナー	アメリカ	ハル・フォスターの漫画の映画化。20世紀フォックス製
1963	The Sword in the Stone	王様の剣	ウォルフガング・ライザーマン	（声）セバスチャン・カボット	アメリカ	T・H・ホワイト『永遠の王』（第一部）原作。アニメ。ウォルト・ディズニー・プロダクション製
1963	Lancelot and Guinevere	剣豪ランスロット	コーネル・ワイルド	コーネル・ワイルド	イギリス	米題 Sword of Lancelot，エンブレム・プロダクション製

1967	Camelot	キャメロット	ジョシュア・ローガン	リチャード・ハリス	アメリカ	T・H・ホワイト『永遠の王』原作。1960年に発表されたミュージカル作品の映画化。ワーナー・ブラザーズ，セヴン・アーツ製
1974	Lancelot du Lac	湖のランスロ	ロベール・ブレッソン	リュック・シモン	フランス・イタリア	1974年5月，第27回カンヌ国際映画祭で国際映画批評家連盟賞を受賞
1975	Monty Python and the Holy Grail	モンティ・パイソン・アンド・ホーリー・グレイル	テリー・ギリアム，テリー・ジョーンズ	グレアム・チャップマン	イギリス	中世の専門家，テリー・ジョーンズの脚本。時代考証は正確だが，932年という中途半端な年代に設定されている
1975	King Arthur, the Young Warlord		シドニー・ヘイズ，パット・ジャクソン	オリバー・トビアス	イギリス	若きアーサーのサクソン人との戦いと，魔法の剣を石から抜く場面までを描く
1977–2005	Star Wars	スター・ウォーズシリーズ	ジョージ・ルーカス	マーク・ハミル	アメリカ	ルーカスフィルム，20世紀フォックス製。エピソードⅠ～Ⅵは宇宙版アーサー王伝説
1978	Perceval le Gallois	聖杯伝説	エリック・ロメール	ファブリス・ルキーニ	フランス・イタリア・西ドイツ	せりふがクレティアン・ド・トロワの『ペルスヴァルまたは聖杯の物語』に忠実に作られている実験的な作品
1981	Excalibur	エクスカリバー	ジョン・ブアマン	ナイジェル・テリー	アメリカ	マロリーの『アーサー王の死』にかなり忠実に作られている
1981	Knightriders	ナイトライダーズ	ジョージ・A・ロメロ	エド・ハリス	アメリカ	アーサー王をモチーフに，馬ではなくバイクに跨る現代版騎士たちの物語
1982	Parsifal	パルジファル	ハンス＝ユルゲン・ジーバーベルク	アルマン・ジョルダン	スペイン・ドイツ・フランス	主人公の騎士パルジファルを少年と少女の2人が演じ，2人の統合によって世界が再生する

1983	Merlin and the Sword/Arthur the King	キング・オブ・アーサー 魔剣伝説	クライブ・ドナー	マルコム・マクドウェル	アメリカ・ユーゴスラヴィア	マーリンの視点から，過去のアーサー宮廷の栄光が語られる。珍しいことに，ガウェインとラグネルの逸話が映像化されている
1984	Sword of the Valiant	勇者の剣	スティーヴ・ウィークス	マイルズ・オキーフ	アメリカ	『サー・ガウェインと緑の騎士』と，クレティアンのロマンスをごちゃまぜにしたカオスな作品
1984	The Natural	ナチュラル	バリー・レビンソン	ロバート・レッドフォード	アメリカ	バーナード・マラマッドの小説の映画化。「天然」にして「天才」である主人公ロイの野球人生は，パーシヴァルの聖杯探求に基づいている
1986		ウィンダリア	湯山邦彦	（声）古谷徹	日本	アーサー王をモチーフにしたファンタジーアニメ映画。キャラクターの一部にアーサー王伝説の名前を用いている（なぜかイズーが男性で，マーリンが女性）
1990		愛と剣のキャメロット まんが家マリナ タイム・スリップ事件	小林治	（声）林原めぐみ	日本	コバルト文庫の人気小説シリーズをアニメ化。時空を超えた主人公たちが若きアーサー王を手助けする
1991	Fisher King	フィッシャー・キング	テリー・ギリアム	ロビン・ウィリアムズ	アメリカ	聖杯探求の物語がモチーフ。「フィッシャー・キング」とは，聖杯王の別の呼び名である「漁夫王」のこと
1993	Army of Darkness	死霊のはらわたⅢ キャプテンスーパーマーケット	サム・ライミ	ブルース・キャンベル	アメリカ	コネチカット・ヤンキーの翻案もの。ただし本作の主人公の武器は知識ではなく，チェーンソーである
1995	A Young Connecticut Yankee in King Arthur's Court	アーサー王宮廷のコネチカット・ヤンキー	ラルフ・トーマス	マイケル・ヨーク	カナダ・フランス・イギリス	マーク・トウェインの同名小説の映画化

1995	First Knight	トゥルーナイト	ジェリー・ザッカー	リチャード・ギア	アメリカ・イギリス	ランスロットは平民からの成り上がり者
1997	Prince Valiant	エクスカリバー戦記	アンソニー・ヒコックス	スティーヴン・モイヤー	アイルランド・イギリス・ドイツ	ハル・フォスターの漫画の映画化
1997	Lancelot: Guardian of Time		ルビアノ・クルス	マーク・シンガー	アメリカ	ランスロットがタイムスリップし，悪と戦う
1998	Quest for Camelot	魔法の剣 キャメロット	フレデリック・デュショー	（声）ジェサリン・ギルシグ	アメリカ	円卓の騎士の娘が主人公のアニメ映画。声優や劇中歌も豪華
1998	The Mighty	マイ・フレンド・メモリー	ピーター・チェルソム	エルデン・ヘンソン	アメリカ	アーサー王の墓などが用いられている
1998	Merlin	エクスカリバー 聖剣伝説	スティーブ・バロン	サム・ニール	アメリカ	マーリンの視点で語られるアーサー王伝説
1999	Arthur's Quest		ニール・マンド	エリック・クリスチャン・オルセン	アメリカ	悪しき魔女モーガーナから守るため，マーリンはアーサーを現代アメリカへタイムスリップさせるが……
1999	The Excalibur Kid		ジェイムズ・ヘッド	ジェイソン・マクスキミング	カナダ・ルーマニア	15歳の少年が中世にタイムスリップし，アーサーとマーリンの手助けをする
2000	Merlin: The Return	レジェンド・オブ・ソード 呪われた騎士団	ポール・マシューズ	リック・メイヨール	イギリス	1500年の時を経て，偶然にも科学者によって封印を解かれたモードレッドと戦うべく，アーサーとマーリンも再び立ち上がる
2001	Black Knight	ブラックナイト	ジル・ジュンガー	マーティン・ローレンス	アメリカ	14世紀へのタイムスリップもの

2001	The Mists of Avalon	アヴァロンの霧	ウーリ・エーデル	ジュリアナ・マルグリーズ	チェコ・ドイツ・アメリカ	マリオン・ジマー・ブラッドリーの同名小説の映画化。アーサーの異父姉であるモーガン・ル・フェイを主人公とし，異教の女神信仰とキリスト教の相克が描かれている
2001	Avalon	アヴァロン	押井守	マウゴジャータ・フォレムニャック	日本・ポーランド	聖杯探求の物語がモチーフ。川井憲次の音楽が素晴らしい
2001–2011	Harry Potter	『ハリー・ポッター』シリーズ	クリス・コロンバス，デヴィッド・イェーツ，アルフォンソ・キュアロン，マイク・ニューウェル	ダニエル・ラドクリフ	イギリス・アメリカ	アーサー王伝説の「謎の美少年」のモチーフ他。１作目の校長は『キャメロット』でアーサー王を演じたリチャード・ハリス
2004	King Arthur	キング・アーサー	アントワーン・フークア	クライブ・オーウェン	アメリカ・イギリス・アイルランド	サルマート人説に基づく（５世紀のブリテン島を舞台に）
2005	Merlin's Apprentice	エクスカリバーⅡ伝説の聖杯	デヴィッド・ウー	サム・ニール	アメリカ	アーサー王の死後のキャメロットを舞台とする，聖杯をめぐる物語
2006	Tristan + Isolde	トリスタンとイゾルデ	ケヴィン・レイノルズ	ジェームズ・フランコ	アメリカ・イギリス・ドイツ・チェコ	トリスタンとマルク王，イゾルデとモーホルトとの間には血縁関係はなく，伝説の神話性ははぎ取られている

2006	The Davinci Code	ダ・ヴィンチ・コード	ロン・ハワード	トム・ハンクス	アメリカ	アーサー王をモチーフにしたダン・ブラウンの同名小説の映画化。ルーヴル美術館で見つかった死体の謎を追って聖杯の秘密を解き明かしていく
2007	Shrek 3	シュレック 3	クリス・ミラー	(声) マイク・マイヤーズ	アメリカ	童話をモチーフにしたアニメ映画。王位継承権を持つ少年アーサー・ペンドラゴンや魔法使いマーリンが登場する
2008	Merlin and the War of the Dragons	マジック・アンド・ザ・ウォー・オブ・ザ・ドラゴンズ 魔法戦士と竜の騎士団	マーク・アトキンス	ユルゲン・プロフノウ	アメリカ	西暦 420 年，マーリンはサクソン人の侵略に対抗するため，ブリテンの王子たちとエクスカリバーを求める旅へ
2009	Merlin and the Book of Beasts	バトル・オブ・マジック マーリンと魔法の神々	ウォーレン・P・ソノダ	ジェームス・カリス	カナダ	アーサーの娘が，悪しき魔法使いからキャメロットを救うためにマーリンと力を合わせ戦う
2010	The Sorcerer's Apprentice	魔法使いの弟子	ジョン・タートルトーブ	ニコラス・ケイジ	アメリカ	アーサー王をモチーフにしたアニメ映画「魔法使いの弟子」の実写版。マーリンやモーガンが登場
2014	Dragons of Camelot	ドラゴン・フォース 聖剣伝説	マーク・L・レスター	ジェームス・ニッチ	アメリカ	グウィネヴィアとランスロットの息子ガラハッドが，王国再建のためにエクスカリバー探しの旅に赴く
2014	Night at the Museum: Secret of the Tomb	ナイトミュージアム エジプト王の秘密	ショーン・レヴィ	ベン・スティラー	イギリス・アメリカ	アーサー王をモチーフにした作品。作中でミュージカル『キャメロット』の舞台場面に，大英博物館で息を吹き返したランスロットがアーサー王を探して乱入
2014	King's Man: The Secret Service	キングスマン	マシュー・ヴォーン	コリン・ファース	イギリス・アメリカ	アーサー王をモチーフにした作品。それぞれアーサー王伝説の登場人物の名をコードネームに持つスパイたちが登場する

2015	Arthur and Merlin	バトルオブマジック 魔術師マーリンとアーサー王	マルコ・ヴァン・ベル	カーク・バーカー	イギリス	若きケルト人の戦士と隠者の魔法使いは，悪しきドルイドを打ち負かすために手を結ばなくてはならない
2015	Minions	ミニオンズ	ピアー・コフィン	（声）サンドラ・ブロック	アメリカ	アーサー王をモチーフにした作品。石に刺さった剣をミニオンズのボブが抜いて，8時間だけ英国王になる
2017	King Arthur: Legend of the Sword	キング・アーサー	ガイ・リッチー	チャーリー・ハナム	アメリカ	12世紀のジェフリー・オヴ・モンマスによる『ブリタニア列王史』やマロリーの『アーサー王の死』を下敷きに，中世のモチーフをうまく取り入れ変容
2017	King Arthur and the Knights of the Round Table	キング・アーサー 英雄転生	ジャレッド・コーン	サラ・マラクル・レイン	アメリカ・タイ	アーサー王に封印された魔女モルガナと息子のモードレッドが1500年ぶりに現代のタイ・バンコクで復活する
2017	King Arthur: Excalibur Rising	ザ・キング・アーサー外伝	アントニー・スミス	アダム・バイアード	イギリス	アーサー王の死後，聖剣エクスカリバーを巡る骨肉の争いを描く
2017	Transformers: The Last Knight	トランスフォーマー 最後の騎士王	マイケル・ベイ	マーク・ウォールバーグ	アメリカ・中国・カナダ	アーサー王をモチーフにした作品。地球の運命をかけてマーリンの杖を取り戻すための過酷な戦いの行方を描くSF映画
2017	King's Man: The Golden Circle	キングスマン：ゴールデン・サークル	マシュー・ヴォーン	コリン・ファース	イギリス・アメリカ	アーサー王をモチーフにした作品
2019	The Kid Who Would Be King	クエスト・オブ・キング 魔法使いと4人の騎士	ジョー・コーニッシュ	ルイ・アシュボーン・サーキス	イギリス・アメリカ	偶然エクスカリバーを抜いた少年が，同級生たちと共に魔女モーガンと対峙

2019	Hellboy	ヘルボーイ	ニール・マーシャル	デヴィッド・ハーバー	アメリカ・イギリス・ブルガリア・カナダ・ポルトガル・フランス	アメコミ作品の映像化。主人公ヘルボーイは悪魔の力を持つ。アーサー王伝説に登場する女魔法使いのニムエがヘルボーイの敵として現れる
2020	Arthur & Merlin: Knights of Camelot	ザ・キングダム 伝説の騎士と魔法の王国	ジャイルズ・アルダーソン	リチャード・ショート	イギリス	ローマと戦っている間，息子モードレッドに反逆されたアーサー王が，マーリンや円卓の騎士たちと力を合わせて玉座の奪還を目指す
2020		劇場版 Fate/Grand Order 神聖円卓領域キャメロット 前編 Wandering; Agateram	末澤慧	（声）宮野真守	日本	スマートフォンゲームの劇場版アニメ。改竄された歴史を修復するため，西暦1273年のエルサレムへ向かった主人公。そこでは「獅子王」の命令により，円卓の騎士が無辜の民を犠牲にしていた
2021		劇場版 Fate/Grand Order 神聖円卓領域キャメロット 後編 Paladin; Agateram	荒井和人	（声）宮野真守	日本	スマートフォンゲームの劇場版アニメ。主人公たちと力を合わせ，円卓の騎士ベディヴィエールは聖都キャメロットに総攻撃を仕掛ける。それは，かつての仲間との戦いを意味した
2021	The Green Knight	グリーン・ナイト	デヴィッド・ロウリー	デヴ・パテル	アメリカ・カナダ・アイルランド	中英語の名作『サー・ガウェインと緑の騎士』をベースとする映画。現代風にアレンジが加えられている

（4）中世映画一般（作成：図師宣忠）

製作年	原題	邦題	監督	主演	製作国	備考
1908	A Tale of the Crusades		(不明)		アメリカ	十字軍，短編映画
1911	L'Inferno		フランチェスコ・ベルトリーニ，アドルフォ・パドヴァン，ジュゼッペ・デ・リグオロ	サルヴァトーレ・パパ	イタリア	ダンテ『神曲（地獄篇）』の映画化
1918	La Gerusalemme liberata	十字軍	エンリコ・ガッツォーニ	アムレート・ノヴェリ	イタリア	十字軍
1922	The Last Crusade		ジョージ・リッジウェル	マルヴィーナ・ロングフェロー	イギリス	十字軍
1923	The Hunchback of Notre-Dame	ノートルダムの傴僂男	ウォーレス・ワースリー	ロン・チェイニー	アメリカ	ユゴー『ノートルダム・ド・パリ』の映画化
1924	Die Nibelungen	ニーベルンゲン	フリッツ・ラング	パウル・リヒター	ヴァイマール共和国	『ニーベルンゲンの歌』の映画化
1935	The Crusades	十字軍	セシル・B・デミル	ヘンリー・ウィルコクソン	アメリカ	十字軍
1938	Алекса'ндр Не'вский /Alexander Nevsky	アレクサンドル・ネフスキー	セルゲイ・エイゼンシュテイン，ドミトリー・ワシーリエフ	ニコライ・チェルカーソフ	ソ連	ノヴゴロド公アレクサンドル・ネフスキーのチュド湖上の戦い（1242）

1938	The Adventures of Marco Polo		アーチー・メイヨ	ゲイリー・クーパー	アメリカ	マルコ・ポーロの冒険
1939	The Hunchback of Notre-Dame	ノートルダムの傴僂男	ウィリアム・ディターレ	チャールズ・ロートン	アメリカ	ユゴー『ノートルダム・ド・パリ』の映画化
1948	Macbeth	マクベス	オーソン・ウェルズ	オーソン・ウェルズ	アメリカ	シェイクスピアの同名戯曲の映画化
1948	Hamlet	ハムレット	ローレンス・オリヴィエ	ローレンス・オリヴィエ	イギリス	シェイクスピアの同名戯曲の映画化
1950	Francesco Giullare di Dio	神の道化師，フランチェスコ	ロベルト・ロッセリーニ	ナザリオ・ジェラルディ	イタリア	アッシジのフランチェスコ
1953	Decameron Nights		ヒューゴー・フレゴネーズ	ジョーン・フォンテイン	イギリス・アメリカ	ボッカッチョ『デカメロン』の三つの話を映画化
1954	King Richard and the Crusaders	獅子王リチャード	ディヴィッド・バトラー	ジョージ・サンダース	アメリカ	十字軍，ウォルター・スコット原作
1955	Richard III	リチャード三世	ローレンス・オリヴィエ	ローレンス・オリヴィエ	イギリス	シェイクスピアの同名戯曲の映画化
1955	Lady Godiva of Coventry		アーサー・ルービン	モーリン・オハラ	アメリカ	ゴダイヴァ夫人の伝説
1956	Notre-Dame de Paris	ノートルダムのせむし男	ジャン・ドラノワ	アンソニー・クイン	アメリカ	ユゴー『ノートルダム・ド・パリ』の映画化
1957	Det sjunde inseglet/The Seventh Seal	第七の封印	イングマール・ベルイマン	マックス・フォン・シドー	スウェーデン	十字軍，黒死病，鞭打ち苦行，死の舞踏（土着信仰とキリスト教信仰が混在する中世の北欧を舞台に）
1958	The Vikings	ヴァイキング	リチャード・フライシャー	カーク・ダグラス	アメリカ	ヴァイキングの襲撃
1960	Jungfrukällan/The Virgin Spring	処女の泉	イングマール・ベルイマン	マックス・フォン・シドー	スウェーデン	中世スウェーデンを舞台に，レイプの果てに命を奪われた少女の悲劇と，彼女の父親による復讐を描いた作品

1960	Krzyzacy	鉄十字軍	アレキサンデル・フォルド	ミエチスワフ・カレニック	ポーランド	十字軍
1961	El Cid	エル・シド	アンソニー・マン	チャールトン・ヘストン，ソフィア・ローレン	イタリア・アメリカ	11世紀後半のレコンキスタで活躍したカスティーリャ王国の貴族エル・シドことロドリーゴ・ディアス・デ・ビバールの生涯を描いた作品
1961	Francis of Assisi	剣と十字架	マイケル・カーティス	ブラッドフォード・ディルマン	アメリカ	アッシジのフランチェスコ，十字軍，ルイ・ド・ウォール（ルイス・デ・ウォール）原作
1962	Marco Polo		ピエロ・ピエロッティ	ロリー・カルホーン	イタリア・フランス	マルコ・ポーロの冒険
1964	Becket	ベケット	ピーター・グレンヴィル	リチャード・バートン	イギリス	トマス・ベケットとヘンリー2世，ジャン・アヌイの戯曲が原作
1965	The War Lord	大将軍	フランクリン・J・シャフナー	チャールトン・ヘストン	アメリカ	ブロードウェイで大ヒットしたレスリー・スティーヴンスの舞台劇「The Lovers」の映画化
1965	La fabuleuse aventure de Marco Polo	マルコ・ポーロ大冒険	ドニス・ド・ラ・パテリエール	ホルスト・ブッフホルツ	フランス・イタリア・ユーゴスラヴィア・アフガニスタン	「マルコ・ポーロの素晴らしい冒険」
1966	A Man for All Seasons	わが命つきるとも	フレッド・ジンネマン	ポール・スコフィールド	イギリス・アメリカ	トマス・モアとヘンリー8世
1966	Андрей Рублёв / Andrei Rublev	アンドレイ・ルブリョフ	アンドレイ・タルコフスキー	アナトリー・ソロニーツィン	ソ連	イコン画家アンドレイ・ルブリョフ（15世紀初頭のモスクワ大公国を舞台に）

1967	La cintura di castità	花ひらく貞操帯	パスクァーレ・フェスタ・カンパニーレ	トニー・カーティス	イタリア	十字軍，歴史コメディ
1968	The Lion in Winter	冬のライオン	アンソニー・ハーヴェイ	ピーター・オトゥール，キャサリン・ヘプバーン	イギリス	ヘンリー２世と王妃エレノア，その３人の息子とフランス王（1183年クリスマスのシノン城を舞台に）
1968	I due crociati		ジュゼッペ・オルランディーニ	フランコ・フランキ	イタリア	十字軍，コメディ史劇
1968	Gates to Paradise		アンジェイ・ワイダ	ライオネル・スタンダー	イギリス・ユーゴスラビア	少年十字軍
1971	The Tragedy of Macbeth	マクベス	ロマン・ポランスキー	ジョン・フィンチ	イギリス・アメリカ	シェイクスピアの戯曲『マクベス』の映画化
1971	Il Decameron	デカメロン	ピエル・パオロ・パゾリーニ	フランコ・チッティ	イタリア	ボッカッチョ『デカメロン』の映画化。生と性にまつわるオムニバスコメディ映画
1972	The Pied Piper		ジャック・ドゥミ	ドノヴァン	アメリカ・イギリス	ハーメルンの笛吹き男の伝説
1972	Fratello sole, sorella luna/Brother Sun, Sister Moon	ブラザー・サン シスター・ムーン	フランコ・ゼフィレッリ	グレアム・フォークナー	イギリス・イタリア	アッシジのフランチェスコ，十字軍
1972	I racconti di Canterbury	カンタベリー物語	ピエル・パオロ・パゾリーニ	ニネット・ダヴォリ	イタリア	チョーサー『カンタベリー物語』の映画化。オムニバスコメディ映画

1972	Pope Joan		マイケル・アンダーソン	リヴ・ウルマン	イギリス	女教皇ヨハンナの伝説
1977	Jabberwocky	ジャバーウォッキー	テリー・ギリアム	マイケル・ペイリン	イギリス	モンティ・パイソンのテリー・ギリアムによるコミカルなファンタジー映画
1978	La chanson de Roland		フランク・カサンティ	クラウス・キンスキー	フランス	『ローランの歌』の映画化
1981	Dragonslayer	ドラゴンスレイヤー	マシュー・ロビンス	ピーター・マクニコル	アメリカ	「聖ゲオルギオスの竜退治」をモチーフとしたファンタジー映画
1982	Le Retour de Martin Guerre		ダニエル・ヴィーニュ	ジェラール・ドパルデュー	フランス	ナタリー・Z・デーヴィスが歴史考証の顧問をつとめる。本作は16世紀フランスが舞台だが，しばしば中世映画に含めて議論される
1985	Flesh＋Blood	グレート・ウォリアーズ 欲望の剣	ポール・バーホーベン	ルトガー・ハウアー	オランダ・スペイン	中世を舞台に暴力と壮絶な戦いが描かれる
1985	Ladyhawke	レディホーク	リチャード・ドナー	ルトガー・ハウアー	アメリカ	ファンタジー映画
1986	The Name of the Rose	薔薇の名前	ジャン＝ジャック・アノー	ショーン・コネリー	フランス・イタリア・西ドイツ	ウンベルト・エーコの小説『薔薇の名前』の映画化
1987	La passion Béatrice	パッション・ベアトリス	ベルトラン・タヴェルニエ	ジュリー・デルピー	フランス・イタリア	14世紀フランス，地方豪族の父娘の因果と悲劇。16世紀イタリアで父親殺しの罪を犯したベアトリーチェ・チェンチが元ネタ
1987	Le moine et la sorcière		シュザンヌ・シフマン	チェッキー・カリョ	フランス・スイス	13世紀のドミニコ会士エティエンヌ・ド・ブルボンの史料が元ネタ

1988	The Navigator: A Medieval Odyssey	ウイザード	ヴィンセント・ウォード	ブルース・リヨン	ニュージーランド・オーストラリア	黒死病のヨーロッパから現代にタイムスリップするファンタジー映画
1989	Francesco	フランチェスコ	リリアーナ・カヴァーニ	ミッキー・ローク	イタリア	アッシジのフランチェスコ
1989	Henry V	ヘンリー五世	ケネス・ブラナー	ケネス・ブラナー	イギリス	シェイクスピアの同名戯曲の映画化。ケネス・ブラナーは本作が映画監督デビュー＆初主演
1989	Indiana Jones and the last Crusade	インディ・ジョーンズ 最後の聖戦	スティーヴン・スピルバーグ	ハリソン・フォード	アメリカ	聖杯を探すアクション・アドベンチャー映画。十字軍
1989	Erik the Viking	エリック・ザ・バイキング／バルハラへの航海	テリー・ジョーンズ	ティム・ロビンス	イギリス・スウェーデン	ファンタジー映画，北欧神話，ヴァイキング
1990	Hamlet	ハムレット	フランコ・ゼフィレッリ	メル・ギブソン	アメリカ・イギリス・フランス	シェイクスピアの同名戯曲の映画化
1991	Edward II	エドワードⅡ	デレク・ジャーマン	スティーブン・ウォーディントン	イギリス	クリストファー・マーロウの同名戯曲の映画化
1992	Les Visiteurs	おかしなおかしな訪問者	ジャン＝マリー・ポワレ	ジャン・レノ，クリスチャン・クラヴィエ	フランス	12 世紀から現代のフランスへタイムスリップしてやって来た騎士と従者のコンビが巻き起こす騒動を描いた SF コメディ
1995	Braveheart	ブレイブハート	メル・ギブソン	メル・ギブソン	アメリカ	スコットランドの独立のために戦った実在の人物ウィリアム・ウォレス（1270 頃-1305）

1996	DragonHeart	ドラゴンハート	ロブ・コーエン	デニス・クエイド	アメリカ・イギリス・スロヴァキア	ドラゴンが実在する中世世界が舞台のファンタジー映画
1996	The Hunchback of Notre Dame	ノートルダムの鐘	ゲイリー・トルースデール，カーク・ワイズ	(声) トム・ハルス	アメリカ	ユゴー『ノートルダム・ド・パリ』の映画化。ディズニーの長編アニメ作品
1997	The Hunchback	ノートルダム	ピーター・メダック	マンディ・パティンキン	アメリカ	ユゴー『ノートルダム・ド・パリ』の映画化。テレビ映画
2001	Crociati	クルセイダーズ	ドミニク・オセニン＝ジラール	アレッサンドロ・ガスマン	イタリア・ドイツ	十字軍
2001	A Knight's Tale	ROCK YOU!	ブライアン・ヘルゲランド	ヒース・レジャー	アメリカ	音楽にクイーン等の現代的なロックが効果的に取り入れられ，馬上槍試合を現代スポーツイベントのように描写するなど，従来の歴史映画とは趣の異なる作品
2001	The Lord of the Rings: The Fellowship of the Ring	ロード・オブ・ザ・リング	ピーター・ジャクソン	イライジャ・ウッド	アメリカ・ニュージーランド	J・R・R・トールキンの小説『指輪物語』の映画化
2002	Warrior Angels	ソード・オブ・ザ ファンタジー 勇者と聖なる剣	バイロン・W・トンプソン	ジョアンナ・パクラ	オーストラリア・アメリカ	第3回十字軍後の物語
2002	The Lord of the Rings: The Two Towers	ロード・オブ・ザ・リング 二つの塔	ピーター・ジャクソン	イライジャ・ウッド	アメリカ・ニュージーランド	J・R・R・トールキンの小説『指輪物語』の映画化

2003	Rencontre avec le dragon	レッドナイト	エレーヌ・アンジェル	ダニエル・オートゥイユ	フランス・ルクセンブルク	十字軍帰還兵の狂気
2003	The Lord of the Rings: The Return of the King	ロード・オブ・ザ・リング 王の帰還	ピーター・ジャクソン	イライジャ・ウッド	アメリカ・ニュージーランド	J・R・R・トールキンの小説『指輪物語』の映画化
2005	Kingdom of Heaven	キングダム・オブ・ヘブン	リドリー・スコット	オーランド・ブルーム	アメリカ	十字軍；鍛冶屋の平凡な青年が，実の父の遺志を継ぎ十字軍に参加し，偉大な騎士へと成長していく姿と，エルサレム国王女との許されぬ恋の行方，そして「理想郷」エルサレム王国の運命を壮大なスケールで描く
2005	Beowulf & Grendel	ベオウルフ	ストゥルラ・グンナルソン	ジェラルド・バトラー	カナダ・イギリス・アイスランド・アメリカ・オーストラリア	古英語の叙事詩『ベーオウルフ』が原作
2006	Kruistocht in spijkerbroek	タイムクルセイドドルフと聖地騎士団	ベン・ソムボハールト	ジョー・フリン	ベルギー・オランダ・ルクセンブルク・ドイツ	十字軍
2006	Tempelriddernes skat	テンプル騎士団 失われた聖櫃	カスパー・バーフォード	ジュリー・グランドヴィッグ・ウェスター	デンマーク	十字軍

2007	Beowulf	ベオウルフ 呪われし勇者	ロバート・ゼメキス	レイ・ウィンストン	アメリカ	8世紀頃の成立と考えられている叙事詩『ベーオウルフ』の長大な物語をダイジェスト化。個々のエピソードも現代風の解釈がなされている。
2007	Arn: The Knight Templar	アーン 鋼の騎士団	ペーテル・フリント	ヨアキム・ナッテルクヴィスト	イギリス・スウェーデン・デンマーク・ドイツ	十字軍，アクション史劇
2007	Temperliddernes skat II	テンプル騎士団 聖杯の伝説	ジャコモ・カンペオット	ニクラス・スヴァーレ・アンデルセン	デンマーク	十字軍
2009	Pope Joan		ゾンケ・ヴォートマン	ヨハンナ・ヴォカレク	ドイツ・イギリス・イタリア・スペイン	ドナ・W・クロス『女教皇ヨハンナ』の映画化
2009	Valhalla Rising	ヴァルハラ・ライジング	ニコラス・ウィンディング・レフン	マッツ・ミケルセン	デンマーク・イギリス	ヴァイキング，北欧神話
2010	Black Death	ゴッド・オブ・ウォー 導かれし勇者たち	クリストファー・スミス	ショーン・ビーン	イギリス・ドイツ	黒死病の原因を探る騎士をショーン・ビーン，案内役の修道士をエディ・レッドメインが演じる
2011	Ironclad	アイアンクラッド	ジョナサン・イングリッシュ	ジェームズ・ピュアフォイ	イギリス・アメリカ・ドイツ	マグナ・カルタ署名（1215）後の内乱，ロチェスター城をめぐる攻防を描く
2011	Season of the Witch	デビルクエスト	ドミニク・セナ	ニコラス・ケイジ	アメリカ	十字軍脱走兵の物語。『第七の封印』へのオマージュ描写あり

2012	Night of the Templar	ダーク・スウォード テンプル騎士団の復讐	ポール・サンプソン（監督・主演）		アメリカ	十字軍；ファンタジー作品
2012	The Hobbit: An Unexpected Journey	ホビット 思いがけない冒険	ピーター・ジャクソン	イアン・マッケラン	アメリカ・ニュージーランド	J・R・R・トールキンの小説『ホビットの冒険』の映画化
2013	The Hobbit: The Desolation of Smaug	ホビット 竜に奪われた王国	ピーター・ジャクソン	イアン・マッケラン	アメリカ・ニュージーランド	J・R・R・トールキンの小説『ホビットの冒険』の映画化
2014	The Legend	ザ・レジェンド	ニコラス・パウエル	ニコラス・ケイジ	中国・カナダ・フランス	十字軍帰還兵が中国へ
2014	The Hobbit: The Battle of the Five Armies	ホビット 決戦のゆくえ	ピーター・ジャクソン	イアン・マッケラン	アメリカ・ニュージーランド	J・R・R・トールキンの小説『ホビットの冒険』の映画化
2015	Macbeth	マクベス	ジャスティン・カーゼル	マイケル・ファスベンダー	イギリス・アメリカ・フランス	シェイクスピアの同名戯曲の映画化
2018	Outlaw King	アウトロー・キング スコットランドの英雄	デヴィッド・マッケンジー	クリス・パイン	イギリス・アメリカ	14 世紀，スコットランド独立のために戦った英雄ロバート・ブルースを描く。
2019	The King	キング	デヴィッド・ミショッド	ティモシー・シャラメ	アメリカ・オーストラリア	シェイクスピアの戯曲『ヘンリー四世 第 1 部』，『ヘンリー四世 第 2 部』，『ヘンリー五世』が原作
2021	The Last Duel	最後の決闘裁判	リドリー・スコット	マット・デイモン，アダム・ドライバー	イギリス・アメリカ	エリック・ジェイガー『決闘裁判——世界を変えた法廷スキャンダル』が原作

2021	The Tragedy of Macbeth	マクベス	ジョエル・コーエン	デンゼル・ワシントン	アメリカ	シェイクスピアの戯曲『マクベス』の映画化
2022	The Northman	ノースマン　導かれし復讐者	ロバート・エガース	アレクサンダー・スカルスガルド	アメリカ	ヴァイキング，北欧神話

繻　鳳花（しゅ・ほうか）　コラム8

現　在　中世西欧料理研究家・中世西欧再現検証企画／運営「コストマリー事務局」主宰

専門分野　中世ヨーロッパ料理／歴史再現，再現検証

主要業績　『中世ヨーロッパのレシピ』（新紀元社，2018年），ゆづか正成『騎士王の食卓』（本文料理監修，講談社，2023年—），『中世ヨーロッパの民にならう季節の魔除けとおまじない』（新紀元社，2024年）

おすすめの中世映画　『ロック・ユー！』。中世ヨーロッパの馬上槍試合に出場するある騎士とその仲間たちの物語。歴史史実に基づいており，地味な展開になると思ったらまさかの現代ロック音楽との融合で相性のよさをいろいろな意味で裏付けてしまった（？），個人的にも高評価な作品。この映画から中世の騎士に興味をもった人も少なくないはず。

八木健治（やぎ・けんじ）　第10章，コラム9

現　在　羊皮紙工房主宰

専門分野　羊皮紙／写本

主要業績　『羊皮紙の世界』（岩波書店，2022年），『羊皮紙のすべて』（青土社，2021年）

おすすめの中世映画　『薔薇の名前』。なんといっても小道具に使われている写本がリアル。監督のインタビューによると，実際に羊皮紙と岩絵具を使ってイタリアの修道士に作ってもらったものだそう。あまりの美しさに撮影中に盗難に遭い，再制作のため１年半待ったとの逸話にも並々ならぬこだわりを感じる。

金沢百枝（かなざわ・ももえ） 第7章

現　在　多摩美術大学美術学部教授

専門分野　中世ヨーロッパ美術／ロマネスク美術・キリスト教図像学

主要業績　『ロマネスクの宇宙』（東京大学出版会，2008年），『ロマネスク美術革命』（新潮社，2017年），『キリスト教美術をたのしむ　旧約聖書篇』（新潮社，2024年）

おすすめの中世映画　『ロビンとマリアン』。『冬のライオン』と同じくゴールドマンによる脚本で，ロビン・フッドの死を描いた物語。老いたロビンをショーン・コネリーが，かつての恋人で尼僧となったマリアンをオードリー・ヘップバーンが「老後の愛」を好演している。

小路邦子（しょうじ・くにこ） 第8章，コラム7

現　在　大東文化大学・駒澤大学非常勤講師

専門分野　中世アーサー王文学／アーサー，エクスカリバー，ガウェイン，モードレッド

主要業績　『続　剣と愛と　中世ロマニアの文学』（共著，中央大学出版部，2006年）

おすすめの中世映画　『モンティ・パイソン・アンド・ホーリー・グレイル』（1975）。言わずと知れた英国を代表するコメディ・グループ，モンティ・パイソンが作った映画だけに一筋縄ではいかないアーサー王のお話。しかも，テリー・ギリアムと共に監督したテリー・ジョーンズは中世研究者としても名を馳せているだけに，映画にもその知識がてんこ盛りである。また，ミュージカル『スパマロット』はこれを下敷きにしている。

ジェイ・ノイズ（Jay Noyes） 第9章

現　在　中世の騎士の剣術・武術を研究し，再現・実践しているスポーツクラブ「キャッスル・ティンタジェル」の創始者

専門分野　14～15世紀を中心とした中世西洋剣術／中世騎士の武器術や西洋甲冑に関するコンサルタント

主要業績　『ビジュアル版中世騎士の武器術』（共著，新紀元社，2020年）

おすすめの中世映画　『エクスカリバー』。1981年の叙事詩的な中世ファンタジー映画。ある程度自由な解釈があるものの，アーサー王の神話に驚くほど忠実である。選ばれし王となり権力の頂点へと成長した絶頂期から，その後没落するまでのアーサー王の生涯を追っている。

小宮真樹子（こみや・まきこ）　第4章，コラム1・2，第9章翻訳

現　在　近畿大学文芸学部准教授

専門分野　アーサー王伝説／トマス・マロリー『アーサー王の死』，ポップカルチャー受容

主要業績　『いかにしてアーサー王は日本で受容されサブカルチャー界に君臨したか――変容する中世騎士道物語』（共編著，みずき書林，2019年）

おすすめの中世映画　『モンティ・パイソン・アンド・ホーリー・グレイル』（1975）。コメディとしても面白く，中世の魅力が詰まった作品。一緒にミュージカル『スパマロット！』（2005）も見れば，二重に楽しめること間違いなし!!

藤崎　衛（ふじさき・まもる）　第5章

現　在　東京大学大学院総合文化研究科教授

専門分野　中世キリスト教史・地中海史／教皇，宣教，異言語間コミュニケーション

主要業績　『中世教皇庁の成立と展開』（八坂書房，2013年），『ローマ教皇は，なぜ特別な存在なのか――カノッサの屈辱』（NHK出版，2023年）

おすすめの中世映画　『ブラザーサン・シスタームーン』。アッシジの聖フランチェスコの伝記映画。12・13世紀イタリアの生活風景を再現しつつ，当時を生きた人々の苦悩と信仰心を描き出す。万人万物を兄弟姉妹とみなすフランチェスコは，エコロジー，インクルージョン，平和のアイコンとしてきわめて現代的な聖人といえるのではないか。

松本　涼（まつもと・さやか）　コラム1

現　在　福井県立大学学術教養センター准教授

専門分野　中世アイスランド史／サガ，復讐，北欧神話

主要業績　「ヴァルハラは理想か？　現代日本と北欧神話」『立命館言語文化研究』31巻1号（2019年）

おすすめの中世映画　『ノースマン　導かれし復讐者』。『デンマーク人の事績』に登場する復讐譚を原案とし，父王の復讐に燃えるヴァイキングの王子の生き様を描く。アイスランドのサガなどの文献資料や研究成果へのオマージュが随所に散りばめられているので，元ネタを知っているとさらにおもしろい。

吉川　文（よしかわ・あや）　第6章

現　在　東京学芸大学芸術・スポーツ科学系准教授

専門分野　中世・ルネサンス音楽史／音楽理論，記譜法

主要業績　『決定版 はじめての音楽史』（共著，音楽之友社，2017年）

おすすめの中世映画　『バンデット Q』。ふいに現れた小人たちに連れられさまざまな時代にタイムワープする少年の冒険物語。ロビンフッドと出会う中世の場面は映画の一部分でしかないので中世映画とするのは語弊もあるが，さまざまな時代と並べて中世がどのようなイメージで語られるものかを見せてくれる。テリー・ギリアム監督のコミカルでブラックな語り口を楽しみつつも，少年の旅の結末には衝撃を受けた。

執筆者紹介（執筆順，＊は編者）

大黒俊二（おおぐろ・しゅんじ）序章

現　在　大阪市立大学名誉教授
専門分野　イタリア中世史／リテラシー，説教
主要業績　『嘘と貪欲――西欧中世の商業・商人観』（名古屋大学出版会，2006年），『声と文字』（岩波書店，2010年）
おすすめの中世映画　『第七の封印』。中世の暗さと不気味さを体感させてくれる作品。近代の中世研究は「暗黒の中世」観を批判し克服する試みだったが，にもかかわらず中世はその暗さで今なお人々を惹きつけている。黒死病，魔女，鞭打ち苦行者，旅芸人を背景に，十字軍帰りの騎士が命を懸けて死神にチェスの勝負を挑む。その光景から中世の底知れぬ暗さが伝わってくる。暗黒に魅せられて中世に迷い込んだ私にとって原点となる作品。

＊図師宣忠（ずし・のぶただ）第1章，コラム4，あとがき

奥付編著者紹介参照

岡田尚文（おかだ・なおぶみ）第2章，コラム3・5・6

現　在　学習院大学国際センターPD共同研究員，学習院大学・慶應義塾大学非常勤講師
専門分野　中世フランス史，表象文化論／食肉，中世映画，恐怖映画
主要業績　『映画のなかの社会／社会のなかの映画』（共著，ミネルヴァ書房，2011年），『映画と空間』（共著，ミネルヴァ書房，近刊）
おすすめの中世映画　「ロビン・フッド映画」以外では『エクスカリバー』（1981年）。アーサー王と円卓の騎士や魔術師マーリンの活躍を当時のSFXを駆使しながら壮大なスケールで描く。登場人物たちが中世後期にしかなかった鋼鉄製の甲冑を身につけているなど，時代考証は大変いい加減だが，本作は，その実，トマス・マロリーの『アーサー王の死』（1485年）の描写を正確に再現しており，驚かされる。

伊藤　尽（いとう・つくし）第3章

現　在　信州大学人文学部教授
専門分野　中世英語・中世北欧語文献学
主要業績　『指輪物語』（シリーズもっと知りたい名作の世界9）（共著，ミネルヴァ書房，2007年）
おすすめの中世映画　『13ウォーリアーズ』。イブン・ファドラーンの『ヴォルガ・ブルガール旅行記』に古英語英雄詩『ベーオウルフ』を組み合わせた内容は，マイケル・クライトンの小説『北人伝説』がベースにある。主人公たるファドラーンを指す原題『13人目の戦士』が邦題で「13人の戦士たち」となっているのはご愛敬。ファドラーンの旅行記に出てくるルーシのヴァイキング戦士は映画では現代スウェーデン語を話しているのも面白い。特にあしべゆうほ著『クリスタル・ドラゴン』にも描かれたヴァイキングの王の葬送場面の実写化など興味は尽きない。

《編著者紹介》

図 師 宣 忠（ずし・のぶただ）

現　　在　甲南大学文学部教授

専門分野　中世フランス史／異端カタリ派，異端審問

主要業績　『エーコ『薔薇の名前』――迷宮をめぐる〈はてしない物語〉』（慶應義塾大学出版会，2021年）

おすすめの中世映画　『おかしなおかしな訪問者』。中世の騎士と従者がひょんなことから20世紀末のフランスにタイムスリップしてしまうお話。中世と現代といういわば究極の異文化体験が引き起こすドタバタ劇。両時代のギャップに戸惑いながらも元の時代に帰ろうと奮闘する騎士役ジャン・レノがなんともチャーミング。

映画で味わう中世ヨーロッパ
――歴史と伝説が織りなす魅惑の世界――

2024年12月１日　初版第１刷発行　〈検印省略〉

定価はカバーに
表示しています

編著者　図 師 宣 忠
発行者　杉 田 啓 三
印刷者　江 戸 孝 典

発行所　株式会社　ミネルヴァ書房

607-8494 京都市山科区日ノ岡堤谷町１
電話代表（075）581-5191
振替口座 01020-0-8076

共同印刷工業・吉田三誠堂製本

ISBN978-4-623-09774-6
Printed in Japan